e-Learning no Brasil

Retrospectiva, Melhores Práticas e Tendências

e-Learning no Brasil

Retrospectiva, Melhores Práticas e Tendências

Coordenador:
Francisco Antonio Soeltl

Copyright© 2010 by Francisco Antonio Soeltl

Todos os direitos desta edição reservados à Qualitymark Editora Ltda.
É proibida a duplicação ou reprodução deste volume, ou parte do mesmo,
sob qualquer meio, sem autorização expressa da Editora.

Direção Editorial	Produção Editorial
SAIDUL RAHMAN MAHOMED editor@qualitymark.com.br	EQUIPE QUALITYMARK produção@qualitymark.com.br

Capa	Editoração Eletrônica
ARTES & ARTISTAS Renato Martins	ARAÚJO EDITORAÇÃO

CIP-Brasil. Catalogação-na-fonte
Sindicato Nacional dos Editores de Livros, RJ

E39

    Soeltl, Francisco Antonio

    e-Learning no Brasil: retrospectiva, melhores práticas e tendências / [coordenador] Francisco Antonio Soeltl. – Rio de Janeiro : Qualitymark ; São Paulo : MicroPower 2010. 296p.

    ISBN 978-85-7303-937-5

    1. Ensino à distância – Comunicação. 2. Aprendizagem organizacional. 3. Tecnologia educacional. 4. Empresas – Empregados Treinamento I. Soeltl, Francisco Antonio.

10-2581   CDD: 658.3124
     CDU: 005.963.1

2010
IMPRESSO NO BRASIL

Qualitymark Editora Ltda.
Rua Teixeira Júnior, 441 – São Cristóvão
20921-405 – Rio de Janeiro – RJ
Tel.: (21) 3295-9800 ou 3094-8400

QualityPhone: 0800-0263311
www.qualitymark.com.br
E-mail: quality@qualitymark.com.br
Fax: (21) 3295-9824

Este livro é dedicado às crianças
Nossos Talentos do Futuro...

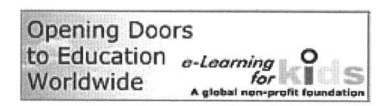

Todos os royalties auferidos com este livro serão doados à e-Learning for Kids (www.e-learningforkids.org), uma fundação global sem fins lucrativos que oferece gratuitamente aprendizagem online de alta qualidade a crianças de 5 a 12 anos.

FRANCISCO ANTONIO SOELTL

Agradecimentos

A proposta de escrever este livro surgiu de uma reflexão sobre a consolidação do movimento de e-Learning no Brasil nos últimos dez anos, com o qual tivemos a oportunidade de contribuir efetivamente através de pesquisas, formação de comunidades de prática, participação em conferências internacionais e finalmente na organização do e-Learning Brasil.

Resgatar esse período foi muito importante para mapear as realizações, conquistas e dificuldades da época, bem como para subsidiar as reflexões sobre o presente futuro da aprendizagem na Internet.

Esse trabalho de coletar informações e prospectar o futuro não seria possível sem a colaboração de profissionais excepcionais como o Nivaldo Marcusso, Augusto Gaspar, Carlos Faccina, Luiz Augusto Costa Leite, Marcos Telles, e Nick Van Dam, a quem agradecemos imensamente a dedicação e a participação no projeto.

Também nossos agradecimentos aos autores e respectivas organizações na elaboração dos casos de sucesso: Banco Bradesco, Bayer, Embratel, FGV Online, Fundação Bradesco, Grupo Martins, Renault, Sabesp, Schincariol e Sky.

Em especial gostaria de agradecer minha esposa Milka e a nossos filhos Daniel e Michel pela compreensão da nossa ausência durante a elaboração deste projeto, incluindo fins de semana e noites de intenso trabalho, e de dedicar este trabalho a meu neto Miguel, integrante da geração Z, que a cada dia nos ensina e surpreende com sua inteligência e facilidade na utilização de novas tecnologias.

Francisco Antonio Soeltl

Agradecemos ainda aos nossos queridos pais por estarmos aqui, pela valorização na busca do conhecimento, e a Deus por nos permitir compartilhar de forma coletiva a experiência e o conhecimento acumulados nos últimos vinte anos.

Francisco Antonio Soeltl
São Caetano do Sul, São Paulo

Agradecimentos Especiais

Fundação Bradesco

Nossos mais profundos agradecimentos à Fundação Bradesco, em especial a Sra. Denise Aguiar Alvarez, pelo apoio e incentivo à iniciativa do e-Learning Brasil, desde o nascimento da ideia em 1999.

São atitudes como estas que demonstram o espírito empreendedor presente na Fundação Bradesco, que sempre acreditou na inclusão social através da educação de qualidade e do trabalho.

Francisco Antonio Soeltl

Prefácio

Diferentes Formas de Aprender

Aprendemos sempre, o dia todo, a cada minuto. E não estou falando apenas do aprendizado formal, aquele que vivemos na escola ou universidade, com o professor como detentor do conhecimento e alunos acostumados a um fluxo unilateral de informação. Aprendemos durante nossas interações com as pessoas: qual a cor preferida da namorada, qual o time que está na frente da tabela, quem são os amigos de nossos amigos e do que eles gostam ou suas preferências e quais são as tendências e novidades. Sempre aprendemos. A grande mudança na atualidade é que temos diferentes formas de lidar com a informação, como acessamos, como gravamos, como processamos e assimilamos o conhecimento.

Os diferentes dispositivos e tecnologias disponíveis são os instrumentos que permitem essa nova experiência de aprendizado e o resultado desse processo chamamos de e-Learning.

São muitas as ferramentas disponíveis, bem como o potencial e as consequências do uso dessas novas tecnologias. Os telefones celulares hoje, por exemplo, evoluíram muito se comparados aos modelos de 10 ou 15 anos atrás. Os aparelhos, que pareciam antes verdadeiros tijolos e que precisavam de baterias sobressalentes incômodas, faziam apenas chamadas e, na melhor das hipóteses, gravavam números de telefone. Hoje, os celulares nos permitem interagir com outras pessoas e com o mundo através de aplicativos que abrangem uma variedade de recursos, como produzir fotos e vídeos, publicá-los diretamente na Internet, em blogs, no Youtube ou ainda identificar a nossa localização atual ou achar o melhor caminho para nosso destino através do GPS embutido. Mensagens de texto (SMS) e de correio são enviadas das salas de espera dos consultórios médicos, da fila do banco ou do restaurante, já que nossa caixa de entrada está em nossas mãos 24 horas por dia.

Aprender através destes aparelhos é uma realidade, e diversas plataformas de gerenciamento de aprendizado já interagem com estes equipamentos.

Outra ferramenta importante são as redes sociais, que nos permitem publicar intenções, conteúdo e opinião sobre praticamente qualquer assunto, incluindo o que achamos de um determinado produto, empresa ou política. Um exemplo são as *flash mobs*, aglomerações instantâneas de pessoas em um local público para realizar determinada ação inusitada previamente combinada, que se dispersam tão rapidamente quanto se reuniram. Este tipo de reunião é tipicamente organizada através de redes sociais como Orkut ou Facebook.

Opções de redes sociais para o ambiente corporativo, como Linked In ou Plaxo, muitas vezes são usadas para buscar indicações de novos profissionais que estão sendo contratados, além de permitir que encontremos conhecidos com os quais, de outra forma, teríamos perdido contato.

As *wikis* e os *blogs* trazem a força do aprendizado coletivo. Ferramentas como o Wikipedia, Blogger e Twitter permitem a construção do conhecimento observando diferentes opiniões, dados e fatos publicados por diversas pessoas que na maioria das vezes nem se conhecem. Tal força de construção de conhecimento coletivo forçou jornais online a abrir espaço para a publicação direta de comentários de seus leitores sobre suas matérias e reportagens em seus próprios sites, sob o risco de ter o fluxo de visitantes escoado para um *blog* independente sobre o mesmo assunto.

O treinamento *online*, comumente chamado de e-Learning nas empresas, entra como ferramenta indispensável para a formação da força de trabalho. Nas modalidades assíncrona, através de cursos de autoaprendizado, e síncrona, através de reuniões em salas virtuais, os gerenciadores de aprendizado permitem que todos os funcionários da organização possam desenvolver suas competências e habilidades sem necessariamente sair de sua rotina de trabalho, o que gera uma grande economia nos custos desses treinamentos, e oportunidade, já que esses colaboradores não deixam seus postos e aprendem através de conteúdo desenvolvido pela própria organização.

Já as ferramentas de autoria permitem a construção de conteúdo diretamente pelas mãos dos especialistas, título que deixa de ser reservado aos catedráticos acadêmicos e passa a ser compartilhado pelas pessoas que dominam os processos e formam novos colaboradores, que aplicam determinado conhecimento na realização de seu trabalho.

Neste livro você conhecerá ferramentas e experiências de aprendizado multilateral e multifacetado, apoiadas por tecnologia, daqueles que foram pioneiros na sua implantação.

Aprenda sempre. A informação está e estará sempre disponível, em diferentes formas e formatos. Use-a sempre sabiamente e para o bem.

Boa leitura!

Daniel Musulin Soeltl
Diretor de Performance e Marketing
MicroPower

São Caetano do Sul, São Paulo
Junho, 2010

Sumário

1. Histórico do e-Learning no Brasil
Primeiras iniciativas 1
Parceria Fundação Bradesco e MicroPower 4
Nasce o Congresso e-Learning Brasil 6
Criação do Prêmio e-Learning Brasil 8
Conselho de Notáveis e Patronos do Prêmio e-Learning Brasil 10
Comunidade de Prática dos Deficientes Visuais 14

2. Resultados, Melhores Práticas, Lições Aprendidas e Fatores-chave de Sucesso
Resultados Financeiros 15
Melhores Práticas e Lições Aprendidas 18
Fatores-chave de Sucesso 31

3. Casos de Sucesso do e-Learning no Brasil
Alimentos e Bebidas: Schincariol 38
Atacadista: Martins 49
Automotivo: Renault 71
Ensinos Fundamental e Médio: Fundação Bradesco 78
Ensino Superior: FGV Online 96
Entretenimento: Sky 114
Farmacêutico: Bayer 137
Serviços Financeiros: Bradesco 152
Serviços Públicos: Sabesp 174
Telecomunicações: Embratel 184

4. Além do e-Learning
Arquitetura do Aprendizado e Desempenho 204
Empresas Inteligentes 209
Action Learning 212

5. Desenvolvendo Talentos de 2010 a 2020
As Gerações X, Y e Z 219
Desenvolver, Alocar e Conectar Talentos 221
Competências Naturais e seu Papel para os Resultados Operacionais 223

6. Desenhos de Aprendizagem para a Força de Trabalho do Século XXI
Introdução: Desafios para a Aprendizagem 228
O Papel Estratégico da Aprendizagem e do Desenvolvimento 229
Ensino, Treinamento e Aprendizagem 232
A Evolução da Aprendizagem 237
Desenho do Próximo Método de Aprendizado 242
Análises de Aprendizado 242
Categorias de Metas de Aprendizado 244
Aplicação do Design Instrucional 246
Personalização do Aprendizado em Massa 249
Aprendizado Verde: Maximize seu Aprendizado, Reduzindo a Geração de Carbono! 252

7. Cultura de Performance
Pontos Fundamentais de uma Cultura de Performance 257
O Papel e os Desafios de RH 262
Suporte Tecnológico 262
Jornada da Missão/Visão para as Métricas de Performance que Realmente Farão a Diferença 264
As Novas Funções para Suportar a Cultura de Performance 268

1

Histórico do e-Learning no Brasil

Francisco Antonio Soeltl

Primeiras iniciativas

A Fundação Bradesco foi criada em 1956 pelo Sr. Amador Aguiar, com o objetivo de oferecer educação de qualidade para a população brasileira com carência socioeconômica e com um projeto de sustentabilidade suportada pela Organização Bradesco.

A proposta de educação com qualidade em todo o Brasil naturalmente levava à busca de tecnologias e metodologias inovadoras que pudessem suportar o processo de ensino e aprendizagem na educação básica. Portanto, considerando esse cenário de qualidade e inovação tecnológica, foi criada em 1994 a área de Tecnologia Educacional da Fundação Bradesco.

O desafio de desenvolver soluções tecnológicas que propiciassem o desenvolvimento de competências essenciais para a melhoria de empregabilidade dos alunos, bem como dos resultados do processo de aprendizagem na educação básica, levou a Fundação Bradesco a criar uma rede de relacionamento com empresas e centros de pesquisa nacionais e internacionais, através da transferência de tecnologia e do desenvolvimento de competências estratégicas dos seus colaboradores.

A participação em conferências como a Educom (atual Educause) em 1995, 1996 e 1998, conferência de tecnologia educacional para o ensino superior, permitiu o contato e o conhecimento de soluções de gerenciamento de aprendizagem na web, que naquela época as universidades americanas já utilizavam como complemento às aulas presenciais (*Blended Learning*).

A experiência adquirida desde a década de 80 em educação a distância para a educação de jovens e adultos, em parceria com a Fundação Roberto Marinho, propiciou em 1996 um movimento natural na busca de tecnologias baseadas na Internet, que oferecessem educação de qualidade em todo o Brasil. Nascia então o conceito da Escola Virtual, o portal de e-Learning da Fundação Bradesco.

As tecnologias baseadas no WBT (Web Based Training), versão web dos CBTs, foram as primeiras a serem avaliadas para o desenvolvimento de uma arquitetura integrada de aprendizagem, que suporta até hoje a estrutura operacional da Escola Virtual.

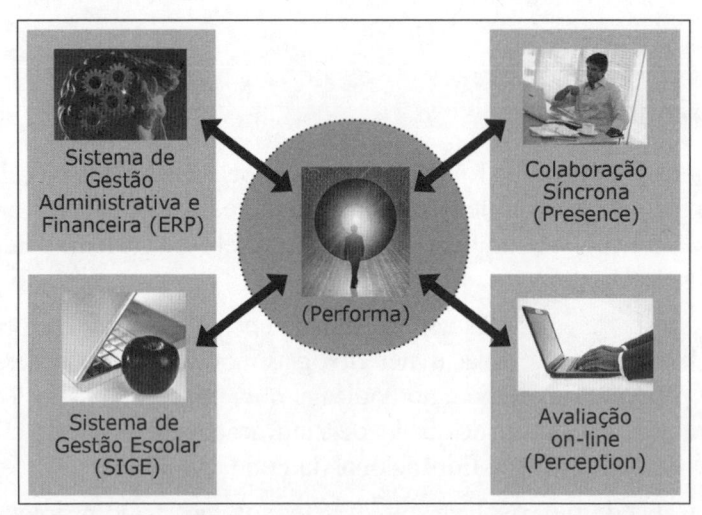

Fig. 1.1 – Arquitetura de e-Learning

No período de 1997 a 1998 foram testadas e homologadas soluções como a WebCT, Web Course in a Box e o Universite, entre outras, sendo esta última uma solução nacional desenvolvida pela empresa MHW, que foi incubada por ex-alunos da PUC-RJ e posteriormente adquirida pela Xerox.

Nesse mesmo período, a Fundação Bradesco, entendendo que o principal fator de sucesso no oferecimento de educação a distância é a mediação pedagógica, desenvolveu uma parceria com a empresa Academos, especializada, na época, em mediar aprendizagem em ambientes virtuais, para a criação de uma metodologia que pudesse referenciar o desenvolvimento de conteúdos para cursos na web.

1. Histórico do e-Learning no Brasil

A metodologia considerava parâmetros, como tipo de conteúdo/curso (área), perfil do aluno, grau de interação e nível educacional (segmento), e era composta por quatro níveis, a saber:

– Nível I: Conteúdos presenciais digitalizados.

– Nível II: Interação assíncrona.

– Nível III: Interação síncrona.

– Nível IV: Imersão e ambientes virtuais de aprendizagem.

Em 1999 foi criada a primeira versão do Portal da Escola Virtual, o portal de e-Learning da Fundação Bradesco, com uma arquitetura baseada na solução Universite, que posteriormente seria substituída em 2000 pela solução Top Class da empresa irlandesa WBT Systems.

Em 2001 iniciava-se a parceria da Fundação Bradesco com a MicroPower, através da integração das soluções de colaboração síncrona Centra e de avaliação on-line Questionmark. Desde então, a MicroPower passou a representar essas empresas no mercado brasileiro e a Fundação Bradesco incorporou essas soluções na sua arquitetura de e-Learning.

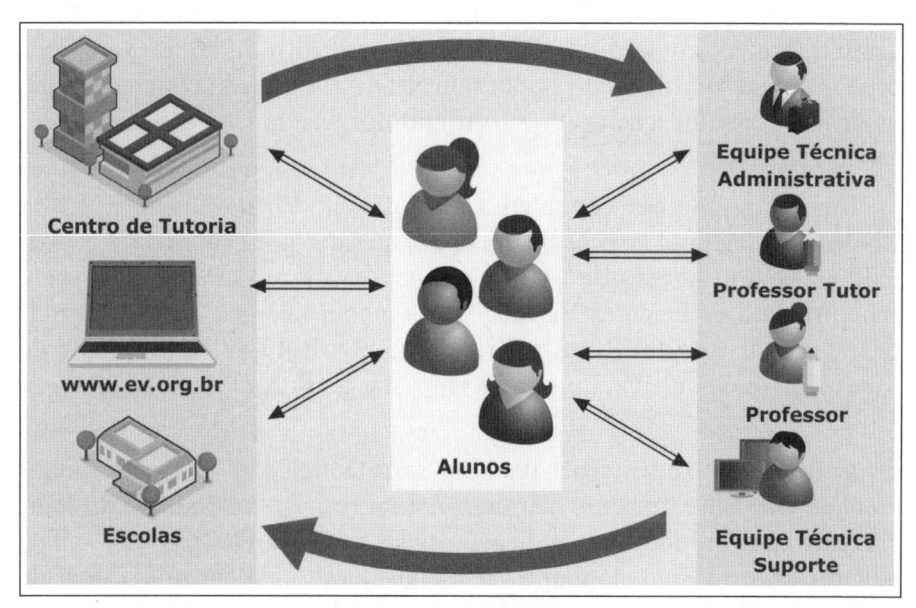

Fig. 1.2 – Estrutura de apoio

Parceria Fundação Bradesco e MicroPower

A MicroPower foi fundada em 1994 por Daniel Musulin Soeltl e Denis Renato da Costa, dois jovens estudantes do Colégio Bandeirantes, e Francisco Antonio Soeltl, então diretor de Tecnologia da Informação do Grupo Lix da Cunha.

O English Work, dicionário e tradutor de palavras, foi o produto que deu origem à empresa, que em sua primeira versão, ainda em disquetes, já incorporava a síntese de voz, falando palavras e frases.

Nos anos seguintes, a MicroPower lançou diversos produtos multimídia, entre eles Desafio da Língua Portuguesa, Desafio da Literatura Portuguesa, e, em 1995, Ayrton Senna – The Face of a Champion, um dos primeiros CR-ROMs do mercado brasileiro.

Em 1997, lançou o Delta Talk, primeiro sintetizador de voz da língua portuguesa, e, a partir dele, em 1998, o Virtual Vision, leitor de telas que permite que pessoas deficientes visuais utilizem com autonomia os microcomputadores e seus aplicativos no ambiente Windows.

Nesta época, o Banco Bradesco procurava uma solução para atender pela Internet seus clientes portadores de deficiência visual, e foi quando Odecio Gregio, então diretor de Tecnologia do Bradesco, e sua equipe procuraram a MicroPower para desenvolver uma solução com tecnologia inclusiva, por indicação do Prof. Antonio Borges, da Universidade Federal do Rio de Janeiro.

Em poucos meses foram efetuados ajustes no Virtual Vision, o site do Bradesco foi adaptado pela Scopus para atender aos critérios de acessibilidade, e, em agosto de 1998, o Banco Bradesco lançou o Internet Banking para Deficientes Visuais, para atender clientes com necessidades especiais, produto este referenciado por Bill Gates, fundador da Microsoft, que conheceu a solução em visita ao Bradesco em outubro de 1998.

O Bradesco Net Internet Banking para Deficientes Visuais foi mencionado por Bill Gates em seu livro A Empresa na Velocidade do Pensamento, possibilitando a indicação para o Inovation Network – The Computerworld Smithsonian Award, considerado, na época, o Oscar da Tecnologia, do qual foi um dos finalistas da edição 1998-1999.

1. Histórico do e-Learning no Brasil

Em 1998, a MicroPower e a Fundação Bradesco iniciaram uma parceria desenvolvendo o projeto de capacitação e empregabilidade das pessoas com deficiência visual, através do software Virtual Vision, e, desde então, mais de 17 mil deficientes visuais foram capacitados, e, destes, pelo menos 1.500 já se encontram empregados.

A participação em 1999 de representantes da MicroPower e da Fundação Bradesco na Conferência Online Learning, realizada na cidade de Los Angeles/EUA, possibilitou vários contatos com empresas e especialistas da área de e-Learning, como a WBT Systems, com sede em Dublin, na Irlanda, e com Brandon Hall, um dos maiores especialistas da área. Dessa conferência também participaram executivos do Bradesco, que iniciava a prospecção de soluções nessa área.

O tema educação a distância através da Internet, que na época era incipiente no Brasil, começou a ser propagado quando a Fundação Bradesco e a MicroPower decidiram promover, a partir de 2000, um movimento de comunicação e troca de experiências, através da formação de uma comunidade de prática com instituições e empresas interessadas no tema, como Embratel, Telemar, Petrobras, Senac, USP, Grupo Martins, Mackenzie, entre outras, com encontros mensais para discussão de temas que iam desde a mediação pedagógica até arquiteturas virtuais de aprendizagem.

Em julho de 2000, representantes da Fundação Bradesco e da MicroPower participaram do primeiro e-Learning Europe, realizado em Dublin, na Irlanda, com a presença de Elliott Masie, que se tornaria mais tarde um dos maiores gurus do tema no mundo e responsável pela definição do termo e-Learning, como hoje é conhecida a aprendizagem através da Internet. Deste evento participaram mais de 240 profissionais de diversos países europeus, confirmando a crescente tendência do interesse pela Internet como meio de entrega e melhoria do processo de ensino e aprendizagem.

Antes do retorno ao Brasil, e aproveitando a estada na Irlanda, a Fundação Bradesco e a MicroPower visitaram as instalações da WBT Systems e a Questionmark, sediada em Londres, na Inglaterra, com o objetivo de desenvolver uma parceria para implantação de soluções na Fundação Bradesco e com suporte técnico no Brasil.

A partir do sucesso da comunidade de prática e dos contatos internacionais, a MicroPower e a Fundação Bradesco convidaram Elliott Masie para visitar o Brasil, com o objetivo de aqui realizar o primeiro congresso de e-Learning, o que aconteceria em março de 2001.

Nasce o Congresso e-Learning Brasil

A divulgação e a propagação da prática do e-Learning em nosso país foi iniciada com a realização de dois eventos sequenciais em 2001, que permitiram a consolidação do e-Learning Brasil como o mais importante congresso da área na América Latina.

Em 14 de março de 2001, organizado pela MicroPower e pela PriceWaterhouseCoopers, aconteceu no Hotel Renaissance, em São Paulo, o I Encontro de Executivos para apresentar o tema e-Learning no Brasil, do qual participaram mais de 120 diretores e presidentes de empresas, para os quais Elliott Masie, Leon Navickas, Eric Sheppard e Jeff Schwartz fizeram uma prévia do que seria apresentado no congresso nos dias seguintes.

Nos dias 15 e 16 de março de 2001, organizado pela MicroPower, com o apoio da Fundação Bradesco, aconteceu, no Rosa Rosarum, em São Paulo, o I Congresso e-Learning Brasil, com o tema e-Learning – da Teoria à Prática, que contou com a presença de mais de 300 profissionais, incluindo seis palestrantes internacionais – Elliott Masie, Leon Navickas, Gregor Rankin, Mahesh Ham, Eric Shepperd e Jeff Schwartz – e 13 palestrantes brasileiros – Gilberto Dimenstein, Nivaldo Marcusso, Odécio Grégio, Martin Eberhard Nelzow, Luiz Marins, Antonio Salvador, Fernando Moraes Fonseca Jr., Dr. Chao Lung Wen, Livio Yoshinaga, Renata Janini, Ana Teresa Ralston, Ricardo Luiz Marcatto e Marcos Antonio Mandarano Monteiro.

No link a seguir você encontra um breve resumo das palestras realizadas no I e-Learning Brasil:

http://www.elearningbrasil.com.br/congresso/2001/

O Portal e-Learning Brasil foi criado logo após o congresso e tornou-se, nos anos seguintes, a mais completa referência do tema, possibilitando o atendimento de uma comunidade com mais de 130 mil membros de diversos países, oferecendo conteúdos dos congressos realizados, referências de livros, cases de sucesso e podcast sobre o tema, entre outros serviços. Informações no link:

http://www.elearningbrasil.com.br/index.asp

1. Histórico do *e*-Learning no Brasil

Imagem dos participantes durante o I Congresso e-Learning Brasil

Leon Navickas sendo entrevistado por jornalistas brasileiros

Elliott Masie, Leon Navickas, Gregor Rankin, Mahesh Ham e Eric Sheppherd

Criação do Prêmio e-Learning Brasil

Em abril de 2002, a MicroPower, com o apoio da ABRH Nacional, organizou o I Prêmio e-Learning Brasil, que contou com a participação de 17 organizações – Brasil Telecom, Bureau Veritas, Caixa Econômica Federal, Embratel, ENAP, Fundação Bradesco, Fundação Dom Cabral, Fundação Vanzolini, Galderma, HSBC, INSS-DF, Grupo Martins, Nortel Networks, PUC-MG, Souza Cruz, Telemar e Tigre. Dentre essas empresas, três foram consideradas vencedoras: Caixa Econômica Federal, Grupo Martins e Fundação Bradesco.

Francisco Antonio Soeltl, Presidente da MicroPower

Cássio Matos Curi, Presidente da ABRH Nacional

1. Histórico do *e*-Learning no Brasil

Vista dos participantes da primeira edição do Prêmio e-Learning Brasil

Evaldo Bazeggio e Antonio Salvador

Cássio Matos Curi, Alair Martins e Marco Antonio Tannus

Fernando Lima, Nivaldo Marcusso e Denise Aguiar

Nos anos seguintes, o Prêmio passou a contar com o apoio da ADVB, FENADVB, ABED, ABRH-SP, FIESP, Revista T&D e Bilheteria.com, e nas nove edições contou com a participação de 121 organizações. A relação completa da Galeria de Sucesso consta no link:

http://www.elearningbrasil.com.br/premio/2010/sucesso/

As empresas vencedoras do prêmio no período de 2002 a 2009 constam em edições anteriores, no link:

http://www.elearningbrasil.com.br/premio

Conselho de Notáveis e Patronos do Prêmio e-Learning Brasil

A partir de 2005, a MicroPower e seus apoiadores ABRH Nacional, ABRH-SP, ADVB-SP, FENADVB e Bilheteria.com constituíram o Conselho de Notáveis, com as atribuições de aprovar o regulamento, as políticas aplicáveis aos processos e eleger o Patrono.

A composição do Conselho levou em conta o reconhecimento público e as realizações de seus membros em diferentes atividades, em especial pela atuação no movimento para a capacitação dos cidadãos brasileiros e a inclusão dos portadores de necessidades especiais.

A Presidência do Conselho foi confiada a Miguel Ignatios; a Secretaria Executiva a Agostinho Turbian; e como Conselheiros foram indicados Odécio Grégio, Francisco Antonio Soeltl, Carlos Faccina, Ozires Silva, Alair Martins, Elcio Anibal de Lucca, Paulo Skaf, Alain J. P. Belda, Paulo Nathanael Pereira de Souza e Guilherme Afif Domingos, patronos do Prêmio e-Learning Brasil das edições anuais de 2004 a 2010.

1. Histórico do e-Learning no Brasil

Fig. 1.3 — Conselho de Notáveis do Prêmio e-Learning Brasil

Comissão Avaliadora do Prêmio e-Learning Brasil

Desde sua primeira edição em 2002, o Prêmio conta com uma comissão avaliadora composta por profissionais de notória capacidade e conhecimento em desenvolvimento do capital humano, e-Learning e negócios. Seus membros são profissionais indicados pelas entidades apoiadoras e homologados pelo Conselho de Notáveis.

Nossos agradecimentos aos membros da Comissão Avaliadora: Alexandre Arnaldo Sonntag, Alfredo Castro, Ana Rosa Chopard Bonilauri, Antonio Salvador, Augusto Gaspar, Bruno Osiek, César Nunes, Cláudio Minetto, Eduardo Toledo Santos, Fábio Barcellos, Fábio Ribeiro, Fernando Cardoso, Fernando Carvalho Lima, Gilda de Campos, José Emídio Teixeira, Lenise Aparecida Martins, Julio Cunha, Luiz Augusto Costa Leite, Marcelo Eira, Marcelo Fernandes, Marco Antonio Tannus, Marcos Baumgartner, Marcos Felipe Magalhães, Marcos Resende, Marcos Teles, Maria Inês Divino de Góes, Maria da Graça Moreira, Marisa Eboli, Marta Enes, Nivaldo Marcusso, Paulo Roberto Xavier, René Birocchi, Roberto Meireles, Sergio Hentschel, Sergio Scheer, Simone Antaki, Valdemar Bassetto e Vicente Teixeira.

Claudio Minetto, coordenador da Comissão Avaliadora do Prêmio

Ano a ano, a comissão vem aprimorando sua prática incorporando os fatores de sucesso e as lições aprendidas no processo de avaliação do ano anterior.

Assim:

- Inicialmente, sentimos a necessidade de melhorar a qualidade das informações recebidas e instituímos, além da ficha técnica, um documento descritivo dos casos para obter informações qualitativas.

- Percebemos também a necessidade de classificar os casos por modalidades e categorias.

  Assim, foram criadas as modalidades Corporativa e Acadêmica. Mas elas ainda não eram suficientemente apropriadas para acomodar todos os casos apresentados. O aprimoramento levou ao quadro atual de sete modalidades: Corporativa, T&D, Administração Pública, Acadêmica, Projeto Acadêmico, Educacional e Relevante Contribuição Social. O mesmo processo se deu com as categorias. Para diferenciar projetos iniciantes dos cases "maduros", foram criadas quatro categorias: Silver (casos iniciantes), Gold (casos estabelecidos), Diamond (especialistas) e Star (premiados em edições anteriores).

- Em outro momento, sentimos a necessidade de maior interação com os concorrentes ao prêmio e instituímos uma apresentação, uma espécie de defesa dos cases, através de uma ferramenta de colaboração virtual (MicroPower Presence). Outro ganho importante com a introdução desta ferramenta foi a possibilidade de ampliar o quadro de avaliadores, tornando-o mais abrangente e menos regional. Hoje contamos com avaliadores baseados em localidades como São Paulo, Rio de Janeiro, Belo Horizonte, Curitiba e Brasília. Estas práticas propiciaram um grande salto de qualidade no processo.

- Foi instituída uma coordenação do processo de avaliação, independente da organização do Prêmio. O processo de interação entre os avaliadores, a coordenação e a organização continua intenso.

A partir daí, passamos a incorporar melhorias nos próprios instrumentos utilizados (ficha técnica, descritivo e apresentação), na dinâmica de interação com os apresentadores, e na própria interação entre os membros da comissão.

Depoimentos dos participantes têm mostrado que o processo de preparação e defesa dos cases propicia momentos de grande reflexão e aprendizado. Talvez isso, além do próprio prêmio em si, é que os motivem a voltar a se inscrever.

Como todo processo, este também tem muito a melhorar, mas estamos aprimorando-o continuamente e aprendendo com a própria prática e na interação com os participantes.

FRANCISCO ANTONIO SOELTL

Comunidade de Prática dos Deficientes Visuais

A partir dos resultados financeiros do Prêmio e-Learning Brasil 2002, a MicroPower decidiu adquirir e doar computadores equipados com o Virtual Vision para as entidades que se dispusessem a desenvolver o programa de capacitação e empregabilidade das pessoas com deficiência visual. E para o processo de seleção das entidades a serem beneficiadas constituiu-se uma comissão avaliadora, contando com a participação de representantes da Fundação Bradesco, Banco Bradesco, Grupo Martins e Conselho Brasileiro de Oftalmologia.

Da esquerda para a direita: Francisco Antonio Soeltl, presidente da MicroPower; Nivaldo Marcusso, gerente de Tecnologia da Fundação Bradesco; Ivo Ramalho, analista da Fundação Bradesco; Edge Gerdulo, gerente do Banco Bradesco; Dr. Henrique Kikuta, diretor Administrativo e Financeiro do Conselho Brasileiro de Oftalmologia; Dr. Suel Abujamra, presidente do Conselho Brasileiro de Oftalmologia; Odécio Grégio, diretor do Banco Bradesco; Denise Aguiar, diretora da Fundação Bradesco; Alair Martins, presidente do Grupo Martins; Ana Luisa Restani, superintendente da Fundação Bradesco; e Marco Antonio Tannus, diretor do Grupo Martins.

Em setembro de 1999, com o apoio da Fundação Bradesco, Instituto de Cegos Padre Chico, Fundação Dorina Nowill, Unicid e Prodam, foi criado o Portal dos Deficientes Visuais, com o objetivo de oferecer informações relevantes para a comunidade dos portadores de deficiência visual. Mais dados no site: http://www.deficientevisual.org.br/

2

Resultados, Melhores Práticas, Lições Aprendidas e Fatores-chave de Sucesso

Francisco Antonio Soeltl

Ao longo destes 10 anos, e a partir das experiências das 121 organizações que participaram do Prêmio e-Learning Brasil de 2002 a 2010, podemos constatar as excepcionais contribuições que a prática já apresentou em nosso país.

Resultados Financeiros

Os benefícios acumulados de R$ 6,4 bilhões foram responsáveis pelo retorno em menos de 6 meses dos investimentos também acumulados de R$ 3 bilhões, e, considerando 30% de crescimento anual, os investimentos acumulados em 2014 devem superar R$ 13 bilhões (Figura 2.1).

No cálculo dos benefícios, as organizações participantes consideraram 18 razões de negócio: nove com foco externo (cadeia de valor: acionistas, clientes, fornecedores e parceiros) e nove com foco interno (colaboradores e mão de obra terceirizada)

Foco externo (cadeia de valor: acionistas, clientes, fornecedores e parceiros)

Das nove razões de negócio mais frequentes no cálculo dos benefícios, considerando a cadeia de valor das organizações (acionistas, clientes, fornecedores e parceiros), sete se referem a melhorias: capacitação da força de vendas, utilização dos produtos já lançados, agilização do desenvolvimento e lançamento de novos produtos, satisfação dos clientes, e novas oportunidades de negócios, com apenas duas apontando para redução de custos de viagens e cursos (Figura 2.2).

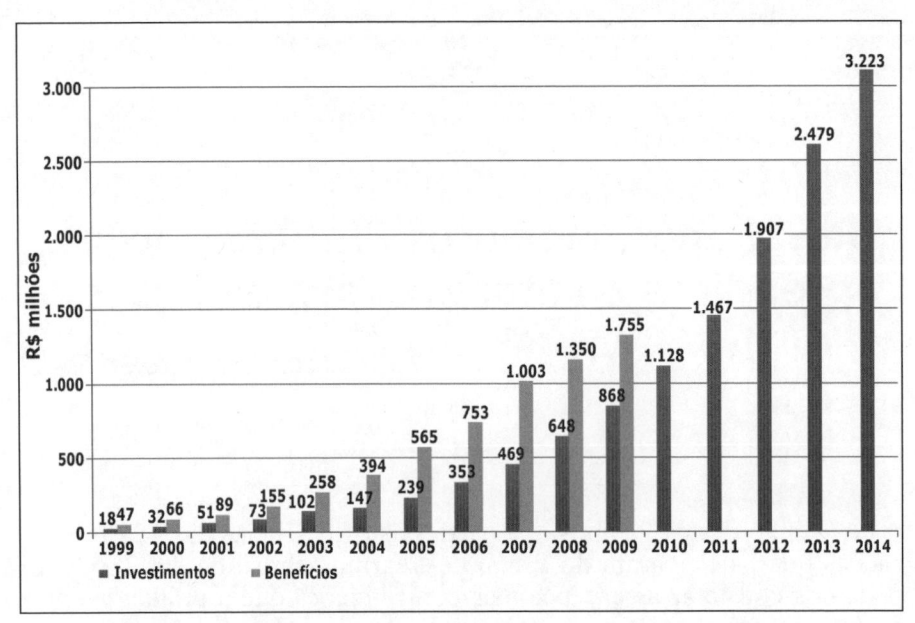

Fig. 2.1 — Investimentos × Benefícios em projetos de e-Learning no Brasil

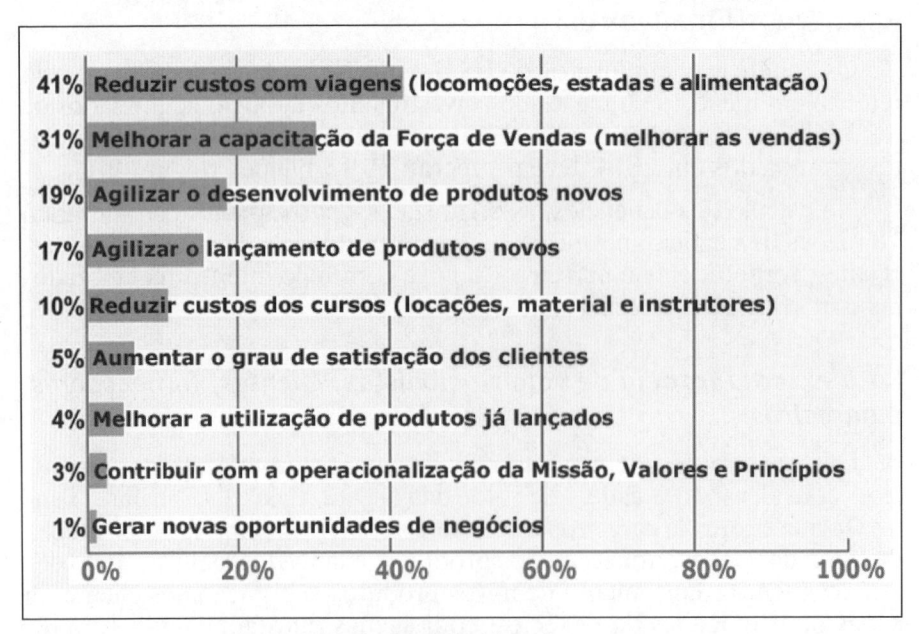

%	Razão
41%	Reduzir custos com viagens (locomoções, estadas e alimentação)
31%	Melhorar a capacitação da Força de Vendas (melhorar as vendas)
19%	Agilizar o desenvolvimento de produtos novos
17%	Agilizar o lançamento de produtos novos
10%	Reduzir custos dos cursos (locações, material e instrutores)
5%	Aumentar o grau de satisfação dos clientes
4%	Melhorar a utilização de produtos já lançados
3%	Contribuir com a operacionalização da Missão, Valores e Princípios
1%	Gerar novas oportunidades de negócios

Fig. 2.2 — Razões de negócio: foco externo

Foco interno (colaboradores e mão de obra terceirizada)

Das nove razões de negócio mais frequentes no cálculo dos benefícios, levando-se em conta os colaboradores contratados diretamente e aqueles que prestam serviços a partir de terceirização de mão de obra, apenas três focam redução de custos (oportunidade, cursos e viagens). As demais focam melhorias (implantação de novo sistema, produtividade, processos produtivos, desenvolvimento e retenção de capital humano e autodesenvolvimento).

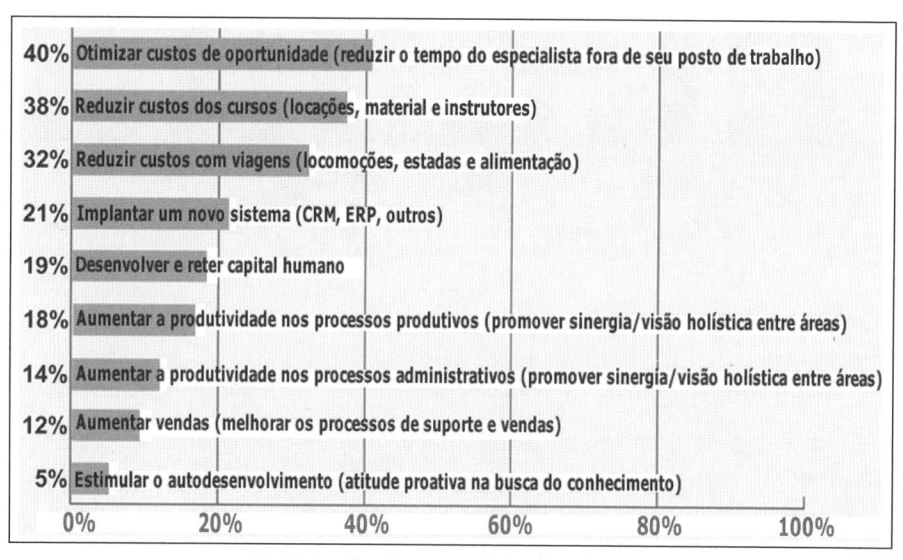

- 40% Otimizar custos de oportunidade (reduzir o tempo do especialista fora de seu posto de trabalho)
- 38% Reduzir custos dos cursos (locações, material e instrutores)
- 32% Reduzir custos com viagens (locomoções, estadas e alimentação)
- 21% Implantar um novo sistema (CRM, ERP, outros)
- 19% Desenvolver e reter capital humano
- 18% Aumentar a produtividade nos processos produtivos (promover sinergia/visão holística entre áreas)
- 14% Aumentar a produtividade nos processos administrativos (promover sinergia/visão holística entre áreas)
- 12% Aumentar vendas (melhorar os processos de suporte e vendas)
- 5% Estimular o autodesenvolvimento (atitude proativa na busca do conhecimento)

Fig. 2.3 – Razões de negócio: foco interno

Os investimentos acumulados de R$ 2,9 bilhões foram distribuídos pelos três componentes básicos: 53% em conteúdos, 35% em serviços e 12% em tecnologias.

- 53% em conteúdos: este é o componente de maior durabilidade e representa o principal ativo de conhecimento das organizações.
- 35% em serviços: os serviços contratados mais citados foram aluguel e hospedagem dos gerenciadores e consultoria de implementação.
- 12% em tecnologias: as tecnologias mais citadas foram aquisição de licenças de uso dos gerenciadores e das ferramentas de autoria para desenvolvimento de conteúdos.

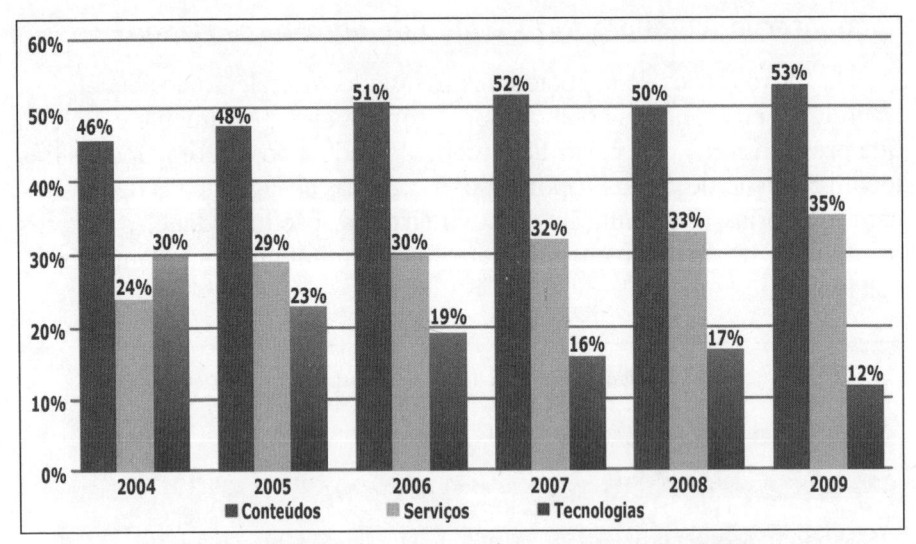

Fig. 2.4 — Investimentos em conteúdos, serviços e tecnologias

Melhores Práticas e Lições Aprendidas

1 — Alinhamento com a estratégia

O sucesso de uma iniciativa de e-Learning está diretamente ligado ao atendimento dos objetivos estratégicos da organização. Quanto maiores forem os benefícios obtidos maior será o reconhecimento do projeto.

O inverso também é verdadeiro.

Essa consideração deve amparar as decisões do planejamento do projeto, servindo de base para a definição das fases, do público-alvo e dos conteúdos que devem ser disponibilizados.

É importante estar atento para os novos cenários de negócio que podem surgir com a nova modalidade de ensino. Através do e-Learning algumas barreiras podem ser removidas, convidando a empresa a estabelecer novos relacionamentos com os clientes, fornecedores, parceiros e colaboradores.

Julio Alves Marques, Alfredo Castro, Milton Matsumoto

2. Resultados, Melhores Práticas, Lições Aprendidas e Fatores-chave de Sucesso

Os conceitos de tempo e distância são modificados e novas oportunidades de negócio podem surgir ou serem ampliadas com a nova solução de treinamento.

Depoimentos das Organizações

- *Bradesco:* "Nos últimos anos, a Organização Bradesco incorporou nove instituições, exigindo grandes esforços de treinamento, tanto para conhecimento de produtos, que passarão a ser negociados pelos novos colaboradores, como de rotinas e processos".

- *Votorantim Cimentos:* "Como uma poderosa ferramenta de gestão de conhecimento, replicação de processos e troca de experiências, o e-Learning tem sido fundamental para a disseminação do nosso sistema de negócios".

- *Grupo Martins:* "O programa deve estar alinhado ao core-business, orçamento, recursos e cultura organizacional".

- *Brasil Telecom:* "A premissa do projeto da empresa é: 'Se o programa tiver sucesso, qual o valor agregado que este programa pode trazer ao negócio?'".

- *Petrobras:* "A educação a distância representa mais que a redução de custos, pois é muitas vezes a única alternativa para assegurar a qualidade e a prontidão da força de trabalho frente aos objetivos de negócio".

- *Sabesp:* "O planejamento de e-Learning deve estar atrelado ao planejamento estratégico – o planejamento anual de educação a distância se baseia nas metas estabelecidas nesse planejamento".

- *Novartis:* "Os conteúdos devem estar alinhados aos negócios da empresa".

- *Orbitall:* "Ações de educação alinhadas às estratégias corporativas e que tenham impacto direto no negócio".

2 – Avaliação de resultados

Em projetos de e-Learning, estabelecer um processo efetivo para a avaliação dos resultados pós-implementação é um fator fundamental.

A lição aprendida diz que, mais do que disponibilizar conhecimento novo, é preciso garantir que este tenha sido efetivamente absorvido, e medir se o mesmo está sendo utilizado para melhorar o desempenho das pessoas e da organização.

Quando o aprendiz percebe que seu desempenho melhora através do conhecimento, seu estímulo e motivação são renovados na busca de novos conhecimentos, produzindo um ciclo de aprendizagem. Da mesma forma, quando a organização identifica que os resultados de negócio foram positivos em decorrência do melhor desempenho de seus profissionais, renova-se a credibilidade do projeto, refletindo naturalmente em novos investimentos e expansão do projeto como um todo.

Nivaldo Marcusso, Alair Martins e Marco Antonio Tannus

A avaliação dos resultados deve estar amparada em métricas reais e mensuráveis. Indicadores como aumento real das vendas, redução das ocorrências de reclamações, aumento do volume de certificações, redução dos custos de garantia, volume de pessoas treinadas, entre outros, ajudam a transmitir credibilidade sobre o resultado medido, pois são fatores objetivos e conhecidos por todos.

Depoimentos das Organizações

- *Bradesco:* "Entre 2000 e 2003 investimos R$ 2,3 milhões e obtivemos uma economia de R$ 86,3 milhões".

- *HSBC:* "Comprovamos a aplicação do conhecimento e os resultados financeiros indo além das pesquisas de reação e das avaliações de conhecimento".

- *Embratel e Carrefour:* "Os custos do treinamento a distância são aproximadamente 50% menores em comparação aos cursos presenciais".

- *Brasil Telecom:* "A empresa teve aumento de receita, graças à redução do ciclo de comercialização de produtos e serviços obtida através da agilidade e rapidez na disseminação do conhecimento".

2. Resultados, Melhores Práticas, Lições Aprendidas e Fatores-chave de Sucesso

- ***Ibmec:*** "Os resultados se mostraram positivos com baixo índice de desistência (15%), desempenho dos alunos superior a 75% e grau de satisfação positiva do cliente".
- ***Grupo Martins:*** "O planejamento e a definição de indicadores de desempenho permitem o acompanhamento da evolução do projeto, sua revisão e avaliação constante".

3 – Foco na pedagogia, não na tecnologia

É importante ter de forma bem clara as principais diferenças entre a abordagem presencial e a abordagem on-line para que a oferta de treinamentos seja bem-sucedida.

Na abordagem presencial, elementos como proximidade do aluno, nível de desempenho e conhecimento do instrutor, material de apoio e infraestrutura do ambiente são determinantes para a qualidade do ensino. Por outro lado, no ensino a distância, alguns desses elementos perdem seu efeito e novos elementos ganham importância no cenário.

Ozires Silva e Walter Sigollo

Pensando nisso, a preocupação com a estruturação instrucional ganha relevância no processo pedagógico e no desenvolvimento de cursos on-line. Para cursos presenciais que devem ser convertidos para o formato on-line, o cuidado deve ser ainda maior. O processo de mediação pedagógica vai garantir que os resultados de aprendizagem do curso presencial sejam, no mínimo, mantidos no novo formato.

O processo de concepção ou transposição de um curso on-line deve respeitar os novos critérios, além de contar também com a disponibilidade de novos elementos pouco usuais nos treinamentos presenciais, como, por exemplo, simuladores, jogos e interações personalizadas. Envolver o público em temas que fazem parte do seu cotidiano também pode ser útil.

Depoimentos das Organizações

- ***Bradesco:*** "Os recursos pedagógicos contribuem para o aumento da eficiência da metodologia".

- **HSBC:** "O conteúdo deve ser concebido com navegação evidente e com toque de humor, não devendo se limitar aos especialistas, mas incluir usuários finais do treinamento e funcionários do *Help-Desk*".
- **Orbitall:** "Foco na pedagogia, não na tecnologia".
- **Delegacia Legal RJ:** "Índices de adesão maiores do que os esperados graças ao conteúdo prático e usual e ao processo de sensibilização presencial".
- **Embratel:** "É inútil perseguir o conteúdo perfeito. O melhor é buscar o conteúdo possível".
- **Grupo Martins:** "Quanto menos se gasta na concepção, mais se exige de acompanhamento. Quem desenvolve cursos a distância deve passar pela experiência de ser aluno para saber como captar a atenção e motivar o usuário, com interfaces atraentes, recursos de multimídia e simulações".
- **Directv:** "Através de temas cotidianos como futebol e F-1, conquistamos a atenção do público e o treinamento foi um sucesso".

4 – Importância da metodologia e da gestão da mudança

A peça fundamental de um projeto de e-Learning é o fator humano. Pessoas representam a matéria-prima essencial de qualquer iniciativa de treinamento, principalmente em projetos de e-Learning.

Aprender no modelo tradicional é "conhecido". Aprender através de e-Learning é "novo". É através do processo de gestão de mudança que os efeitos do "novo" serão minimizados, despertando as pessoas para as novas oportunidades de aprendizado.

Ozires Silva e Américo Garbuio Junior

Para esse processo é fundamental utilizar uma metodologia que permita a organização e a comunicação clara das tarefas e pessoas, estabelecendo papéis e responsabilidades. Técnicas de desenho de processos devem ser utilizadas para conciliar os processos da empresa com os processos da plataforma de gestão de treinamento, garantindo o pleno fun-

2. Resultados, Melhores Práticas, Lições Aprendidas e Fatores-chave de Sucesso

cionamento de ambos. Atividades de comunicação e preparação das pessoas são essenciais para o sucesso do projeto.

O sucesso da implementação pode ser amplificado com a utilização do conhecimento de empresas especializadas. Através dessa alternativa, consegue-se acesso direto às melhores práticas e ao histórico de experiências adquiridas nas implementações anteriores de outras organizações.

Depoimentos das Organizações

- *HSBC:* "Importância da metodologia, do mapeamento e planejamento de conteúdo e das habilidades diplomáticas".
- *Novartis:* "Motivação é essencial para o sucesso do e-Learning. Elementos como mudança cultural, plano de comunicação/gestão de mudança para implementação do e-Learning e uso de estímulos como certificação para minimizar a concorrência de outras atividades devem ser considerados".
- *Votorantim Cimentos:* "A valorização do compartilhamento do conhecimento, a utilização da solução para difundir, capturar e criar conhecimento e o intercâmbio de experiências foram mudanças culturais obtidas com o projeto".
- *Grupo Martins:* "Das dificuldades para a implementação do e-Learning, a mudança de cultura dos usuários é mais relevante do que a definição do fornecedor da plataforma de ensino".
- *Ibmec:* "Escolha bem os parceiros e as soluções".
- *United Airlines:* "Inclua lições aprendidas de implementações similares de outras organizações".
- *Orbitall:* "Comunicação é essencial".

5 – Apoio ao projeto e ao aluno

Um dos grandes riscos para o sucesso de uma implementação de e-Learning é a sensação de solidão do público-alvo, principalmente quando esse público está sendo exposto a uma modalidade de aprendizado nunca utilizada anteriormente.

Sabemos que o ser humano pode apresentar posturas reativas quando se defronta com situações de mudança. Através de elementos de apoio, as atitudes reativas são minimizadas, facilitando a transição para o novo cenário.

No e-Learning não é diferente. É comum que, nas fases iniciais do processo de oferta de cursos on-line, alunos e usuários apresentem "reações" adversas. Pela experiência das empresas avaliadas, a solidão é apontada como um dos fatores mais preocupantes.

Estruturas de assistência e monitoria ajudam a estabelecer um canal de relacionamento e apoio aos usuários, representando uma forma direta de encorajá-los no processo de aprendizagem. Além disso, esse procedimento também minimiza a probabilidade de desistência e evasão dos alunos nos cursos em realização. Através da figura do monitor ou tutor é possível sensibilizar o público final sobre a importância do novo modelo e os benefícios diretos que podem ser obtidos pelo aluno, estimulando o uso contínuo da solução.

Marcos Telles e Stavros Xanthopoylos

Depoimentos das Organizações

- **Pirelli Pneus:** "Implantar um esquema efetivo de assistência (tutoria) para minimizar o impacto da solidão do processo de aprendizado. Os colaboradores se sentem parte do processo quando fornecida a mínima atenção e tempo disponível. Investir na figura do tutor ajuda a motivar, monitorar e garantir o aprendizado do aluno".

- **Datasul:** "O suporte aos usuários evita desistências".

- **Delegacia Legal RJ:** "Com incentivo, motivação e apoio da alta gerência, conseguiu-se vencer as barreiras iniciais, resultando em índices de adesão maiores do que os esperados graças ao suporte técnico e ao processo de sensibilização presencial".

- **Orbitall:** "É necessário o envolvimento da alta direção e o apoio da área técnica e de sistemas".

- **Petrobras:** "Uma parte imprescindível da implementação do projeto está na monitoria dos usuários".

- **Ibmec:** "Importância de um forte esquema de tutoria para apoio aos alunos".

2. Resultados, Melhores Práticas, Lições Aprendidas e Fatores-chave de Sucesso

6 — Continuidade e expansão

Muitas organizações estão alavancando novos negócios através da capacitação dos seus colaboradores, clientes, fornecedores e parceiros na modalidade de ensino on-line. No segmento acadêmico, universidades também estão ampliando a sua atuação através desse modelo. Essa já é uma boa razão para que os projetos de e-Learning sejam expandidos e novos investimentos sejam realizados.

Almiro Reis e Luiz Fernando Barcellos

Outro fator relevante para a continuidade de um projeto de e-Learning está relacionado a um dos elementos mais importantes de uma solução de aprendizado: o usuário final — aluno. Ofertar novos cursos e atualizar os conteúdos disponíveis são fatores importantes para manter os usuários motivados, resultando em um ciclo contínuo na utilização da solução. A quebra desse ciclo pode impactar a credibilidade do modelo de capacitação, comprometendo o sucesso do projeto.

A expansão do projeto pode ocorrer em diversas frentes. Dentre as mais comuns, destacam-se investimentos em arquitetura e tecnologia (aquisição de hardware, links de comunicação, software básico, portais, LMS, ferramentas de autoria, soluções de colaboração), infra-estrutura (pessoas e recursos), aquisição e/ou desenvolvimento de novos conteúdos, aplicação de novas modalidades de treinamento (CBT, WBT, assíncrono, síncrono etc.) ou expansão para públicos ainda não atendidos.

Depoimentos das Organizações

- **Bradesco:** "Os próximos passos envolvem o lançamento de novos cursos. Quantidade de cursos disponíveis atualmente: Área Financeira: 5; Área Operacional: 12. Quantidade de cursos em desenvolvimento para lançamento em 2004: Área Comportamental: 10; Área Financeira: 3; Área Operacional: 9. Novos modelos de treinamento serão desenvolvidos através da utilização de ferramenta assíncrona nas atividades de treinamento".

- **Votorantim Cimentos:** "Para este ano, a meta é elevar de 18 para 38 o número de cursos on-line".
- **Brasil Telecom:** "O rompimento de fronteiras dos cursos e-Learning favorece a expansão do programa".
- **Grupo Martins:** "A empresa vai dar continuidade ao calendário de liberação de cursos".
- **Delegacia Legal RJ:** "Renovação de cursos e conteúdos, dando continuidade também a projetos de criação".

7 – Envolvimento, patrocínio e valorização

Iniciativas patrocinadas pelos níveis mais altos da organização apresentam normalmente maior probabilidade de absorção dos envolvidos, resultando em benefícios diretos para o sucesso dos projetos. É um facilitador importante para que os esforços e os empenhos sejam aplicados nas diversas ações necessárias ao desenvolvimento dessas iniciativas, aumentando também a sensibilidade sobre a importância dos projetos nas pessoas.

Odécio Grégio e Osvaldo Zalewska

Envolvimento e patrocínio não são demonstrados apenas sob o aspecto financeiro, representado pelo investimento de capital necessário para disponibilizar os recursos técnicos e humanos importantes para o projeto. Postura e compromisso são exemplos de elementos comportamentais que sofrem uma influência direta da forma de condução adotada pelos dirigentes da empresa nos seus projetos.

À medida que o compromisso cresce, a valorização dos envolvidos também é influenciada. Quanto maior a sensibilidade das pessoas sobre a importância do projeto, maior será a valorização das equipes envolvidas no planejamento e desenvolvimento das atividades necessárias para sua implementação. Assim, é comum que as equipes de treinamento obtenham maior destaque nos projetos de implementação de e-Learning por estarem na liderança dessas iniciativas, potencializando o papel da área de treinamento, RH e educação como uma parte estratégica para os negócios e objetivos da organização.

2. Resultados, Melhores Práticas, Lições Aprendidas e Fatores-chave de Sucesso

Depoimentos das Organizações

- *Bradesco:* "O envolvimento da presidência/diretoria foi uma premissa durante todo o projeto".
- *HSBC:* "O presidente do banco lançou um comunicado solicitando que todos os funcionários fizessem até abril um único curso lançado em fevereiro. Dos 23 mil funcionários, 16 mil fizeram o curso nesse período. É uma demonstração da importância do comprometimento da diretoria".
- *Ibmec:* "Sensibilize a importância do envolvimento da Direção e TI no projeto".
- *Novartis:* "É necessário o suporte executivo para o sucesso na iniciativa".
- *Directv:* "Área de Treinamento está altamente valorizada como mecanismo de motivação à equipe, pois há investimento na informação e formação do funcionário/colaborador do Oiapoque ao Chuí".

8 – Garantia da infraestrutura

Projetos de e-Learning estão amparados fundamentalmente em arquiteturas que envolvem componentes tecnológicos. Além disso, essa infraestrutura está distribuída em várias camadas importantes, desde a plataforma host que hospeda as soluções até os mais variados dispositivos utilizados na camada final pelos usuários (desktop, notebook, *mobile*, entre outros).

Mario Helio de Souza Ramos, Alair Martins e Ana Luisa Restani

Para o desempenho adequado dessas soluções, investimentos são necessários em arquitetura de hardware, software básico, topologia de rede, link de comunicação, ambiente e dispositivos de segurança, serviços de suporte e monitoração.

O nível de investimento necessário deve ser avaliado pela empresa de forma que a infraestrutura ofereça um nível satisfatório de segurança e estabilidade para a solução e para os usuários.

Esses fatores, quando não atendidos de maneira adequada, comprometem diretamente o uso da solução, afetando sensivelmente a credibilidade do projeto. Os usuários envolvidos ficam desmotivados e barreiras são instaladas no envolvimento e no comprometimento das pessoas. Soluções de e-Learning são mais sensíveis a problemas de infraestrutura tecnológica em relação a aplicações tradicionais corporativas como ERP, CRM e aplicativos de trabalho.

Uma forma alternativa que muitas empresas estão adotando para evitar grandes investimentos em infraestrutura tecnológica e/ou minimizar os efeitos gerados pela inadequação das mesmas é a contratação de hospedagem externa. Fornecedores especializados em hospedagem de soluções de e-Learning têm contribuído para que as implementações sejam mais ágeis e a custos mais acessíveis, oferecendo toda a gestão da infraestrutura necessária ao projeto.

Depoimentos das Organizações

- *Orbitall:* "Garantir a infraestrutura através do apoio da área técnica e de sistema é fundamental para o projeto, garantindo, inclusive, a capacidade dos computadores dos usuários finais".
- *Delegacia Legal RJ:* "Os índices de adesão foram maiores do que os esperados graças à integração tecnológica e ao suporte técnico".
- *Petrobras:* "Realizamos grandes investimentos em atualização tecnológica e infraestrutura".
- *Novartis:* "Dificuldades com a infraestrutura são um inibidor para os funcionários externos".

9 – Integração e estratégia

O planejamento de atividades de aprendizagem para o alcance dos objetivos de treinamento e ensino, seja numa corporação ou numa universidade, pode ser estruturado utilizando diferentes modalidades administradas numa única plataforma de gestão. É possível obter excelentes resultados combinando formas tradicionais com

Joaquim de Sousa Correia e
Luiz Augusto Costa Leite

novos métodos disponíveis, respeitando sempre as diversas características de cada público.

Isso se reflete na estratégia das principais soluções de gerenciamento de treinamento disponíveis no mercado. É notável o aspecto evolutivo que os fabricantes estão direcionando para os componentes voltados à administração das modalidades presenciais, on the job, externas, autoestudo, além das atividades on-line síncronas e assíncronas.

É fundamental elaborar uma estratégia sólida de seleção dos materiais, cursos e modalidades que serão combinadas. Cada atividade de aprendizagem deve ser cuidadosamente analisada e qualificada sob aspectos específicos.

Através de técnicas e metodologias, é possível comparar os aspectos positivos e negativos das diversas iniciativas e identificar o mix mais apropriado para cada caso.

Implementar uma plataforma de gestão e entrega de treinamento é um passo importante para a qualidade e eficiência do processo de treinamento e ensino, porém a abordagem estratégica é o fator diferencial para o sucesso do planejamento e o alcance dos resultados.

Depoimentos das Organizações

- ***Sabesp:*** "O e-Learning é uma ferramenta complementar aos programas presenciais de educação".
- ***Grupo Martins:*** "O e-Learning é uma evolução e não uma revolução no aprendizado".
- **Bradesco:** "Utilização de todas as mídias disponíveis: presencial, videotreinamento, manuais e treinamento on-line, intercalando cursos on-line com presenciais em programas modulares".
- ***Datasul:*** "Utilizamos a modalidade certa para o nosso negócio. O ciclo de vida curto do produto não viabiliza o investimento em cursos assíncronos; muitos conteúdos × públicos diferentes; cursos caros, pois a interatividade está no próprio conteúdo. Já o e-Learning síncrono através de sala de aula virtual e gravações gera cursos assíncronos: aprendizagem interativa; possibilidade de revisitar o conteúdo; total gerenciamento; investimento no conteúdo mais otimizado".

10 – Gestão e planejamento

Quanto maior o nível de gerenciamento das atividades de aprendizagem, alunos e usuários, mais eficiente será o planejamento, permitindo aos gestores e coordenadores a oferta de cursos e atividades personalizadas às necessidades de cada aprendiz.

Através das soluções de gerenciamento de treinamento, modelos de administração por competência podem ser utilizados para direcionar o plano de aprendizagem do público final.

Maria da Graça Moreira e Giovana Pieck

O aluno pode efetuar uma autoavaliação em um determinado perfil, e o gestor pode administrar as competências e os gaps existentes. Associados aos gaps e competências, cursos realizados para o alcance das competências necessárias podem ser ofertados e direcionados ao público.

Esse modelo de gestão apresenta um grande potencial para os coordenadores de treinamento das corporações, representando uma mudança fundamental no processo de desenvolvimento das atividades de aprendizagem e no relacionamento da área de treinamento com o aluno.

Essa mudança fortalece o papel da área de treinamento no contexto da organização, aumentando a eficiência do processo de capacitação e, principalmente, melhorando o desempenho das atividades de cada colaborador.

Uma tática complementar bastante utilizada no planejamento é a utilização de pré e pós-teste de avaliação do conhecimento. Medindo e mapeando o conhecimento, os gestores obtêm dados importantes para planejar a oferta de cursos e organizar as modalidades de treinamento.

Além disso, as atividades de aprendizado podem se tornar flexíveis para adequar-se ao nível do aluno, permitindo que o mesmo realize somente as etapas importantes para o seu aprendizado, personalizadas às suas reais necessidades.

2. Resultados, Melhores Práticas, Lições Aprendidas e Fatores-chave de Sucesso

Depoimentos das Organizações

- *Brasil Telecom:* "O aprendizado é facilmente retido devido ao treinamento interativo, adaptado e focado que a empresa oferece. Todas as avaliações realizadas pelos alunos receberam elevados conceitos com relação à aplicabilidade do programa de certificação em vendas".

- *HSBC:* "Estaremos investindo na evolução do sistema de informações que permitam conclusões sobre aplicação de conteúdo e resultados. O portal (LMS) será customizado com facilidades de seleção de cursos por função e avaliações e testes rápidos".

Fatores-chave de Sucesso

Os fatores-chave de sucesso são aquelas atividades/processos que têm de efetivamente ser executados de acordo com as expectativas para que um projeto ocorra dentro dos prazos, recursos, custos e escopo previstos.

As quatro etapas

Os projetos de implantação de tecnologia para suportar os processos de ensino aprendizado subdividem-se em quatro etapas: Pré-projeto, Planejamento, Implantação e Avaliação. Para melhor caracterizar os ambientes de aplicação, foram adotadas as categorias utilizadas para a avaliação do Prêmio e-Learning Brasil:

- *Empresas privadas ou públicas:* empresas privadas que aplicam o e-Learning para atender seus colaboradores, empresas privadas aplicando e-Learning para atender o mercado, empresas da administração pública utilizando e-Learning para atender o público interno ou externo, e empresas aplicando e-Learning para promover de forma gratuita o desenvolvimento e a qualificação de pessoas.

- *Instituições de ensino públicas ou privadas:* instituições de ensino aplicando o e-Learning para a formação de pessoas nos níveis fundamental, médio e superior.

A seguir são apresentados os principais fatores-chave de sucesso de cada uma dessas quatro etapas:

Pré-projeto

Nesta etapa são definidas as áreas de negócio, escolas e cursos, com respectivos públicos-alvo, os orçamentos iniciais de tempo e financeiros, com respectivos benefícios a serem alcançados.

Empresas privadas ou públicas

1	O projeto tem o apoio e o interesse de pelo menos uma área de negócios
2	A implantação do e-Learning contribuirá concretamente para os resultados (razões de negócio) dessas áreas
3	O volume de usuários e frequência de utilização justificarão os investimentos no projeto
4	Os conteúdos iniciais trarão uma contribuição concreta para os resultados (razões de negócio) esperados
5	A infraestrutura existente pode ser adequada para atender ao projeto
6	As alternativas de tecnologias a serem adotadas foram definidas
7	A organização é flexível e assimilará facilmente as mudanças
8	Os diretores das áreas envolvidas estão totalmente engajados no projeto
9	A organização conta com total suporte internacional (quando a matriz estiver no exterior)
10	A equipe de projeto tem contato contínuo com tecnologias de ponta
11	O público-alvo tem familiaridade com tecnologias de ponta

Instituições de ensino públicas ou privadas

1	O projeto vai atender ao seu final ao PDI
2	O projeto tem o apoio e o interesse de pelo menos uma área da instituição
3	A implantação do e-Learning contribuirá concretamente para os resultados (razões de negócio) de pelo menos uma área da instituição
4	O volume de alunos, disciplinas e frequência viabiliza o projeto
5	Os conteúdos iniciais trarão uma contribuição concreta para a instituição
6	A infraestrutura existente pode ser adequada para atender ao projeto
7	As alternativas de tecnologias a serem adotadas foram definidas
8	A instituição é flexível e assimilará facilmente as mudanças
9	Os diretores das áreas envolvidas estão totalmente engajados no projeto
10	A equipe de projeto tem familiaridade com tecnologias de ponta
11	O público-alvo tem familiaridade com tecnologias de ponta

2. Resultados, Melhores Práticas, Lições Aprendidas e Fatores-chave de Sucesso

Planejamento

Nesta etapa são revisados os orçamentos iniciais de prazo, investimento e benefícios, definidas as métricas para acompanhar os resultados (razões de negócio) esperados, e definidos os planos de comunicação e gestão de mudança.

Empresas privadas ou públicas

1	O prazo de implantação inicial foi revisado, devidamente divulgado e entendido por todos
2	O orçamento inicial de investimentos e benefícios foi revisado e devidamente aprovado pelas áreas que os absorverão
3	O projeto de e-Learning se justifica financeiramente em um ano com os benefícios esperados
4	As métricas para avaliar de forma permanente os resultados (razões de negócio) esperados foram estabelecidas, e seus mecanismos de acompanhamento definidos
5	Os líderes das áreas de negócios lideram o projeto ou estão totalmente engajados de forma ativa e intensa
6	RH e TI trabalham de forma integrada e harmoniosa
7	A equipe de projeto, auxiliada ou não por especialistas externos, tem os níveis necessários de proficiência nas competências exigidas para implantar e-Learning (mesmo que seja contratada de uma consultoria externa)
8	O plano de expansão do projeto foi claramente definido para começar pequeno e crescer rápido
9	Os requerimentos de infraestrutura estão bem definidos e são possíveis de atendimento nos prazos necessários (telecomunicações, softwares e hardwares – servidores e estações de trabalho)
10	O plano de comunicação foi estabelecido de forma a levar a mensagem do projeto ao público-alvo
11	O plano de gerenciamento de mudança para dar sustentação ao projeto foi definido e os responsáveis pela sua implantação estão conscientes de sua importância
12	As alianças estratégicas para a implantação foram conquistadas
13	As métricas para avaliação de retenção do conhecimento/habilidades foram estabelecidas
14	As métricas para avaliação de aplicação do conhecimento/habilidades foram estabelecidas

15	As métricas para avaliação da melhoria de desempenho foram estabelecidas
16	As métricas para avaliar a contribuição destas para os resultados (razões de negócio) foram estabelecidas

Instituições de ensino públicas ou privadas

1	O prazo de implantação inicial foi revisado, devidamente divulgado e entendido por todos
2	O orçamento inicial de investimentos e benefícios foi revisado e devidamente aprovado pelas áreas que os absorverão
3	O projeto de e-Learning se justifica financeiramente em um ano com os benefícios esperados
4	As métricas para avaliar de forma permanente os resultados (razões de negócio) esperados foram estabelecidas, e seus mecanismos de acompanhamento definidos
5	As áreas da instituição que se beneficiarão lideram o projeto, ou seus gestores estão totalmente engajados
6	RH e TI trabalham de forma integrada e harmoniosa
7	A equipe de projeto, auxiliada ou não por especialistas externos, tem os níveis necessários de proficiência nas competências exigidas para implantar e-Learning (mesmo que seja contratada de uma consultoria externa)
8	O plano de expansão do projeto foi claramente definido para começar pequeno e crescer rápido
9	Os requerimentos de infraestrutura estão bem definidos e são possíveis de atendimento nos prazos necessários (telecomunicações, softwares e hardwares — servidores e estações de trabalho)
10	O plano de comunicação foi estabelecido de forma a levar a mensagem do projeto ao público-alvo
11	O plano de gerenciamento de mudança para dar sustentação ao projeto foi definido e os responsáveis pela sua implantação estão conscientes de sua importância
12	As alianças estratégicas para a implantação foram conquistadas

Implantação

Nesta etapa são revisados os orçamentos iniciais de prazo, investimento e benefícios, definidas as métricas para acompanhar os resultados (razões de negócio) esperados, e definidos os planos de comunicação e gestão de mudança.

2. Resultados, Melhores Práticas, Lições Aprendidas e Fatores-chave de Sucesso

Empresas privadas ou públicas

1	A equipe de implantação conta com representantes de todas as áreas
2	O tema e as características dos cursos (interação, desafio, duração) são adequados para o lançamento
3	O plano de comunicação foi estabelecido, amplamente divulgado e houve a adesão da maioria dos componentes do público-alvo
4	Os responsáveis pela implantação do gerenciamento de mudança estão preparados para exercer seus papéis com eficácia e eficiência
5	As lideranças das áreas de negócios engajaram-se efetivamente
6	Os processos afetados foram efetivamente ajustados para absorver com sucesso essa mudança
7	As organizações afetadas foram efetivamente ajustadas para absorver com sucesso essa mudança
8	As novas competências necessárias foram desenvolvidas
9	Os mecanismos de avaliação foram preparados para fornecer dados para as métricas estabelecidas
10	As métricas estabelecidas estão sendo efetivamente acompanhadas
11	O questionário de avaliação final desta etapa foi respondido
12	Os prazos estabelecidos no Planejamento estão sendo cumpridos
13	Os investimentos e benefícios estabelecidos no Planejamento estão sendo alcançados
14	As tecnologias implantadas estão funcionando de acordo com o previsto

Instituições de ensino públicas ou privadas

1	A equipe de implantação conta com representantes de todas as áreas
2	O tema e as características dos cursos (interação, desafio, duração) são adequados para o lançamento
3	O plano de comunicação foi estabelecido, amplamente divulgado e houve a adesão da maioria dos componentes do público-alvo
4	Os responsáveis pela implantação do gerenciamento de mudança estão preparados para exercer seus papéis com eficácia e eficiência
5	As lideranças das áreas interessadas estão efetivamente engajadas
6	Os processos afetados foram efetivamente ajustados para absorver com sucesso essa mudança
7	As novas competências necessárias foram desenvolvidas
8	Os mecanismos de avaliação foram preparados para fornecer dados para as métricas estabelecidas
9	O questionário de avaliação final dessa etapa foi respondido
10	Os prazos estabelecidos no Planejamento estão sendo cumpridos
11	Os investimentos e benefícios estabelecidos no Planejamento estão sendo alcançados
12	As tecnologias implantadas estão funcionando de acordo com o previsto

Avaliação

Nesta etapa os resultados finais e reais são comparados com as previsões iniciais, e o plano de melhoria contínua é estabelecido.

Empresas privadas ou públicas

1	Os prazos estabelecidos foram cumpridos
2	Os investimentos e benefícios estabelecidos foram alcançados/superados
3	O projeto de e-Learning se justificou financeiramente em um ano
4	As avaliações de reação apresentam os resultados (razões de negócio) esperados
5	As avaliações de retenção das competências apresentam os resultados (razões de negócio) esperados
6	As avaliações de aplicação das competências no trabalho apresentam os resultados (razões de negócio) esperados
7	As avaliações de melhoria de desempenho apresentam os resultados (razões de negócio) esperados
8	As avaliações de contribuição para os resultados (razões de negócio) atendem ao esperado
9	O plano de melhoria contínua foi implantado, e as medidas para garantir sua execução foram definidas
10	As métricas e seus impactos nos negócios foram avaliados e atingidos/superados
11	As direções das áreas envolvidas estão conscientes dos resultados (razões de negócio) conquistados
12	O público-alvo tem a percepção de valor dos cursos realizados

Instituições de ensino públicas ou privadas

1	Os prazos estabelecidos foram cumpridos
2	Os investimentos e benefícios estabelecidos foram alcançados/superados
3	O projeto de e-Learning se justificou financeiramente em um ano
4	O plano de melhoria contínua foi implantado, e as medidas para garantir sua execução foram definidas
5	As metas estabelecidas no PDI foram atingidas
6	As reitorias das áreas envolvidas estão conscientes dos resultados conquistados
7	O público-alvo tem a percepção de valor dos cursos realizados
8	A avaliação institucional apresentou as melhoras esperadas com a utilização do e-Learning

3

Casos de Sucesso do e-Learning no Brasil

Marcos Telles

Prêmio e-Learning Brasil

A MicroPower criou o Prêmio e-Learning Brasil, cuja nona edição foi realizada em 2010, com o objetivo de "estimular as organizações empresariais e de ensino de nosso país a utilizar os recursos tecnológicos para promover o aprendizado contínuo de seus colaboradores e alunos, elevando, desta forma, seu nível de qualificação, capacitação, desempenho, contribuição para os resultados e níveis de competitividade global das instituições brasileiras".

O resultado líquido obtido após a absorção dos custos do evento tem sido utilizado para "equipar o maior número de entidades que prestam atendimento aos deficientes visuais em nosso país, a fim de promoverem a capacitação e a empregabilidade dos mesmos".

Procurou-se, aqui, construir um painel de casos premiados que registrasse a ampla aplicação do e-Learning em diferentes situações e com diferentes propósitos.

Vale lembrar que são muitos os casos de excelente qualidade que poderiam fazer parte deste painel e que a escolha foi feita apenas em função da diversidade pretendida. Embora esses casos dividam características comuns, cada um deles tem aspectos especiais que são, a seguir, destacados.

Alimentos e Bebidas:
Schincariol — A Escalada da Formação de Pessoas

SCHINCARIOL GRUPO

O Grupo Schincariol tem um dos maiores parques de produção de bebidas da América do Sul e conta com cerca de 9 mil colaboradores, em 14 unidades industriais localizadas em 12 estados.

Em 2007, o e-Learning foi adotado para "a formação do time de multiplicadores e instrutores" que conduziu mais de 30 cursos voltados para o treinamento em vendas de equipes próprias e de revendedores.

Em 2008, o número de cursos foi ampliado e o uso do e-Learning foi estendido para a área gerencial e para a realização de avaliações bimestrais de conhecimento on-line, enquetes e "pesquisas de melhoria para solução e produtos".

Merece, aí, especial destaque "a formação dos usuários no projeto de reimplantação do SAP (...), onde o Portal da Academia Schin (LMS – Learning Management System ou Sistema de Gestão da Aprendizagem) foi responsável por formar mais de 3 mil colaboradores de mais de 40 plantas diferentes com mais de 5 mil horas de capacitação em e-Learning".

Em 2009, foram reestruturados os conteúdos e foram iniciados o "mapeamento das competências funcionais" e o desenvolvimento de "trilhas de conhecimento", o que levou ao "aprimoramento do processo e a ações de ensino-aprendizagem organizacional, principalmente no que diz respeito ao estímulo ao processo de autodesenvolvimento".

Marco importante "do enraizamento do e-Learning na cultura da organização" foi o curso de Integração de Segurança da Informação, que atingiu 3.287 colaboradores, em mais de 24 plantas diferentes, o que correspondeu a "100% do público estratégico e tático visado".

Francisco Antonio Soeltl

Organização e Negócio

O Grupo Schincariol emprega hoje diretamente cerca de 9,3 mil colaboradores, contribuindo para a geração de outros 65 mil postos de trabalho, de forma indireta. A atuação de cada um deles é orientada por meio de um Código de Conduta elaborado com base em princípios de ética, respeito e cidadania, em consonância com os valores da empresa: Pessoas, Serviços e Resultados.

O Grupo Schincariol possui um dos maiores parques de produção de bebidas da América do Sul, com capital 100% nacional. Fundado em 1939, é a segunda maior cervejaria do Brasil e está entre as 20 maiores do mundo. Atualmente, possui 14 unidades industriais, em 12 estados brasileiros, com capacidade produtiva em torno de 5 bilhões de litros por ano. Suas marcas podem ser encontradas em mais de 600 mil pontos de venda, espalhados em todo o território nacional.

Sumário do Caso

O Grupo Schincariol implantou a metodologia e-Learning em 2007, onde a mesma foi aplicada inicialmente para o público de Distribuidoras Terceirizadas (chamadas atualmente de Revendas) e Próprias (chamadas de DPs) para o desenvolvimento exclusivo da força de vendas.

A implantação das ações de e-Learning teve como foco a sustentação do Programa de Melhores Práticas de Gestão de Pessoas (R&S, Avaliação de Competências, Plano de Desenvolvimento e Remuneração Variável), e para este projeto foram criados mais de 30 cursos correlacionados (Síncrono e Blended).

Toda a formação do time de multiplicadores e instrutores foi realizada através do e-Leaning, o que possibilitou colher resultados proveitosos em consonância com a viabilidade da ferramenta na organização.

Em 2008, mantivemos a estrutura acima destacada para a força de vendas, mas ampliamos e intensificamos a oferta de cursos, aprimorando o Programa de Melhores Práticas de Gestão de Pessoas com ações de formação integral on-line de Multiplicadores e Instrutores (conceito de rota de aprendizagem). Além disso, instituímos avaliações bimestrais de conhecimento on-line e adotamos a prática de enquetes e pesquisas de melhoria para solução e produtos.

Expandimos também a metodologia para a formação dos usuários no projeto de reimplantação do SAP (projeto chamado internamente de Renova), onde o Portal da Academia Schin (LMS – Learning Management System ou Sistema de Gestão da Aprendizagem) foi responsável por formar mais de 3 mil colaboradores de mais de 40 plantas diferentes com mais de 5 mil horas de capacitação em e-Learning.

Em 2009, seguindo nosso plano de desenvolvimento da ferramenta, reestruturamos os conteúdos internos e, principalmente, fizemos a expansão da metodologia e suas estratégias para as demais áreas do Grupo Schincariol, na medida em que mapeamos as competências funcionais e desenvolvemos as trilhas de conhecimento e, por consequência, aprimoramos o processo e ações de ensino-aprendizagem organizacional, principalmente no que diz respeito ao estímulo ao processo de autodesenvolvimento. Tais ações propiciaram ao Grupo Schincariol a expansão de fronteiras e trouxeram a cultura do treinamento a distância ao público administrativo e industrial. Consequentemente, tivemos uma elevada gama de conteúdos corporativos direcionados aos mais diversos públicos.

No âmbito administrativo, chegamos a enraizar o e-Learning na cultura da organização, através do curso Integração de Segurança da Informação. Chegamos à marca de 3.287 colaboradores, ou seja, 100% do público estratégico e tático treinado através do LMS em mais de 24 plantas diferentes. Esta primeira "onda" de treinamento ocorreu entre setembro e dezembro de 2009. A partir disso, o processo de Integração do Grupo Schincariol ganhou uma modalidade on-line (Segurança da Informação).

Ainda em 2009, consolidamos os treinamentos da prateleira Academia Schin à força de vendas, colhendo resultados expressivos junto aos nossos Distribuidores Terceirizados (Revendas) e Próprias (DPs). Obtivemos um incremento de ações realizadas, o que resultou em 19.451 inscrições em mais de 200 plantas distintas espalhadas por todo o território nacional.

No âmbito industrial, iniciamos o processo de capacitação aos operadores e mantenedores do Grupo na metodologia TPMs em nove centros de desenvolvimento industrial. Na ocasião, formamos 358 colaboradores na ferramenta de gestão, que faz parte das operações estratégicas. Com isso, introduzimos a solução do LMS nas operações industriais, abrindo

3. Casos de Sucesso do e-Learning no Brasil

uma janela de incentivo à capacitação e ao nivelamento do conhecimento na organização.

A estratégia de conhecimento adotada gerou sustentabilidade da solução (LMS) na organização.

Métricas Quantitativas

As principais métricas estabelecidas e acompanhadas ao longo do projeto/processo e que demonstram melhoria e efetiva contribuição do aprendizado nos resultados esperados pelo Grupo Schincariol foram:

- Retorno em resultados operacionais de vendas oriundos da melhor qualificação da força de vendas.
- Redução de despesas de viagens (logísticas) e de locação de estrutura para treinamentos (salas e equipamentos), principalmente as relacionadas com a formação de Multiplicadores, Instrutores de Melhores Práticas de Gestão de Pessoas e com a implementação da integração de Segurança da Informação na organização como um todo.
- Captura de investimentos decorrentes da compra de cursos abertos, em virtude da disponibilização de mais de 47 cursos gratuitos aos Distribuidores Terceirizados (Revendas) do Grupo Schincariol.
- Redução de despesas de custos de dedicação de especialistas para a aplicação de treinamentos em diferentes estados do Brasil.
- Redução de custos com cursos: locações, material e instrutores.

Resultados

Quanto aos resultados colhidos em 2009, destacamos os seguintes pontos:

- A quantidade de colaboradores que já fizeram pelo menos um curso em e-Learning de 2008 para 2009 bateu recorde e subiu em 1.823% no Grupo Schincariol.
- Em 2009, os cursos (livros eletrônicos) do SAP no Grupo Schincariol (Renova) receberam mais de 7.354 acessos de colaboradores via EaD.

- Mais de 950 vendedores participaram de avaliações on-line a cada semestre via Portal da Academia Schin.
- Em 2009, o Grupo Schincariol investiu mais de R$ 182.861,80 nas ações de EaD.
- Os benefícios com a solução LMS em 2009 foram 834% superiores ao ano anterior.
- Como consequência desse investimento, o retorno financeiro alcançado pela adoção da solução de LMS em 2009 foi de 565,80 vezes superior ao investimento.

Lições Aprendidas e Melhores Práticas

O ano de 2009 trouxe ao Grupo Schincariol a sustentabilidade e perenidade do LMS na organização. Tal solução ultrapassa as fronteiras geográficas e reforça a estratégia em gestão do conhecimento e desenvolvimento colaborativo. O mapeamento das competências funcionais e conhecimentos críticos possibilita sistemáticas direcionadas de avaliações, aplicação de enquetes, gestão de ambientes de colaboração, suporte ao desenvolvimento de novas metodologias de ensino-aprendizagem estimulando o processo de aprender e de autodesenvolvimento.

Aprendemos que a tecnologia nos permite ir além das fronteiras da educação e, dessa forma, independentemente do público, seja ele administrativo, vendas, distribuição ou de operação fabril, ela já se encontra enraizada de forma muito simples.

Para a adoção de soluções de e-Learning em uma organização, temos que utilizar como base alguns fatores-chave de sucesso, como também algumas etapas.

Por isso, a seguir estão a descrição e a importância de cada uma delas:

- *Pré-projeto:* a implantação do e-Learning na organização deve acontecer apoiando o desenvolvimento de competências alinhadas às estratégias da empresa, de modo a "vincular" sua utilização, criando conexão com o sistema e ampliando a utilização para as demais áreas seguindo o mesmo processo.
- *Planejamento:* a disponibilização dos treinamentos deve se pautar no conceito de autodesenvolvimento, levando em consideração

3. Casos de Sucesso do e-Learning no Brasil

o estilo de aprendizagem do público-alvo e a cadeia de valor do Grupo Schincariol. Tais conteúdos refletem a cultura e os valores da organização: Pessoas, Serviço e Resultado. A metodologia de desenvolvimento e design instrucional é fundamental para o sucesso do projeto.

- *Implantação e Avaliação:* a adoção de instrumentos de aferição de resultados, sejam eles financeiros e de retenção de conhecimento, dará sustentabilidade à validação da solução de e-Learning.

Conteúdos

No Grupo Schincariol, em função da sua distribuição geográfica e do mercado altamente competitivo do qual faz parte, as ações de e-Learning ganharam rapidamente destaque nas estratégias de desenvolvimento de competências. Em 2009, nosso catálogo contemplou 181 cursos, que atendem a todos os públicos, sejam eles internos (Unidades Industriais, Unidades de Negócios e Distribuidores Próprios) ou externos (Clientes, Revendas e Parceiros). Portanto, tivemos um aumento significativo devido à sua utilização de aproximadamente 226%, se comparado ao ano anterior.

Dependendo da necessidade de nossos clientes internos, tempo de desenvolvimento da ação, custo e nível de retenção de conhecimento, a adoção de soluções pode variar desde a utilização de estratégias de e-Learning clássicos, com contratação de terceiros, ou, ainda, de soluções de rapid learning, com desenvolvimento de conteúdo interno e suporte de ferramenta de autoria.

Também é em função das estratégias mencionadas que definimos o perfil de carga horária dos cursos. Algumas delas estão relacionadas à disponibilidade do público-alvo, como na força de vendas, onde na maioria do tempo os colaboradores estão atuando junto aos clientes. É perceptível que, em função da expansão aos públicos administrativos e industriais, em 2009, gerenciamos uma gama significativamente maior de conteúdos do que no ano anterior na solução LMS.

É importante destacar que ambas as estratégias utilizaram apenas o padrão SCORM. Com o SCORM, você pode criar os objetos de aprendizagem em qualquer tecnologia que possa ser visualizada em Web. Para isso, basta "descrevê-los" em SCORM e, ao final, juntar todos os objetos em uma unidade de aprendizagem (curso, disciplina, aula) em um único pacote de conteúdos.

A metodologia utilizada nos conteúdos do Grupo Schincariol é de forma convocativa; desse modo, o índice de adesão aos cursos é muito próximo a zero. A implementação técnica finalizada pelo nosso parceiro na solução LMS nos permitirá criar um ambiente colaborativo e com estímulo ao autodesenvolvimento.

As estratégias de mediação pedagógica variam do tipo de curso escolhido, seja ele e-Learning clássico ou rapid learning, sendo que a mesma é mais presente na primeira opção. No caso da segunda opção, a equipe de conteudistas internos tem a formação de design instrucional, garantindo forma e conteúdo.

Tecnologia

Adquirimos como solução de mercado o Performa da MicroPower. A decisão pela escolha foi principalmente pela consultoria, pois buscávamos não somente um software, mas também um parceiro com conhecimento em conceitos de aprendizagem. A decisão pela hospedagem no fornecedor a princípio gerou uma velocidade no atendimento e uma preocupação a menos na decisão da estrutura, além de garantir segurança e rapidez no help desk e nas atualizações.

O gerenciamento de aprendizagem presencial hoje é o mais utilizado pela nossa organização e permitiu que tivéssemos informações sobre nossos clientes terceiros que não estão ligados aos sistemas internos do Grupo. Hoje, podemos gerenciar o conhecimento nesses distribuidores (Clientes), bem como ter mais informação sobre o público-alvo dos treinamentos e o que é produzido em cada localidade, além dos treinamentos de portfólio desenvolvidos pela Academia Schin.

Suportamos toda a gestão do LMS, pois criamos os parâmetros estruturais da ferramenta. A plataforma utilizada foi a desenvolvida pela MicroPower (MPLS2), que é um sistema de gestão de aprendizagem que permite gerenciar atividades on-line assíncronas e síncronas e atividades presenciais e compostas. Com isso, a MicroPower se tornou uma grande parceira nessa gestão.

Em 2009, a necessidade de melhoria na plataforma surgiu para propiciar sua expansão, que está completamente alinhada com as estratégias metodológicas da organização.

A maioria das ações de desenvolvimento utiliza estratégias metodológicas assíncronas de capacitação. Desenvolvemos para os cursos de portfólio da Academia Schin materiais impressos em complemento às ações on-line.

Em 2009, mantivemos a decisão de utilizar avaliações de conhecimento on-line, o que possibilitou ao Grupo Schincariol maior agilidade e confiabilidade no processo e na gestão dos gaps de competências.

Serviços

A consultoria especializada foi o fator de decisão para adquirir no atual LMS. Buscávamos um parceiro com conhecimento em conceitos de aprendizagem, como visão de futuro e atenção nas transformações tecnológicas e de estratégias pedagógicas.

A hospedagem ASP garantiu velocidade, segurança e menor investimento financeiro e intelectual para montagem de uma infraestrutura interna.

Os conteúdos sob medida são utilizados na organização como alternativa na formação de um profissional em determinado assunto que requer aprendizado por módulos, simulações, tutoria e acesso a materiais de apoio.

As tutorias são prestadas através de audioconferência, telefone e e-mail, onde geralmente são aplicadas pelos "detentores do conhecimento" com a orientação da Academia Schin.

O foco em serviços é principalmente colocar nossos parceiros lado a lado, aliados à nossa estratégia e apoio, que são extremamente coerentes com a nossa realidade.

Empresas Inteligentes

O e-Learning implantado no Grupo Schincariol trouxe uma série de contribuições. Dentre elas, destacam-se:

- **Arquitetura do Aprendizado e Desempenho**

    √ Possibilitou a aplicação de ações de complemento a cursos presenciais anteriormente realizados isoladamente.

    √ Realizou o acompanhamento à gestão de atividades de aprendizado.

    √ Permitiu a gestão das atividades de aprendizado dos distribuidores terceirizados, possibilitando a implantação de campanha de incentivo à educação.

    √ Estimulou a criação de um repositório de informações (livro virtual) e a demanda de criação de ambientes tipo wiki com ferramentas de busca e colaboração de suporte à Gestão de Conhecimento.

    √ Suportou a implantação do Modelo de Gestão por Competências para os profissionais da área comercial.

    √ A tutoria ganhou novas modalidades assíncronas de colaboração via Instant Messaging, fórum, blogs e chat.

    √ O suporte ao desempenho do aprendizado tornou-se intrínseco com a ferramenta do DMS (Gerenciamento de Documentos Normativos).

- **Gestão de Mudança e Comunicações**

    √ A liderança foi estimulada a utilizar a ferramenta e-Learning, valorizando o quanto a mesma facilita o desenvolvimento das equipes no conceito de autodesenvolvimento.

    √ Por se tratar de uma estratégia de suporte, a implantação do Modelo de Gestão por Competências envolveu várias áreas nas etapas do projeto, o que validou a mesma como estratégia para formação de colaboradores na organização.

    √ Mudou a cultura de aprendizado organizacional, trazendo o conceito de suporte contínuo e acesso 24 horas por dia, sete dias por semana.

    √ A ferramenta e-Learning, sem dúvida, é importantíssima para as ações de Gestão do Conhecimento no Grupo Schincariol.

3. Casos de Sucesso do e-Learning no Brasil

- **Liderança para o Aprendizado**

  √ Estimulou a liderança a entrar na "era do conhecimento", facilitando o desenvolvimento das suas equipes no conceito de autodesenvolvimento.

  √ Ganhou patrocínio de diretorias, em virtude de suas ações otimizarem o tempo das equipes, aumentando a produtividade de processos à medida que o colaborador escolhe a melhor hora para realizar os treinamentos, possibilitando a minimização dos efeitos do turnover e, consequentemente, a redução de custos de viagens.

- **Ambiente de Desempenho**

  √ Estimulou o processo de aprender a aprender.

  √ Deixou a cargo dos colaboradores a escolha do melhor horário para realizar os cursos.

  √ Estimulou o autodesenvolvimento, na medida em que implanta a cultura de inscrição ao invés da antiga cultura de convocação.

  √ Possibilitou a utilização de avaliações on-line e da adoção de soluções pedagógicas inovadoras que estimulam o processo de ensino-aprendizagem.

Planejamento Futuro

- Consolidar a metodologia e-Learning para as nossas unidades industriais, através de centros de desenvolvimento e apoio na gestão de aplicação dos cursos EAD.
- Levar o e-Learning para outros projetos internos, difundindo ainda mais os conceitos de EAD, a fim de otimizar os investimentos e valorizar o autoaprendizado como fator fundamental para o desenvolvimento e a busca pela alta performance.
- Estimular e apoiar as estratégias de Gestão do Conhecimento, fomentando o propósito de compartilhar o conhecimento, aquecendo e ativando comunidades de prática, blogs, fóruns, enquetes para suportar a troca de conhecimento.

- Desenvolver novas bases tecnológicas de ensino-aprendizagem, Gestão do Conhecimento e autodesenvolvimento.
- Estender a metodologia do LMS a projetos de Responsabilidade Social.
- Desenvolver novas tecnologias de ensino-aprendizagem como Mobile Learning, conceito de Web 2.0, bibliotecas virtuais e ambientes colaborativos para Gestão do Conhecimento, suportando estratégias corporativas de Desenvolvimento Humano e Organizacional.

Construção de Trilhas/Rotas de Aprendizado

Criação de trilhas/rotas de aprendizado, suportando o desenvolvimento das competências funcionais e reciclagens como as dos usuários de SAP.

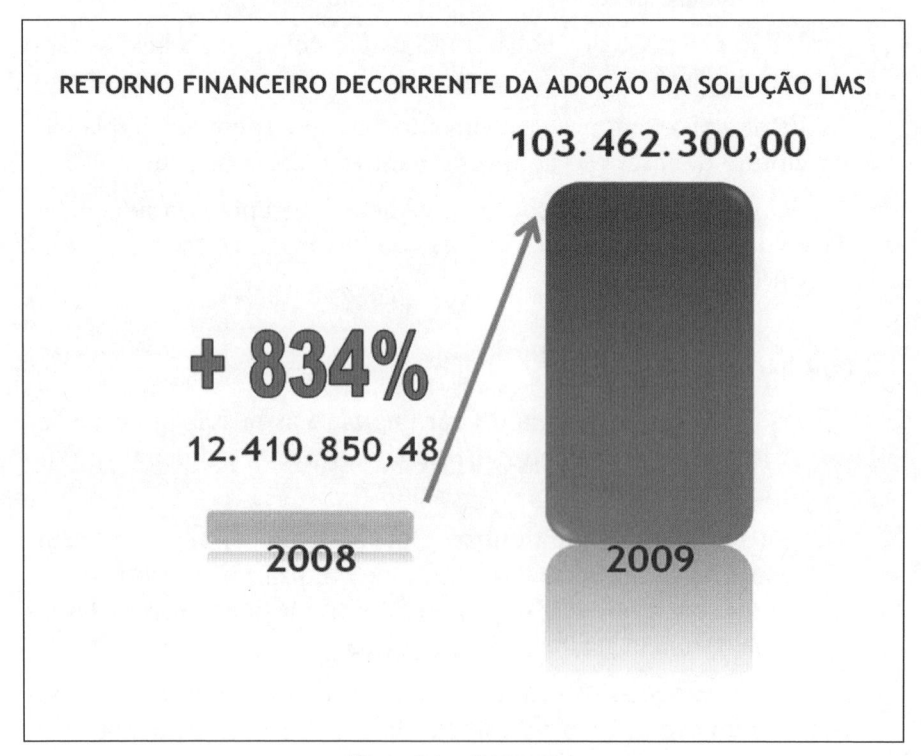

Figura 3.1 — Schincariol

Atacadista:
Martins — A Importância do Apoio da Cúpula

MARTINS
SISTEMA INTEGRADO MARTINS

Como lembrado no texto do caso, o Martins Comércio e Serviços de Distribuição S/A, que faz parte do SIM – Sistema Integrado Martins, é uma referência no segmento do atacado distribuidor brasileiro com mais de 260 mil clientes ativos.

"O sistema de ensino e capacitação a distância foi implantado no SIM, atendendo a uma necessidade da organização em capacitar os seus diferentes públicos, que apresentam grande dispersão geográfica, objetivando em um curto espaço de tempo e com custos viáveis, o fortalecimento do nível de qualificação e desenvolvimento corporativo."

Foi observada "no decorrer do processo de implantação deste novo conceito, uma série de desafios, dentre os quais: a diversidade de públicos atendidos, a complexidade e amplitude do processo, operações da empresa em todo o território nacional, os aspectos culturais e a defasagem dos públicos atendidos".

"Um aspecto decisivo para o sucesso do e-Learning foi, desde o início de sua implantação, o apoio da alta cúpula." Em especial, "o apoio de o seu principal executivo foi constante e crescente, fornecendo suporte financeiro para as inovações e, principalmente, fortalecendo em todos os níveis da organização, a crença no êxito do sistema".

Outros fatores de sucesso apontados no caso foram: divulgação interna, com foco em mudança de cultura e busca do compromisso da organização e das pessoas; estrutura tecnológica; estrutura de plataforma (LMS) compatível com a ampliação da base de usuários; levantamento da necessidade de conteúdos a serem desenvolvidos; definição dos desenvolvedores de cursos e conteúdos; adequação dos conteúdos à linguagem de cada curso; criação de incentivos adequados à expectativa de cada público.

FRANCISCO ANTONIO SOELTL

Organização e Negócio

Líder e referência no segmento do atacado distribuidor brasileiro, o Martins foi fundado há 56 anos e ao longo da sua história se tornou uma referência na distribuição e no varejo do País. Com o crescimento constante e a multiplicidade de negócios, oferece soluções completas aos seus mais de 260 mil clientes ativos, através do SIM (Sistema Integrado Martins), cujas empresas componentes, criam sinergicamente produtos e serviços que fornecem sustentabilidade e diferencial ao varejo brasileiro.

Presente em todo o Brasil, o SIM tem como proposta o desenvolvimento de toda a cadeia de consumo. Para conseguir atingir esse objetivo, tem as expectativas dos clientes e o desenvolvimento destes, como os principais pilares para nortear as suas ações. Ao oferecer soluções que respeitam as características dos seus parceiros e as regionalidades, traduz em valor e rentabilidade para os lojistas, todo o conhecimento e tecnologia em varejo que detém.

Para as empresas que integram o SIM, o sucesso da indústria, da pequena e média empresa de varejo e o atendimento completo ao consumidor final são fundamentais para o crescimento de todos. E atua para que essa cadeia de consumo se fortaleça cada vez mais.

O faturamento da empresa Martins S/A em 2009 foi de R$ 3.502 bilhões de reais.

Fazem parte do SIM as empresas:

- Almart Administração e Participação S/A (Holding).
- Banco Triângulo S/A (Tribanco).
- Instituto Alair Martins (IAMAR).
- Martins Comércio e Serviços de Distribuição S/A (Atacadista).
- Martins Integração Logística Ltda.
- Martins Veículos Uberlândia Ltda.
- Martins Agropecuária S/A.
- Martins Construção Comércio e Serviços Ltda.
- Tricard Administradora de Cartões.
- Tribanco Corretora de Seguros S.A.
- Smart Varejos Ltda. (Rede Smart).

3. Casos de Sucesso do e-Learning no Brasil

Para consolidar a posição de destaque da organização no cenário brasileiro, o Sistema Integrado Martins conta com uma estrutura moderna, desenvolvida e voltada para o mercado. Presente em 100% dos municípios brasileiros, a logística de armazenagem e distribuição do Martins conta com uma frota de caminhões de última geração e o processo de distribuição inclui todas as etapas, que vão do recebimento do produto à entrega segura, conforme o pedido de cada cliente. Em todos os setores da logística, a integração e a aplicação maciça de tecnologia viabilizam a movimentação de grandes volumes e a complexa distribuição.

Para estar cada vez mais próximo dos varejistas, entendê-los e atendê-los com eficiência e qualidade sempre crescentes, o Martins conta com a seguinte estrutura:

- 5.140 colaboradores, incluindo 850 atendentes de Televendas.
- 4.080 representantes comerciais autônomos.
- 1.050 veículos próprios.
- 5 Centrais de Distribuição Regionais – CDRs localizados em Uberlândia, João Pessoa, Manaus, Recife e Camaçari (BA) – esta última em implantação.
- 38 filiais de Cross Docking e 15 unidades de vendas.
- 113 mil metros quadrados de área destinados à armazenagem.
- Mais de 14 mil itens no mix.

O SIM conta também com a estrutura da Universidade Martins do Varejo (UMV), que é um centro de excelência no desenvolvimento e aplicação de tecnologia voltada para crescimento do varejo. A UMV desenvolve e aplica em parceria com a indústria o conceito de Gerenciamento de Categorias voltado para os pequenos e médios varejistas. O programa traz benefícios significativos nos resultados comerciais, focalizando as práticas de merchandising e marketing mais eficientes, sempre orientadas para o consumidor, que compreendem pontos importantes: sortimento, preços, promoção, apresentação na gôndola.

Alguns números da UMV:

- Mais de 13.000 projetos de modernização e revitalização de lojas.
- Treinamento em mais de 99 mil lojas de varejo.

- Capacitação de 289 mil profissionais de varejo.
- Projeto de 1.300 lojas SMART em operação.

Para que o segmento do pequeno e médio varejo possa competir em condições favoráveis no mercado, crescer e perenizar seu negócio, o SIM criou a Rede Smart – um conceito de aliança em grande escala entre varejistas dispostos a transformar dificuldades em oportunidades. Com mais de 1.300 lojas filiadas, é a maior rede de supermercado em número de lojas, segundo a Associação Brasileira de Supermercados (ABRAS).

O Tribanco, o banco que mais entende de varejo e tem as melhores soluções para os seus clientes, surgiu para dar suporte e oferecer condições financeiras que fortaleçam o segmento. Disponibiliza linhas de crédito para financiar o crescimento de lojas e pequenas indústrias em condições vantajosas. O Tribanco desenvolve produtos e serviços inovadores que impactam positivamente na rentabilidade do negócio, como os cartões próprios da Tricard e os seguros da Tribanco Seguradora, empresas do SIM.

O Instituto Alair Martins (IAMAR) é o braço do SIM responsável diretamente pelas iniciativas de cunho socioambiental. Desde 2005, atua no sentido de promover jovens por meio de oportunidades, melhor qualidade de vida, criação e implementação, apoio e manutenção de projetos culturais e educativos e, também, iniciativas de preservação dos recursos naturais. Desde a sua criação, o IAMAR atendeu mais de 25.000 jovens nos diversos projetos de responsabilidade socioambiental. Parceiro de outras entidades, como Instituto Ethos, Fundação Abrinq, Instituto Akatu e Junior Achievement, o IAMAR recebeu do Ministério da Justiça, em setembro de 2009, o título de Instituição de Utilidade Pública Federal.

Sumário do Caso

O sistema de ensino e capacitação a distância – e-Learning – foi implantado no SIM em 2001, atendendo a uma necessidade da organização em capacitar os seus diferentes públicos, que apresentam grande dispersão geográfica, objetivando em um curto espaço de tempo e com custos viáveis, o fortalecimento do nível de qualificação e desenvolvimento corporativo.

3. Casos de Sucesso do e-Learning no Brasil

Foram observados no decorrer do processo de implantação deste novo conceito, uma série de desafios, dentre os quais destacamos, a diversidade de públicos atendidos, a complexidade e amplitude do processo, provocada pelas operações da empresa em todo o território nacional, os aspectos culturais e a defasagem dos públicos atendidos.

Um aspecto decisivo para o sucesso desta modalidade de ensino na organização, foi o fato de que, desde o início de sua implantação, o apoio da alta cúpula, em especial, o seu principal executivo foi constante e crescente, fornecendo suporte financeiro para as inovações e, principalmente, fortalecendo em todos os níveis da organização, a crença no êxito do sistema.

O desenvolvimento do sistema e sua implantação contemplaram várias etapas, executadas de forma progressiva, as quais detalhamos a seguir:

- Divulgação interna, com foco em mudança de cultura e busca do compromisso da organização e das pessoas.
- Montagem da estrutura tecnológica.
- Implantação da estrutura de plataforma (LMS), que permitiu a ampliação da base de usuários atendidos.
- Levantamento da necessidade de conteúdos a serem desenvolvidos.
- Definição dos fornecedores de desenvolvimento de cursos e conteúdos.
- Adequação dos conteúdos de acordo com a linguagem de cada curso.

Após a implantação do sistema, inúmeras ferramentas foram implantadas, como as seguintes:

- Criação de incentivos adequados à expectativa de cada público.
- Criação do CD off-line para acesso dos usuários com dificuldades para utilização da Internet.
- Criação dos Centros Virtuais de Treinamento (hoje temos 38 Centros Virtuais, sendo que todos os equipamentos foram trocados em janeiro de 2008, pelo modelo Thin Client, sendo hoje 95 equipamentos, disponíveis para acesso de todos os públicos.

- Pesquisas de satisfação (principalmente relacionados aos conteúdos on-line e também a Campanhas de Marketing).
- Provas de seleção
- Provas de avaliação de treinamentos (Pré e Pós-teste)
- WebAula Live (que é a Ferramenta de Conferência, utilizada principalmente para divulgação das ações da Diretoria de Marketing).
- Web TV, com vídeos voltados para treinamentos como: Direção Defensiva, Dicas de Saúde, entre outros.
- Help Desk.
- Comunidades virtuais.
- Desenvolvimento de cursos de fornecedores (objetivo de trabalhar categorias e produtos; com mensuração de resultados através de indicadores predefinidos).
- Criação de mídias voltadas para o varejo e de temas motivacionais.
- Quiosque e Ponto de Encontro Televendas.
- Cursos de Prateleiras.
- Projetos de Responsabilidade Social (Projeto Na Mão Certa/PID – Pontos de Inclusão Digital/Projeto Educar/Projeto Cartão para Familiares/Jovem Aprendiz/Projeto de Sustentabilidade e Diversidade).
- Mobile e-Learning Center (Centro de Aprendizagem Móvel).
- Implantação da Trilha do Conhecimento (Rotas de Aprendizagem).
- Portal do Conhecimento de acordo com as necessidades e realidade de cada público.
- Laboratório Virtual, com informações para consultas de conteúdo.
- Intranet.
- Biblioteca do Encontro de Vendas (capacitação onde disponibilizamos conteúdos para futuras consultas no ambiente de Biblioteca dentro do LMS).
- Implantação de Catálogos Virtuais, Blog de Vendas, Twitter, Planograma Virtual e Loja Virtual.
- Revistas Vitrine do Varejo, Martins em Revista e Martins Força de Distribuição.
- Desenvolvimento de Cursos On-line 3D.

O sistema e-Learning provocou em toda a organização uma profunda mudança na forma de pensar as ações de treinamento e desenvolvimento, que tradicionalmente eram desenvolvidas de forma presencial. Hoje o SIM. atua com uma tecnologia de vanguarda neste sentido, alcançando resultados significativos em performance, quantidade e qualidade do conhecimento instalado.

O sucesso e continuidade desta estratégia educacional são sustentados especialmente porque está totalmente alinhado com o Planejamento Estratégico da organização e com os macros-objetivos de negócios, sendo considerada uma ferramenta crítica para fortalecer e desenvolver competências, principal fonte de vantagem competitiva, no mundo do trabalho atual.

Além dos desafios organizacionais, o SIM busca através dessa estratégia beneficiar e desenvolver todos os participantes de sua cadeia de valor, pois permite o autodesenvolvimento, gestão e alcance fácil e rápido a informações importantes do mercado, democratizando o acesso ao conhecimento principalmente para os seus clientes, colaboradores, comunidade, fornecedores e parceiros.

Utilizando o conceito de Empresa Inteligente, onde o aprendizado agrega valor ao negócio da organização, o SIM volta a sua atenção para os componentes que suportam esta teoria, principalmente na Arquitetura do Aprendizado e Desempenho.

Neste contexto da Arquitetura de Aprendizado e Desempenho algumas ações que incorporam a Gestão do Conhecimento (Repositório de Informações e Comunidades e Redes) estão caracterizadas e bem definidas no Sistema Integrado Martins.

A Gestão do Conhecimento trata basicamente do compartilhamento de conhecimento, se você apenas coletar e armazenar dados e informações, não terá resultados.

Seguem alguns exemplos:

- Catálogos Virtuais.
- TGM (Tecnologia de Gestão Martins.
- Comunidade do Polo.
- Portais.

Em relação ao Suporte ao Desempenho (que possibilita às pessoas grande facilidade na execução de tarefas) temos suporte externo para todos os equipamentos eletrônicos, e também extrínseco, para sistemas do Oracle.

Dessa forma as ações de e-Learning do Sistema Integrado Martins são baseadas na Arquitetura do Aprendizado e Desempenho, possibilitando o conhecimento e aquisição de competências, habilitados pela tecnologia, sendo possível compartilhar e acessar informações que levam a ganhos de performance.

Métricas Quantitativas

As premissas estratégicas de desenvolvimento e expansão dos negócios do SIM e a contribuição do e-Learning para com esta, apresentam-se totalmente alinhadas quando analisamos as métricas e avaliações quantitativas que suportam os resultados do sistema.

Estas métricas, em sua dimensão externa, ou seja, voltada para a avaliação dos resultados de capacitação pelos acionistas, clientes e fornecedores, contribuem significativamente para uma análise mais detalhada do sistema de e-Learning e das demais variáveis envolvidas no processo, tais como a comunicação, aprendizagem, vendas e satisfação destes públicos preferenciais.

Ainda na dimensão externa, destacamos também os valores financeiros economizados em viagens, cursos e divulgação de Campanhas, após a instalação do Sistema e-Learning em 2001.

A consolidação e perpetuação dos conhecimentos relativos aos Valores, Missão, História e Negócios do SIM. são feitos, em grande parte, através dos cursos e-Learning e também através dos Portais de Acessos, como Portal do Conhecimento no LMS, Intranet e Blog de Vendas. O contato do público com a ferramenta e o conhecimento deste conteúdo em um curto espaço de tempo e de acordo com a disponibilidade de cada usuário faz com que 100% deles tenham acesso a informações que, objetivamos, fortaleçam o "orgulho de trabalhar e pertencer ao SIM."

Na dimensão interna cujo foco são colaboradores e profissionais terceirizados, as evidências do retorno que tivemos com o ensino a distância são ainda maiores. A redução dos custos operacionais e de produção foi significativa, pois ao medirmos estes fatores, observamos que os valores que o Martins teve de despesas nas duas categorias foram reduzindo ao longo dos anos.

3. Casos de Sucesso do e-Learning no Brasil

Outro detalhe importante é a otimização dos custos de oportunidade em que se reduziu bastante o tempo do especialista fora do seu posto de trabalho. Conclui-se que as métricas e indicadores de qualidade, definidos corretamente, são os melhores preditivos para assegurar que se atingirá as metas de performance previstas na educação a distância.

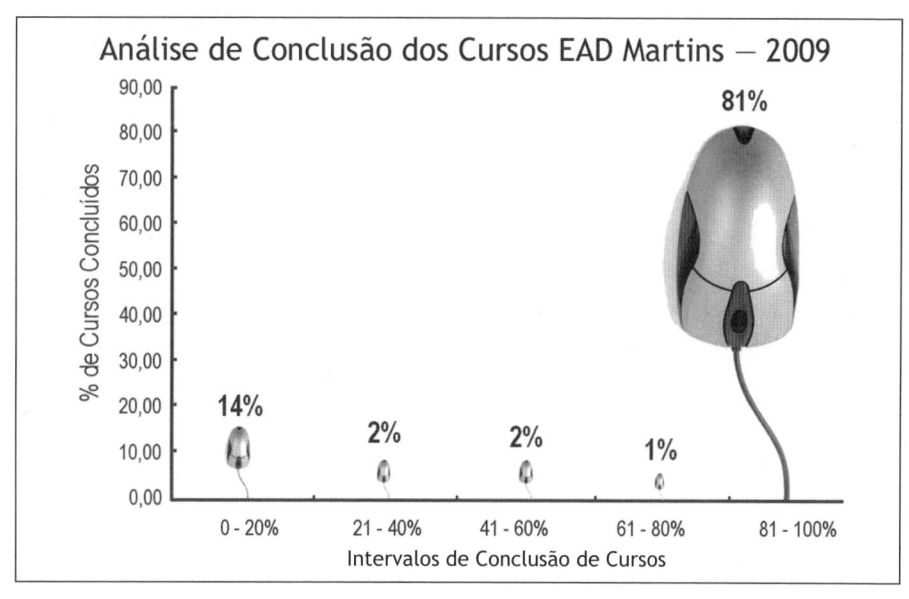

Figura 3.1 — Martins

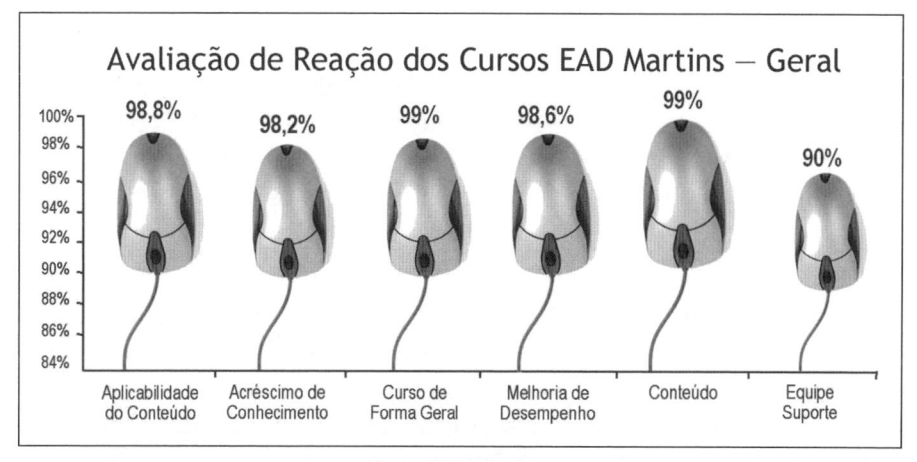

Figura 3.2 — Martins

FRANCISCO ANTONIO SOELTL

Análise Vendas Fornecedores Antes × Depois EAD

Fornecedor	RCA	Região	Nº de Clientes Antes/Depois	% Crescimento	Faturamento Antes/Depois	% Crescimento
Gillette	Wilton S. Rocha	ES	20 24	20%	2.065 2.962	43%
vivo	Aurelio Bezerra	GO	10 16	60%	2.201 4.068	85%
Electrolux	Janailson R. Pinto	CE	3 9	200%	4.421 8.016	81%
Consul	Joao G. S. Neto	PI	4 7	75%	2.774 14.369	406%

Fig. 3.3 – Martins

Resultados

Os resultados mensurados na organização relacionados ao e-Learning e também à Arquitetura do Aprendizado e Desempenho como um todo, mostram a evolução e o comprometimento de todos os públicos envolvidos.

Os valores investidos em serviços, desenvolvimento de conteúdos e tecnologia demonstram que o e-Learning no SIM, e no âmbito do mercado que a organização atua e desenvolve os programas, está consolidado. Os resultados atuais já superam mais de 14 vezes os investimentos realizados, motivando a empresa a prosseguir fortemente com os investimentos no sistema.

As ferramentas implantadas no parque tecnológico existente, baseadas na Arquitetura do Aprendizado e Desempenho, como discador, blogs, twitter, catálogos virtuais, cursos e-Learning 3D, entre outros, demonstraram o engajamento do Sistema Integrado Martins na implantação de tecnologias de vanguarda que suportam o negócio da organização.

3. Casos de Sucesso do e-Learning no Brasil

Lições Aprendidas e Melhores Práticas

Lições Aprendidas

- O principal patrocinador do projeto dentro da organização deve ser o seu principal executivo (Top Down).
- O e-Learning só terá sucesso se a sua estratégia de desenvolvimento estiver diretamente alinhada com a estratégia da organização.
- Quem desenvolve o e-Learning tem necessariamente que passar pela experiência de aluno.
- O e-Learning não substitui o ensino presencial, ele complementa.
- É preciso ter orçamento e métricas definidas para o projeto.
- É fundamental obter o envolvimento de toda a organização.
- O conteúdo deve ser desenvolvido de acordo com as características de cada público.
- Cursos rápidos são mais atrativos. Se o conteúdo é longo, é melhor dividi-lo em módulos.
- A escolha da plataforma adequada é essencial para o sucesso do sistema. A análise para escolha deve ser detalhada.
- Quanto mais simples melhor.
- As novas tecnologias devem ser amplamente testadas, antes de serem disponibilizadas para os usuários.
- A comunicação é importante elemento estratégico no desenvolvimento do e-Learning.
- O aluno precisa de atenção e incentivo constantes.
- O processo de tutoria motivacional é fundamental.
- Terceirizar as ações operacionais é mais produtivo.
- O aluno tem que enxergar o ganho com o e-Learning.
- Deve-se sempre buscar inovações e novos projetos, mas nunca perder o foco da consolidação e mensuração dos resultados dos projetos já implantados.
- Medir e apresentar os resultados são fundamentais para o apoio da organização ao sistema.

- As métricas devem ser sempre quantificáveis e não somente qualitativas.
- Informação + Educação = Solução de Problemas e cumprimento de metas.
- Comece pequeno, mas pense grande e inicie já.
- A alta direção deve estar sempre posicionada dos resultados do e-Learning.
- É imprescindível fazer benchmarking e compartilhar Melhores Práticas.
- O sistema deve ser constantemente reavaliado, e as decisões devem ser tomadas sempre com base nos objetivos do mesmo.
- A Arquitetura do Aprendizado e Desempenho deve ser avaliada e implementada na organização analisando o seu aspecto cultural e também tecnológico.
- O aprendizado e o desempenho organizacional são facilitados por meio de estratégias e técnicas que vão além do treinamento em si; por isso a existência e sucesso das outras tecnologias de aprendizado: blogs, planograma virtual, intranet, catálogos virtuais, grades inteligentes; entre outros.
- O e-Learning é de fato uma revolução no modo como as pessoas aprendem e melhoram seu desempenho.

Melhores Práticas

Desde sua implantação em 2001, o e-Learning SIM tem tido papel de destaque no desenvolvimento dos colaboradores, força de vendas, clientes, fornecedores e comunidade em geral, trazendo para a empresa inúmeras experiências de sucesso (melhores práticas), com a utilização da ferramenta.

Enumeramos a seguir as principais delas observadas durante esses 9 anos:

1) ***Democratização do ensino***
   Através da ferramenta o SIM democratizou o ensino, levando de maneira uniforme o conhecimento e o desenvolvimento para seus diferentes públicos na mesma dimensão de tempo.

2) *Melhoria dos indicadores definidos*

Através do ensino a distância, conseguimos melhorar nossos indicadores (vendas, turnover, absenteísmo, venda média por pedido etc.), que são medidos após realização dos módulos, envolvendo e-Learning, Treinamento Presencial, Repositório de Informações, Comunidades e Suporte ao Desempenho.

3) *Reforçar Valores e Cultura*

O processo do e-Learning permite reforçar conceitos, valores e cultura de forma ágil e eficiente.

4) *Inclusão Digital*

O SIM tem atualmente participação efetiva no processo de inclusão digital da comunidade em geral, com foco no desenvolvimento humano.

5) *Responsabilidade Social*

A ferramenta permite à organização cumprir de forma mais abrangente o seu propósito de responsabilidade social.

6) *Autodesenvolvimento*

Aumenta a conscientização das pessoas com relação à necessidade da busca de autodesenvolvimento porque democratiza o ensino.

7) *Retenção e Desenvolvimento de Talentos*

Importante ferramenta que tem ajudado a empresa a reter seus talentos, através de programas de formação mais efetivos, que permitem a superação dos gaps de competências e desempenho. É reconhecida pelos colaboradores e clientes como um diferencial de desenvolvimento.

8) *Agilidade no processo de lançamento e campanhas*

Permite em tempo real o lançamento de produtos e campanhas, agilizando o processo de vendas.

9) *Redução de custos*

O projeto permitiu, através da redução de custos, aumentar o volume de investimentos, abrangendo um maior número de pessoas.

10) *Cumprimento do papel estratégico dentro da organização*

A empresa atua nacionalmente e tem força de vendas e clientes em todas as regiões do país. Manter esses públicos no mesmo nível de informação é essencial para o sucesso do negócio, por isso o e-Learning é referencial e cumpre um papel estratégico nos resultados da organização.

11) *Comunicação*
O processo de comunicação que envolve todas as ferramentas inseridas no contexto da Arquitetura do Aprendizado e Desempenho, principalmente Blogs, Twitter, Comunidades, Portais do Conhecimento e TV Martins, Redes de Conhecimento (como mensagens instantâneas) são exemplos de Tecnologias de Colaboração que influenciam e muito na comunicação da organização e também no aprendizado em si.

Conteúdos

1 – As particularidades dos negócios e diferentes públicos atendidos através do EAD levam a organização a adotar cursos desenvolvidos sob medida, buscando focar em exemplos relacionados com as atividades de trabalho e com o negócio.

Para os temas gerais, especialmente os relacionados com os cargos Gerenciais, a empresa trabalha com vários cursos de prateleiras, que também são desenvolvidos por outras empresas.

A maioria dos cursos EAD do SIM. tem o conteúdo desenvolvido internamente, por causa das particularidades do negócio, e a estrutura dos mesmos é desenvolvida por terceiros.

2 – A opção por cursos mais rápidos foi determinada também em função da característica da maioria dos públicos, que não tem a prática de dedicar muito tempo para a realização de cursos. Quando o conteúdo é longo, o mesmo é dividido em módulos para facilitar o aprendizado.

3 – O percentual de desistência dos cursos é mínimo. As principais razões são:

• A atratividade dos cursos (lúdicos, com animação, exercícios...).

• A realização dos cursos EAD estão sempre ligados a projetos (Planos de Desenvolvimento, Fórmula Martins, Campanhas), incentivos, pré-requisitos para realização de cursos presenciais (Treinamentos de Integração, Implantação da Nota Fiscal Eletrônica, Segurança da Informação etc.).

3. Casos de Sucesso do e-Learning no Brasil

- Grades Inteligentes mesclando cursos presenciais com cursos a distância, focadas hoje na Segmentação de Clientes.

4 – Os cursos são desenvolvidos de forma a facilitar o aprendizado, com conteúdos lúdicos, interativos, com exercícios de aprendizagem intercalados com o conteúdo, para fazer constante verificação do aprendizado. Trabalha-se com pré e pós-teste para que o próprio aluno possa acompanhar o seu desenvolvimento e aproveitamento.

5 – O processo de tutoria implantado na organização facilita o aprendizado, porque além de motivar o aluno, proporcionando um processo de apoio e suporte, permite esclarecimento de dúvidas com interatividade com o instrutor, tornando mais completo o processo de desenvolvimento, fazendo as ligações necessárias com o negócio.

6 – A decisão pela adoção do padrão SCORM no desenvolvimento de cursos se deu em função da possibilidade de ampliação de negócios já que os cursos on-line se tornaram PORTÁVEIS para os LMS's dos parceiros de negócios. Por outro lado, sendo a plataforma também compatível com o padrão SCORM é possível considerarmos atualmente na montagem da grade de treinamentos, os cursos de prateleira de inúmeros provedores de conteúdos, que são relevantes para os negócios Martins, principalmente cursos de fornecedores.

7 – Quando foi iniciada a utilização da ferramenta em 2001, houve uma resistência inicial dos próprios instrutores, por receio que o EAD pudesse substituir o ensino presencial. Com a facilidade apresentada, houve um grande aumento na quantidade de cursos, utilização, investimento, projetos, onde se criou uma relação forte entre o e-Learning e a organização.

Muitos treinamentos presenciais foram reduzidos ou complementados através do e-Learning, buscando-se a adequada utilização para cada situação.

Em 2005, a empresa passou a utilizar de forma mais integrada o Blended, tornando mais harmônica a relação entre o ensino a distância e o treinamento presencial, sendo hoje o e-Learning utilizado em todos os níveis da organização.

A partir de 2009, com o estudo e a implantação de ferramentas voltadas para a Arquitetura do Aprendizado e Desempenho, principalmente

Repositório de Informações, Suporte ao Desempenho, Portais e Comunidades percebe-se que a disseminação do conhecimento e aprendizado é bem ampla e é por meio destas ferramentas que as informações chegam aos usuários em geral e levam a uma melhoria de desempenho.

8 – O SIM. atua e possui colaboradores em todo o território nacional. Por isso, além dos cursos, todas as mídias disponibilizadas através do e-Learning são indispensáveis para o desenvolvimento de programas de capacitação e comunicação, principalmente acesso à Intranet e Blogs.

Tecnologia

1 – O SIM optou por buscar uma plataforma no Mercado, não customizada, mas com algumas adequações de acordo com a realidade e necessidade da organização.

Dessa forma, obteve-se além das inovações propostas pela empresa, outras inovações propostas e desenvolvidas para outras organizações de ponta no e-Learning.

A hospedagem dentro do servidor do Martins, segue a política de segurança da informação da organização.

2 - A plataforma nos dá todo o suporte para trabalhar o Blended Learning, através de soluções que permitem relacionar os trabalhos presenciais com os trabalhos a distância, porque além dos cursos, contamos com o Web Aula Live (Conference), WebTV, Chats, Comunidades, Portais do Conhecimento, que nos permitem fazer a interação de todo o projeto de desenvolvimento.

Hoje o Blended, está presente na totalidade dos projetos em todos os níveis da organização, do operacional ao gerencial e todos os indicadores e resultados são definidos e medidos a partir deste conjunto e não somente baseado em uma das etapas (presencial ou e-Learning, leitura do livro, ou filme).

3 – As soluções instrucionais de gerenciamento de cursos presenciais são suportadas por uma equipe de Treinamento e Desenvolvimento, nos diversos temas e projetos das Diretorias. As ferramentas deste gerenciamento têm contribuído bastante para o desenvolvimento e aprendizado onde cada tema é desenvolvido e aplicado de acordo com a característica do negócio.

4 – As ferramentas Tecnológicas de Colaboração existentes no Sistema Integrado Martins principalmente instant menssaging, e-mail, fóruns, FAQ, blogs e WebConferência e também TeleConferência, permitem aos usuários escolher o melhor momento para acessar (assíncrona) e/ou as Conferências. Com estas ferramentas podemos divulgar as Ações de Marketing, que são atividades estratégicas para o negócio da organização.

5 – O Suporte ao Desempenho representa uma expansão adicional da arquitetura de aprendizado e de desempenho até um ponto em que a aprendizagem, embora benéfica, seja um objetivo secundário. Os acessos a manuais sejam externo ou extrínseco, sendo estas as categorias mais utilizadas trazem para o usuário benefícios como: tornar o trabalho mais simples, possibilitar o acesso a funcionalidades rápidas e de "ajuda" na realização da atividade.

Serviços

Desde o início da implantação do sistema e-Learning contou-se com toda uma estrutura de suporte e apoio, inclusive na escolha da plataforma para um modelo que fosse acessível em relação a custo, mas também atendesse as demandas específicas e no apoio à utilização de tecnologia de ponta.

Para os conteúdos de prateleira, foram contratadas consultorias de reconhecimento no mercado.

Para a elaboração dos conteúdos dos cursos houve trabalho conjunto com algumas consultorias especializadas, que conseguiram atender as particularidades da organização e também com outras empresas de expertise e reconhecimento no mercado.

Para atender as necessidades dos projetos (com grande enfoque no Blended e também na Arquitetura do Aprendizado e Desempenho), foram desenvolvidas tecnologias de apoio importantes (WebAula Live, WebTV, Grades Curriculares Inteligentes, Laboratórios Virtuais, Portal do Conhecimento, Blogs, Twitter, alguns Repositórios de Informações), porque o SIM acredita que a educação dentro de uma organização é construída através de um conjunto (presencial e a distância) e deve ser acessível a todos os públicos, atendendo as suas necessidades e particularidades e também voltada para o autodesenvolvimento.

Empresas Inteligentes

Além dos desafios organizacionais, o Sistema Integrado Martins busca, com o sistema e-Learning, contribuir para o desenvolvimento dos seus clientes, comunidade, fornecedores e parceiros, cumprindo também a sua função social, que extrapola a relação de negócios.

Os quatro componentes Arquitetura do Aprendizado e Desempenho, Gestão da Mudança e Comunicações, Liderança para o Aprendizado e Ambiente de Desempenho possuem uma contribuição significativa para o desempenho e resultado dos Negócios do SIM.

Na Arquitetura do Aprendizado e Desempenho ressalta-se a importância da aplicação dos cursos presenciais e dos cursos "e-Learning ou on-line" visto que este indicador está acima das expectativas. E para o sucesso deste quesito foi necessário ter o suporte de um ótimo processo de comunicação, suporte tecnológico ao usuário e mudança de cultura da organização.

À medida que as pessoas vão se tornando mais confortáveis e experientes com a tecnologia há uma crescente compreensão de que ela é uma ferramenta para o aprendizado organizacional, não a sua solução. A visão volta-se para o conhecimento e não somente para cursos; por isso da implantação dos Catálogos Virtuais, Comunidade do Pólo e Planogramas Virtuais.

Ainda no contexto da AAD, as Tecnologias de Colaboração trazem uma contribuição e agilidade de comunicação e acesso a informações on-line através de Blogs, Twitter, e-mail, Portais do Conhecimento, Mensagens Instantâneas e WebConferências.

A disseminação do conhecimento por meio destas ferramentas permite que a informação necessária para os negócios chegue até os públicos de clientes, fornecedores, colaboradores e força de vendas.

O Suporte Eletrônico ao Desempenho, geralmente baseado no computador nos fornece orientação eletrônica sobre tarefas e suporte para o usuário no momento da necessidade. No SIM esta ferramenta se concentra basicamente no suporte externo e extrínseco, principalmente para utilização de sistemas de suprimentos e também utilização de equipamentos como: Netbooks, Pockets e Equipamentos eletrônicos.

Outro ponto que merece destaque é a Gestão da Mudança e Comunicações, porque a organização entende que trabalhar a cultura organizacional exige uma série de estratégias que focam em garantir que uma organização e seus colaboradores estejam comprometidos e sejam capazes de executar as metas de negócios orientadas ou habilitadas pela inovação.

Contribuição Social

O Martins se posiciona desde sua criação há 56 anos, como uma empresa de grande responsabilidade socioambiental, coerente com sua postura íntegra e ética de atuação, preocupada com o desenvolvimento dos seus colaboradores, vendas, clientes, fornecedores e comunidade em geral.

Para atingir esse objetivo, tem investido em vários projetos de responsabilidade socioambiental, onde o e-Learning tem uma participação ativa e fundamental.

Esse trabalho foi intensificado com a criação da Universidade Martins do Varejo em 1988, cujo principal objetivo é o desenvolvimento do pequeno e médio varejo brasileiro. Hoje são mais de 130.000 clientes com acesso ao e-Learning Martins, com mais de 88.000 cursos realizados pelos clientes e seus colaboradores.

Desde 2005, numa iniciativa pioneira, o Martins em convênio com o Instituto de Pesquisas Ipê, deu início ao projeto de educação ambiental nas comunidades ribeirinhas na Amazônia, sendo utilizadas técnicas presenciais no barco-escola Maíra.

O Sistema Integrado Martins disponibiliza 38 Centros Virtuais de Treinamento localizados em suas filiais com 95 equipamentos de última tecnologia, com acesso exclusivo ao Formar, para utilização dos colaboradores, motoristas, força de vendas, clientes e comunidade em geral.

Pensando na importância de levar o desenvolvimento também às famílias dos colaboradores, a empresa investe em alguns projetos importantes:

• Cartão Formar.

- Criação dos PDI's – Ponto de Inclusão Digital, através de espaços nas filiais e convênios com Lan House para que os familiares dos colaboradores possam realizar os cursos através do Formar.

Em parceria com o Instituto Iamar, em 2007, o Martins iniciou o projeto Educar, focado na capacitação dos alunos do ensino médio, em formação do Varejo. Hoje já são mais de 6 escolas e 350 alunos participantes entre professores e alunos, e já foram concluídas duas turmas por ano desde a sua implantação.

Apoiando o projeto de Diversidade do SIM, o e-Learning desenvolve módulos de formação a distância, com o objetivo de acelerar o processo de formação, agilizando a entrada desses profissionais no mercado de trabalho.

Desde 2009 é desenvolvido também o Projeto Na Mão Certa, que busca ajudar no combate a exploração sexual de crianças e adolescentes em todo o país. Neste treinamento é proposta a metodologia dos Kit's de Treinamento a Distância, e esta é somente uma das ações do Projeto Na Mão Certa. sendo o público principal todos os motoristas e assistentes das filiais de distribuição do atacado.

Outro programa são os cursos de Sustentabilidade, um conceito novo que vem adquirindo grande exposição na mídia. Sustentabilidade é a característica de um sistema que responde às necessidades do presente sem comprometer a capacidade das gerações futuras de responder às suas necessidades.

Existem atualmente nove módulos voltados para este conceito, abordando, principalmente Consumo Consciente, Práticas de Consumo Consciente de Dinheiro e Crédito e Orçamento Consciente. Atualmente já são 3.699 cursos concluídos principalmente por colaboradores do Tribanco e Tricard. Dessa forma, o Martins cumpre seu papel social de preparação de profissionais para o mercado de trabalho e qualifica melhor seus potenciais colaboradores.

Depoimentos

O alinhamento do EAD com as estratégias do Sistema Integrado Martins está evidente em vários depoimentos descritos a seguir, referentes aos benefícios e vantagens que o e-Learning de um modo geral e em todos os níveis nos traz.

3. Casos de Sucesso do e-Learning no Brasil

Alta administração — Sr. Alair Martins do Nascimento
Fundador e Presidente do Conselho de Administração

"É com muito orgulho e alegria que o Sistema Integrado Martins tem a honra de ser Referência Nacional no Case de e-Learning, e é por isso que acreditamos na transformação da vida das pessoas por meio do conhecimento. Nossa contribuição e participação como Destaque Nacional é por acreditar na importância do desenvolvimento dessa tecnologia e na disseminação de conhecimentos por esse imenso Brasil que forma pessoas e oferece oportunidades."

Diretoria — Sra. Linda Mar Peixoto de Souza
Diretora do Instituto Alair Martins

"A globalização dos mercados está reconfigurando o mundo do trabalho, tornando-o mais complexo, exigente e competitivo. As novas formas de organização do trabalho estão se somando às novas tecnologias para ampliar e aprofundar os requisitos de ingresso, permanência e sucesso no mundo do trabalho. A disponibilização dos programas do Formar, sem nenhum ônus para as escolas, envolvendo professores e alunos que participam do Programa ZAPe – Virtudes Empreendedores, é extremamente importante, pois contribuirá fortemente para facilitar a inclusão desses jovens nesse tão concorrido mercado de trabalho."

Gerência Média — Sr. Aristides Plácido Neto
Coordenador da Central de Armazenagem de Uberlândia

"Uma característica marcante do nosso EAD é a preocupação que o Martins tem para com a Inclusão Digital da família dos seus colaboradores, oferecendo, através do projeto Cartão do Conhecimento, desenvolvimento pessoal e profissional com o intuito de reter esses talentos na empresa."

Francisco Antonio Soeltl

Autores:
Verushka Vivas Ferreira – Gerente de Treinamento e Desenvolvimento
Roberta Mendes dos Reis Fernandes – Analista de Recursos Humanos
Marco Antônio Vivela Tannús – Gerente da Universidade Martins do Varejo
Kallina Vivas Ferreira – Analista Comercial

Francisco Antonio Soeltl

Automotivo:
Renault — A excelência do contato com o mercado

A Renault do Brasil possui um Centro de Treinamento voltado exclusivamente a disseminar conhecimento às pessoas de contato com o mercado de produtos e serviços. É a "performance profissional" dos 4.200 colaboradores que compõem o quadro das concessionárias, em 25 funções distintas e em "170 pontos de venda e assistenciais no território nacional" que "determina o sucesso da marca no mercado".

"Manter esse público atuando de maneira uniforme só é possível por meio de programas de treinamento realmente efetivos e contínuos." A Renault prevê que, em média, os colaboradores da sua rede de concessionárias passem por um "percurso de conhecimentos", com média individual de 50 horas por ano. Foi tudo isso que levou a Renault do Brasil a apoiar-se em um expressivo e consistente programa de formação a distância baseado na Internet com foco em competências.

Hoje é possível que os 4.200 colaboradores realizem 42% de sua formação através do Portal Crescer Renault, de acesso exclusivo para essa finalidade. Nele estão disponíveis 150 temas de cursos, comportamentais, técnicos, comerciais e relativos a produto. Além disso, a avaliação de conhecimentos realizada para 100% do público-alvo, originalmente feita por um dispendioso e demorado processo presencial, também é efetuada pela Internet.

Algumas das diretrizes seguidas pela Renault são: introdução constante de novos conteúdos, envolvimento da direção das concessionárias no processo, responsabilização transversal entre as diretorias de vendas e pós-venda da Renault, possibilidade de frequência a cursos pelo público não obrigatório, utilização de uma plataforma confiável e de rápida reação de implantação e customização.

FRANCISCO ANTONIO SOELTL

Sumário do Caso Renault do Brasil

Com atividades no país desde o fim da década de 90, a Renault do Brasil ocupa hoje a 5ª posição no ranking nacional de vendas, com uma gama de produtos sob medida para o consumidor nacional, a exemplo dos modelos de sucesso Sandero, Sandero Stepway, Logan e Clio Campus.

As atividades da marca não se restringem à produção industrial. Muito pelo contrário, a marca Renault também é representada pela rede de concessionárias, que possuem atividades independentes às da montadora, mas que necessitam apresentar os mesmos níveis de qualidade, atendimento e excelência dos serviços e produtos.

É com essa preocupação com a qualidade que a Renault do Brasil, através da sua Direção Comercial, oferece um extenso trabalho de treinamento às equipes da Rede de Concessionárias. O objetivo é garantir que suas estratégias comerciais e de produto sejam aplicadas e percebidas pelo cliente final conforme elas foram concebidas.

A Renault do Brasil possui um Centro de Treinamento voltado exclusivamente para disseminar conhecimento às pessoas de contato com o mercado, de práticas relativas aos seus produtos e serviços. Este universo é hoje de 4.200 colaboradores, que compõem o quadro de funcionários das concessionárias em 25 funções distintas, cuja performance profissional determina o sucesso da marca no mercado. Soma-se a isso a dificuldade em capacitar este pessoal, tendo em vista sua distribuição por 170 pontos de venda e assistenciais no território nacional.

Manter este público atuando de maneira uniforme com os métodos preconizados para que produzam os resultados esperados só é possível por meio de programas de treinamento realmente efetivos e contínuos. A Renault prevê que, em média, os colaboradores da sua rede de concessionárias passem por um "percurso de conhecimentos" com média individual de 50 horas por ano.

O desafio de levar este conhecimento a um universo pulverizado geograficamente, com elevado custo de deslocamento para participação em cursos presenciais, que necessita de conhecimentos em velocidade similar à evolução dos produtos e serviços, de diferentes níveis socioeconômico-culturais, levou a Renault do Brasil a apoiar-se em um expressivo e consistente programa de formação a distância baseado na Internet.

3. Casos de Sucesso do e-Learning no Brasil

Hoje, é possível que os 4.200 colaboradores realizem 42% de sua formação através do Portal Crescer Renault de acesso exclusivo para esta finalidade. Nele estão disponíveis 150 temas de cursos e-Learning, tanto comportamentais como técnicos, comerciais e relativos a produto. Além disso, a avaliação de conhecimentos realizada para 100% do público-alvo, originalmente feita por um dispendioso e demorado processo presencial, também é efetuada pela Internet.

Redução de custos com formação, aumento da satisfação da rede de concessionárias, democratização do conhecimento pela redução das dificuldades de participação e comprovada melhoria das competências da rede asseguram a continuidade e a ampliação do programa no âmbito Renault do Brasil.

Modelo

A Renault do Brasil, através do seu Departamento de Treinamento à Rede, utiliza o modelo de gestão de conhecimentos para medir, capacitar e certificar os colaboradores da Rede de Concessionárias nos padrões de atendimento, venda e prestação de serviços da marca.

Esse modelo parte do pressuposto de que cada "personagem" de linha de frente da Rede deve ter conhecimentos genéricos e específicos, deve saber como aplicá-los e deve querer aplicá-los.

Cada um dos 4.200 profissionais da Rede é monitorado individualmente, passando pelo processo de certificação com objetivos de evolução periódica, cujo agrupamento resulta no Índice de Competência da Rede Renault. O processo de certificação obedece à seguinte sequência:

Balanço de Conhecimento Inicial > Plano de Curso (e-Learning, presencial e combinados) > Balanço de Conhecimento pós-formação > Certificação.

Este índice é monitorado nas seguintes subdivisões:

- Índice Geral de Competências da Rede de Concessionárias.
- Índice por Área (Comercial e Pós-venda).
- Índice por Função.
- Índice por Região.
- Índice por Concessionária.
- Índice por Colaborador.

[Fórmula de obtenção dos índices = Créditos Adquiridos/Créditos Possíveis]

O monitoramento da evolução dos índices é feito através do Portal Crescer Renault, que permite o próprio gerenciamento de forma interativa e amigável.

Métricas

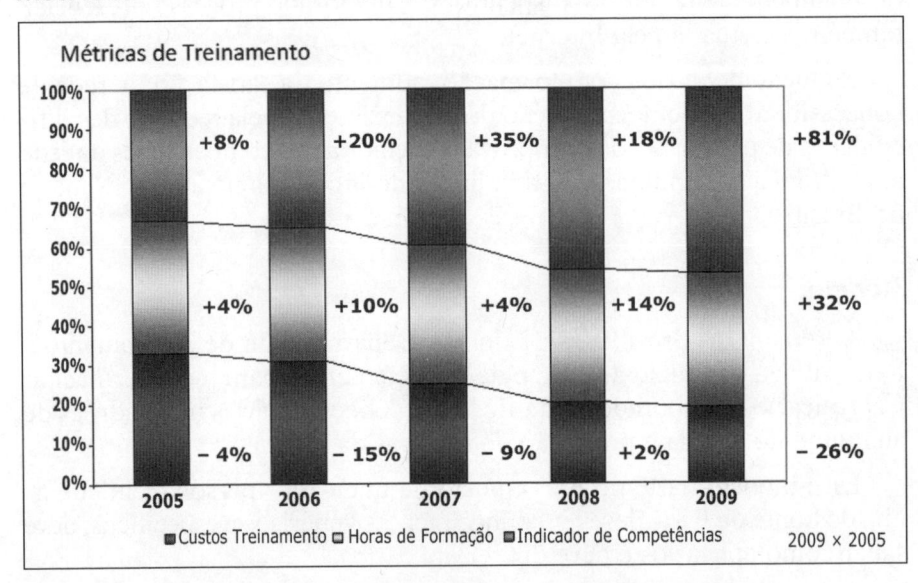

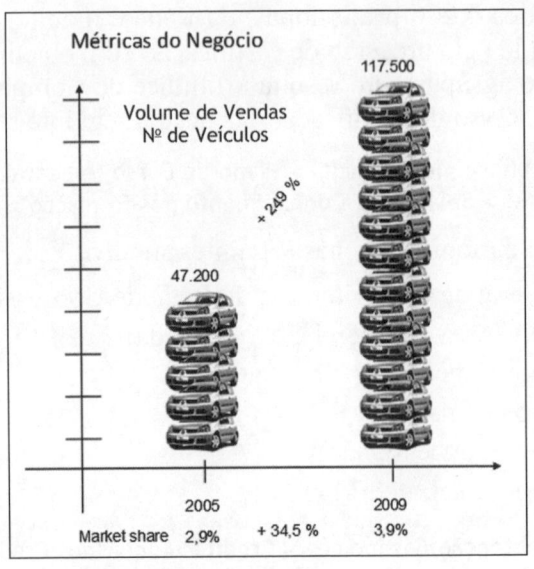

Métricas de Treinamento

	2005	2006	2007	2008	2009 × 2005
Custos Treinamento	+8%	+20%	+35%	+18%	+81%
Horas de Formação	+4%	+10%	+4%	+14%	+32%
Indicador de Competências	−4%	−15%	−9%	+2%	−26%

Métricas do Negócio

Volume de Vendas Nº de Veículos

- 2005: 47.200 — Market share 2,9%
- 2009: 117.500 — Market share 3,9%
- +249% / +34,5%

3. Casos de Sucesso do e-Learning no Brasil

Lições Aprendidas e Melhores Práticas

Analisando o processo de implantação do sistema de ensino a distância para apoio à distribuição de conhecimentos e melhoria das competências dos profissionais de sua Rede de Concessionárias, podemos apontar as seguintes lições e pontos fortes:

Lições Aprendidas

- A realização de Benchmark com empresas mais experimentadas na utilização do e-Learning torna o processo mais rápido e compreensível.
- Estabelecimento de um processo científico de escolha de fornecedores de conteúdo de e-Learning.
- A validação interna de conteúdos e formatos é feita por colaboradores tecnicamente preparados.
- Uma estratégia de animação e informação sobre o programa precisa ser considerada desde a concepção do mesmo.
- Prever a "resistência" e a falta de familiaridade no uso de computador e Internet pelo público-alvo.
- Buscar equilíbrio no uso de animações e multimídias no e-Learning.
- Na construção de conteúdos, atentar para a universalidade de temas e conceitos, respeitando as diferenças socioculturais das diversas regiões brasileiras e público-alvo das formações.

Pontos Fortes

- Introdução constante de novos conteúdos.
- Envolvimento da Direção das Concessionárias no processo, tendo em vista a demonstração de eficácia e a economia na formação.
- Responsabilização transversal entre as diretorias de vendas e pós-venda da Renault na animação e no reconhecimento das Concessionárias "em destaque" na melhoria dos índices de competências.
- Democratização do conteúdo, possibilitando a realização do e-Learning ao público não obrigatório.
- Disponibilização de conteúdos técnicos, comportamentais e genéricos.
- Utilização de uma plataforma confiável e de rápida reação de implantação e customização.

Planejamento Futuro

- Aumento da participação do e-Learning no total dos treinamentos ministrados (% sobre o total, em horas, das formações realizadas).
- Todos os cursos presenciais (técnicos, comerciais e comportamentais) serão precedidos de e-Learning para nivelamento de conteúdo.
- Distribuição pelo Portal Crescer Renault, prévio às formações presenciais para pré-estudo.
- Introdução de conceito inovador de formação por e-Learning de lançamento de veículos.
- Inclusão digital, por meio da instalação de "quiosques de conhecimento", de operação exclusiva para a realização de e-Learning, nas oficinas da rede de concessionárias.

Contribuição Social

- Toda a grade de cursos da Renault está disponibilizada, por meio de convênio, para instrutores do Senai, enriquecendo o seu conteúdo. Por sua vez, o Senai pode repassar este conhecimento à comunidade.
- Todos os cursos e-Learning estão disponíveis para os colaboradores da rede, independentemente de suas funções, permitindo, por exemplo, que um mecânico faça os cursos comerciais (originalmente voltados para os vendedores), qualificando-se sem custo para uma nova perspectiva de carreira.

Depoimentos

"Para a Renault do Brasil, o treinamento da sua Rede de Concessionárias tem importância estratégica, pois o consumidor está cada vez mais bem informado e exigente. Um atendimento de alto padrão, e a confiança no processo de negociação e de resolução de problemas são possíveis desde que se conte com pessoas bem treinadas e motivadas. O e-Learning tem sido uma ferramenta excelente para conseguirmos isto."

Christian Pouillaude
Vice-Presidente Comercial Renault do Brasil S.A.

3. Casos de Sucesso do e-Learning no Brasil

"O uso do e-Learning como parte importante da capacitação da nossa Rede de Concessionárias possibilitou a redução de dois dos mais preciosos recursos que temos disponíveis: tempo e dinheiro. Entregar conhecimento rápida e simultaneamente para toda a nossa Rede significa antecipar na prática a satisfação de nossos clientes e o aumento das vendas."

Osvaldo Zalewska
Gerente de Treinamento à Rede Renault do Brasil S.A.

"O Departamento de Treinamento à Rede da Renault adotou a prática de realização de e-Learning como pré-requisito obrigatório aos cursos presenciais. Com isto, os participantes chegam com o conhecimento básico alinhado, o que permite otimizar o resultado do treinamento presencial, dedicando atenção aos pontos mais essenciais e práticos da formação."

Osmar Hidalgo
Consultor — Libra Consultoria

"Ter uma equipe bem treinada é fundamental para o bom andamento das atividades e a produtividade da concessionária. Tenho conseguido manter elevado o nível de competências da equipe que gerencio graças à ampla grade de e-Learning que a Renault oferece."

Vando Costa
Grupo Valec — Concessionária Renault

Ensinos Fundamental e Médio:
Fundação Bradesco — o e-Learning a serviço do social

"A Fundação Bradesco é uma entidade sem fins lucrativos que oferece educação básica, educação profissional, educação de jovens e adultos e educação à distância às comunidades carentes." Ela tem 40 escolas, uma Escola Virtual, um Centro Educacional, um Centro de Tecnologia (BIT) e atende cerca de 110.000 alunos por ano. Ademais, ela apoia 110 Centros de Inclusão Digital.

O e-Learning foi por ela adotado "em duas grandes vertentes: a inovação de seu processo pedagógico e a ampliação de sua presença para além das localidades nas quais ela tem escolas".

"No intuito de contemplar a inovação em seu projeto pedagógico, a Fundação Bradesco investiu no e-Learning que hoje constitui a Escola Virtual, o portal Educação e projetos educacionais que envolvem a tecnologia". A Escola Virtual estimula a aprendizagem "através de um ambiente integrado de ferramentas e uma metodologia de mediação pedagógica que considera o ritmo e a capacidade de aprendizagem dos alunos."

"Em outra linha, para estender o seu projeto pedagógico a localidades onde as suas 40 escolas não estão presentes, a Fundação Bradesco oferece o e-Learning a uma ampla rede de CIDs – Centros de Inclusão Digital."

"Por meio de parcerias locais com entidades comunitárias e grandes empresas de tecnologia, nasceram os 110 CIDs que têm um conceito de autossustentabilidade; muitos são interligados às escolas da Fundação Bradesco, via rede Wi-Fi e via satélite (BT), e visam a propiciar à comunidade local um ambiente virtual e presencial que favoreça a inclusão digital e social. Até hoje, foram realizados mais de 300 mil atendimentos nos CIDs."

FRANCISCO ANTONIO SOELTL

Síntese — e-Learning em Duas Vertentes

A Fundação Bradesco é uma entidade sem fins lucrativos, fundada em 1956 por Amador Aguiar, para oferecimento de educação básica, educação profissional e educação de jovens e adultos às comunidades carentes.

O e-Learning foi por ela adotado em duas grandes vertentes: a inovação de seu processo pedagógico e a ampliação de sua presença para além das localidades nas quais ela tem escolas.

No intuito de contemplar a inovação em seu projeto pedagógico, a Fundação Bradesco investiu no e-Learning que hoje constitui a Escola Virtual, o portal Educação e projetos educacionais que envolvem a tecnologia.

A arquitetura da Escola Virtual valoriza o gerenciamento da aprendizagem e dos conteúdos, através de um ambiente integrado de ferramentas e de uma metodologia de mediação pedagógica que considera o ritmo e a capacidade de aprendizagem dos alunos.

Por meio de parcerias com grandes empresas de tecnologia, avança agregando ao currículo educacional projetos de robótica, objetos de aprendizagem e o uso do Classmate, que permite criar um ambiente colaborativo de aprendizagem, onde cada aluno dispõe de um computador.

O portal Educação estimula o aluno a ampliar seu universo de conhecimento, compartilhando informações com colegas de outras unidades de ensino da instituição e formando comunidades de prática. O espaço virtual também beneficia os profissionais da educação, que têm espaços destinados à sua formação continuada e compartilham experiências e resultados de seus projetos em sala de aula. As unidades de ensino também têm seus espaços individuais, podendo coordenar e publicar práticas pedagógicas significativas.

A Escola Virtual proporciona condições para formação de educadores, funcionários e de alunos da instituição nos segmentos da educação básica, educação profissional e educação de jovens e adultos.

Na outra linha, com o intuito de estender o seu projeto pedagógico a localidades onde as suas 40 escolas não estão presentes, a Fundação Bradesco oferece o e-Learning a uma ampla rede de Centros de Inclusão Digital.

Por meio de parcerias locais com entidades comunitárias, sem fins lucrativos e/ou públicas, e grandes empresas de tecnologia, nasceram os

110 CIDs (Centros de Inclusão Digital). Os CIDs têm um conceito de autossustentabilidade; muitos são interligados às unidades escolares da Fundação Bradesco, via rede Wi-Fi, e visam a propiciar um ambiente virtual e presencial à comunidade local, que favoreça a inclusão Digital e Social. Até hoje realizamos nos CIDs mais de 300 mil atendimentos.

Hoje, a Escola Virtual proporciona condições para formação de educadores e funcionários da instituição, formação de alunos das suas escolas e amplia a educação informal através dos CIDs.

A Inovação do Processo Pedagógico

Dedicado a oferecer cursos a distância nas modalidades de e-Learning, Blend-Learning e m-Learning* nos segmentos de Educação Básica, Educação Profissional e Educação de Jovens e Adultos, o portal Escola Virtual da Fundação Bradesco está à disposição de seus alunos da educação básica, educação profissional e educação de jovens e adultos.

Disponível para acesso no endereço www.ev.org.br, o atendimento é realizado no espaço físico das escolas da Fundação Bradesco, estando disponível também para acesso em qualquer outro lugar onde o aluno estiver e que disponha de recursos tecnológicos mínimos.

O portal da Escola Virtual tem capacidade para atender até 150 mil alunos. Foi desenvolvido a partir de um conceito de mediação pedagógica que valoriza a interação e a colaboração dos alunos por meio de ferramentas síncronas e assíncronas, como gerenciamento de campus virtual, conferências e exercícios on-line, chat e fórum.

Atualmente estão disponíveis na Escola Virtual cursos das áreas de Tecnologia da Informação, Desenvolvimento de Competências Pessoais e Formação Continuada de Profissionais da Educação.

O portal Educação tem o objetivo de dar suporte tecnológico a todos os segmentos de ensino da instituição, ampliando a interação e a colaboração de alunos e professores através de recursos da Web.

Com o intuito de melhoria da aprendizagem, o portal permite correlacionar informações, viabilizando a construção coletiva do conhecimento.

---

* O m-Learning está implantado nas unidades escolares de Osasco, Jardim Conceição e Campinas, utilizando objetos de aprendizagem nas áreas curriculares.

3. Casos de Sucesso do e-Learning no Brasil

Além dos cursos a distância, são desenvolvidos com os alunos outros projetos educacionais utilizando recursos tecnológicos, como, por exemplo, robótica e Classmate.

O objetivo da robótica é proporcionar aos alunos atividades que possibilitam a resolução de situações-problema com o uso de tecnologias. Nesses desafios os alunos adquirem experiência em princípios de engenharia e programação de computadores, enquanto constroem e programam suas próprias invenções.

O Classmate tem como maior objetivo criar um ambiente colaborativo de aprendizagem. O projeto-piloto ocorreu em 2006, na unidade da Fundação Bradesco de Campinas, e atendeu 150 alunos dos 3º e 7º anos do Ensino Fundamental e do 1º ano do Ensino Médio. O programa se ampliou e hoje atende a todos os alunos da escola.

Resultados

A gestão dos projetos é realizada a partir do planejamento estratégico, com metas e ações que nos proporcionam a melhoria contínua e a inovação a cada oportunidade.

Os resultados quantitativos são:

Segmento	Atendimento 2009	Atividades de Aprendizagem
Educação Básica	1.490	Projeto Classmate
	188	Robótica Educacional – 4 escolas
	146	Curso a distância: GlobalEnglish
	144	4 cursos a distância para formação de Educadores
Educação Não-formal	92.025	4 cursos a distância em Informática Básica
Educação de Jovens e Adultos	326	5 cursos a distância para formação de orientadores de aprendizagem
Escola Virtual	150.856	40 cursos a distância

Os resultados qualitativos são observados na evolução do desempenho dos alunos em disciplinas curriculares relacionadas aos projetos em andamento.

Também consideramos resultado qualitativo o reconhecimento dos projetos desenvolvidos pelos alunos em campeonatos locais, estaduais, nacionais e até internacionais. Esse é o caso do projeto de Robótica, cujos grupos de alunos já receberam premiações internacionais, das quais destacamos as de 2009:

Campeonato Regional São Paulo Interior

Tema do ano: *Climate Connections* (Conexões Climáticas)

1. Escola de Osasco I
   - Prêmio: Missões (9021 – Free Access).
   - Prêmio: Campeão da Regional (9021 – Free Access).
2. Escola de Osasco II
   - Prêmio: Melhor Torcida (9013 – Little Eagles).
3. Escola Jardim Conceição
   - Prêmio: Pesquisa (9026 – Escorpiões).
4. Escola de Campinas
   - Prêmio: Projeto do Robô (9014 – Bratecc).

Campeonato Brasileiro – First Lego League

1. Escola de Osasco I
   - Prêmio: Missões (9021 – Free Access).

Tal resultado mostra a dimensão das mudanças individuais e coletivas potencializadas na educação curricular por meio da tecnologia. A evidência da construção do conhecimento em trabalho coletivo reafirma a importância da proposta de projetos educacionais motivados pelo uso de novas tecnologias.

Engajamento

Na Fundação Bradesco, a Inclusão Social e a Digital fazem parte do planejamento estratégico, reforçando sua missão claramente definida em:

- Promover a inclusão social, principalmente junto à população socioeconomicamente desfavorecida por meio da educação básica e profissional.

3. Casos de Sucesso do e-Learning no Brasil

- Atuar como polo gerador e multiplicador de educação e cultura.
- Fortalecer a imagem da Organização Bradesco como uma empresa socialmente responsável.

O alinhamento do projeto com as estratégias e os objetivos da Fundação Bradesco está evidenciado na missão das áreas educacionais que se dedicam a subsidiar as escolas para que ofereçam ensino eficaz em todos os segmentos.

O comprometimento dos envolvidos no projeto começa na alta administração e se propaga em todos os níveis de atuação.

"Escola Virtual, através das tecnologias da informação, amplia nossas possibilidades de expansão do projeto educacional, democratizando o ensino e ultrapassando barreiras físicas.

O e-Learning também se alinha às estratégias e aos objetivos da Fundação Bradesco, pois subsidia as escolas para oferecer ensino eficaz em todos os segmentos."

Denise Aguiar
Diretora da Fundação Bradesco

"A aprendizagem e o ensino a distância, através do e-Learning, são diferenciais relevantes da Fundação Bradesco na busca contínua da excelência operacional e na liderança da inovação na educação brasileira, sobretudo pela crença que temos na evolução e futuro dessa modalidade."

Mario Hélio de Souza Ramos
Diretor da Fundação Bradesco

"As propostas pedagógicas da instituição levam em conta as reflexões contemporâneas sobre educação e são implantadas infraestruturas que consideram os avanços tecnológicos modernos, associados aos recursos locais, tornando o ensino compatível com o dos grandes centros culturais e, simultaneamente, adequado à realidade regional."

Ana Luisa Restani
Superintendente Executiva da Fundação Bradesco

"Parceria é a palavra-chave para o sucesso da Escola Virtual. Somos especialistas no desenvolvimento de conteúdos, medição pedagógica e em tecnologia educacional. Mas, sempre será necessária a formação de uma rede de parcerias, que possibilite o oferecimento de cursos atualizados e de acordo com as demandas do mercado."

Nivaldo Tadeu Marcusso
Superintendente Executivo da Fundação Bradesco

"Quero agradecer de todo o coração a oportunidade que recebi de poder conhecer os recursos do computador. Pensei que nunca iria conseguir, mas agora posso dizer que nada é impossível quando temos força de vontade."

Alba M. de Holanda, 82 anos
Aluna do CID Manaus/AM, apoiado pela Unidade Escolar de Manaus

"A dinâmica adotada foi muito boa, podendo desafiar mais os educadores-alunos nos encontrosvirtuais aos sábados com questões diferentes das entregues durante a semana e propiciar uma troca maior com os educadores-professores das demais regiões através do fórum."

Monica Polli, 36 anos
Professora de Matemática da Escola de Osasco

FRANCISCO ANTONIO SOELTL

"Realizei na Escola Virtual o curso 'De Acordo com o Novo Acordo Ortográfico'. Foi ótimo!! Aprendi muito, tive a oportunidade de me atualizar sobre as novas regras ortográficas o que me possibilitou redigir textos corretamente de acrdo com a nova reforma ortográfica. Pretendo realizar muitos outros cursos na Escola Virtual."

Meirieli de Oliveira Ribeiro, 17 anos
Aluna da Fundação Bradesco Unidade Escolar
Jardim Conceição - Osasco/SP

"Tive a oportunidade de realizar o curso de HTML Básico, que foi o meu primeiro contato com a linguagem de desenvolvimento de sites, e foi uma experiência incrível. O curso é dinâmico, de linguagem acessível, e permitiu o meu aprendizado de maneira lúdica. A minha felicidade foi obter uma certificação comprovando o meu conhecimento em HTML, graças às oportunidades que são concedidas pela Escola Virtual."

Cleyton Nilo Araújo Mota, 17 anos
Aluno da Fundação Bradesco Unidade Escolar
Jardim Conceição - Osasco/SP

Lições Aprendidas e Melhores Práticas

- Para os alunos, a tecnologia é um atrativo que os faz dedicar-se ao estudo de disciplinas curriculares que antes julgavam de maior complexidade.
- Apesar do sucesso dos projetos, como, por exemplo, de Robótica, o envolvimento de alunos é limitado a pequenos grupos de idades e desempenho escolar variados. Isso ocorre devido à própria característica do projeto, em função do alto custo e da necessidade de se trabalhar em horário contrário ao das aulas regulares.
- A dificuldade em ampliar a participação de um maior número de alunos está especialmente no custo destinado ao projeto. Um dos recursos para minimizar esta questão é conquistar parcerias de outras empresas.

FRANCISCO ANTONIO SOELTL

- A cultura de utilização dos recursos de interação e colaboração entre os alunos da Educação Básica e Profissional tem uma evolução rápida, o que contribui para o sucesso do uso dos Portais de Educação (www.educação.org.br) e de e-Learning (www.ev.org.br).
- A articulação de projetos educacionais envolve questões multidisciplinares e requer a coordenação de pelo menos um educador que se envolva totalmente nas atividades e na orientação dos participantes.
- Subportais como espaços virtuais de comunicação e colaboração entre os participantes de um projeto agregam grande valor ao desenvolvimento de trabalhos, formando comunidades de prática. Atualmente, a Escola Virtual conta com nove subportais dedicados aos educadores de cada área, que serão gradativamente transferidos para o portal Educação, já que este contempla novas tecnologias que tornarão os processos de comunicação mais independentes.
- O trabalho em parceria, desde o início, tem sido fundamental para a implantação e a evolução dos projetos. Reconhecemos que a participação de grandes empresas provedoras de tecnologia e de conteúdo alavanca o sucesso dos projetos.
- A cultura para utilização de videoconferência supera as distâncias geográficas entre alunos e educadores, viabilizando o compartilhamento de experiências, culturas e, certamente, reduzindo custos.

Conteúdos

Neste tópico apontamos informações sobre os cursos disponíveis no portal da Escola Virtual, que são subsídios para a formação de educadores e alunos e contribuem para evolução dos processos educacionais em geral.

A formação desejada e o público-alvo são fatores importantes para a tomada de decisão em adotar cursos desenvolvidos sob medida ou adquiridos prontos. Os cursos para educadores são desenvolvidos internamente e sob medida. Surgem de demanda da própria instituição para alinhar a formação de seus educadores à sua filosofia e ao projeto de ensino.

Em outras categorias prevalece o número de cursos adquiridos prontos, em parceria com provedores de conteúdos. Quanto à carga horária adotada para os cursos, mais uma vez a formação desejada e o público-alvo são fundamentais nessa definição. Nos cursos para educadores, consideramos que o curso representa uma extensão e, para atingir esse nível, adotamos uma carga de horas de acordo com o sugerido pelo especialista responsável, contratado para a criação do conteúdo e eventualmente pelo tutor. Já nos cursos destinados à comunidade, observamos que os usuários anseiam por uma formação rápida, neste caso cursos de curta duração.

O índice de desistência nos cursos de média e longa durações eventualmente ocorre por desligamento do educador da instituição ou outro fator grave, como saúde. Não há registros de desistência por desinteresse.

Nos cursos de curta duração, o índice de desistência eventualmente ocorre por se tratar apenas de um conteúdo complementar sugerido pelo professor para subsidiar os projetos em andamento. Também não há registro de desistências nos projetos educacionais mesmo em tempo extracurricular.

A mediação pedagógica é diferenciada para os cursos de média e longa durações e cursos de curta duração, respeitando o tempo, conexão Web e perfil do usuário. A mediação nos espaços colaborativos é desenvolvida pelo coordenador do projeto em questão.

Adotamos tutoria somente para a formação de educadores, colocando-os em maior contato com especialistas. Apesar do custo elevado, temos melhores resultados.

O padrão SCORM nos permite a reutilização, a flexibilidade de conteúdo e o upgrade de LMS.

A evolução dos percentuais nos cursos é resultado da cultura de e-Learning que se instala gradativamente, conquistando educadores e educandos, trazendo benefícios que vão além da redução de custos, como a qualidade do ensino e o envolvimento maior dos alunos.

Os portais Educação e Escola Virtual, e os projetos que envolvem tecnologias, foram meios escolhidos para ampliar o universo de nossos alunos na evolução de conhecimentos que até então eram somente teóricos.

Tecnologia

Para nossos portais, desde o início optamos por uma infraestrutura própria da instituição que nos permite flexibilidade e independência para gerenciamento da aprendizagem.

Na Escola Virtual, inicialmente investimos em tecnologia LMS e, com a evolução do projeto, conquistamos a parceria de empresas como MicroPower, que nos beneficiou com a doação deste recurso. Também incluímos outras tecnologias de interação e colaboração, como Perception, para exercícios e pesquisas on-line, Presence, para eventos de videoconferência, chat e fórum.

No portal Educação, utilizamos tecnologias Microsoft e seus componentes:

- Active Directory.
- Microsoft Internet Security and Acceleration (ISA) Server 2006.
- Microsoft Learning Gateway.
- Microsoft Office Live Communications Server 2005.
- Microsoft Office SharePoint Designer 2007.
- Microsoft Office SharePoint Server 2007.
- Microsoft SharePoint Learning Kit.
- Microsoft Windows Server 2008 Data Center.
- Microsoft SQL Server 2008.
- Microsoft Visual Studio 2005.

Os momentos presenciais dos projetos são passados por educadores que participam da Escola Virtual e exploram as questões multidisciplinares com outros educadores.

O investimento está focado na aquisição de recursos para desenvolvimento dos projetos e mão de obra interna. Atualmente contratamos serviços de terceiros somente para elaboração de conteúdos específicos dos cursos da Escola Virtual.

O Real Blended Learning conta com material on-line, tecnologias síncronas (videoconferência e chat) e assíncronas (fórum e e-mail) para suporte na formação e no acompanhamento do projeto.

Serviços

O projeto de e-Learning, quando analisado como contribuição de projetos educacionais, conta com serviços de terceiros, que são requisitados apenas no fornecimento de recursos tecnológicos.

A hospedagem dos cursos on-line e as informações de aprendizagem têm como suporte a infraestrutura da Escola Virtual, com tecnologia para gerenciamento de campos, tecnologias síncronas e assíncronas que permitem a interação e a colaboração entre os parceiros, viabilizando a construção coletiva do conhecimento.

No portal Educação, os participantes podem utilizar recursos como:

- Blogs – O professor pode sugerir que essa funcionalidade seja usada com um Diário de Bordo, para acompanhar o andamento dos projetos.
- Wikis – Construção de um KB (Knowledge Base) pelos próprios alunos. Permite adicionar textos e/ou informações em geral. Se algum aluno achar que o texto postado está incompleto, pode complementar o mesmo texto.
- Fórum de Discussão – Para postagens e discussão de assuntos pontuais.

Entretanto, até o momento não foram identificadas necessidades tão específicas para a contratação de desenvolvimento de conteúdo sob medida no apoio aos projetos.

Tanto nos cursos virtuais para os alunos quanto no acompanhamento dos projetos, consideramos dispensável a necessidade de tutoria, visto que os educadores participam integralmente do projeto.

No desenvolvimento dos projetos, todos os recursos tecnológicos de informática e robótica necessários para a concretização das ideias podem ser utilizados pelos participantes com acompanhamento e orientação de um ou mais educadores.

Planejamento Futuro

A perspectiva futura de Tecnologia Educacional na Fundação Bradesco apresenta desafios, como ampliar o número de participantes em cada projeto. Para isso, são necessárias ações estratégicas, que podemos relacionar como:

- Ampliação de parcerias para obtenção de recursos tecnológicos entre outros.
- Continuar, de forma mais intensa, a refletir sobre a modalidade educacional de EAD, complementando as aulas presenciais.
- Integração entre os projetos de forma a garantir a sinergia de ações para a formação dos participantes, tanto educadores quanto alunos.
- Ampliação do catálogo de cursos virtuais, possibilitando opções para os participantes de acordo com seu perfil.
- Integrar as mídias sociais com os ambientes virtuais de aprendizagem, como ambientes de construção coletiva do conhecimento.
- Instalação de programas paralelos com os projetos educacionais das escolas.

Considerando os processos de parceria em andamento para viabilizar outros projetos, também temos expectativa de um grande aumento de participação da Fundação Bradesco em outros campeonatos internacionais de Robótica.

Nossa previsão é promover mais de 300 mil participações em atividades de aprendizagem apoiadas pelo e-Learning, por isso o desenvolvimento de novos cursos e novas parcerias é fundamental para o crescimento do projeto.

Com essas ações, esperamos obter como resultado a eficácia na formação de nossos alunos, para que não só se apropriam dos recursos, mas, principalmente, que aprendam a fazer uso das tecnologias de forma contextualizada.

A Ampliação da Presença

Como dito acima, a Fundação Bradesco apoia Centros de Inclusão Digital (www.cid.org.br) por meio de parcerias com instituições públicas e/ou sem fins lucrativos, alcançando, em 2010, mais de 389 atendimentos de jovens nesses centros.

Nos CIDs são oferecidos cursos destinados ao aperfeiçoamento profissional, incentivo ao protagonismo juvenil e à gestão participativa, por meio da criação de uma rede de auxílio mútuo (formada pelos centros comunitários, escolas públicas, a Fundação Bradesco e seus parceiros), que têm por objetivo encontrar soluções para os problemas sociais.

Além dos cursos a distância, chegam também até os CIDs os programas Aluno Monitor (parceria Microsoft) e Intel Aprender (parceria Intel), ambos desenvolvidos presencialmente.

O objetivo do Programa Aluno Monitor é promover a formação em conceitos básicos de tecnologia, gerenciamento do laboratório de informática das escolas e a multiplicação de conhecimentos para educadores e alunos. O programa Intel Aprender inclui o desenvolvimento do pensamento crítico e o trabalho em equipe.

Resultados

A gestão deste projeto é realizada a partir do planejamento estratégico, com metas e ações que nos proporcionam a melhoria contínua e a inovação a cada oportunidade.

Hoje, podemos apresentar os seguintes números:

Abril de 2010	REALIZADO
CIDs	110 unidades
Cursos on-line oferecidos	➤ Para educadores e funcionários: 9 ➤ Para comunidade: 40
Cursos on-line disponíveis	➤ Cursos: 201
Atendimento	Em 2009, foram 323.112, sendo: Escola Virtual: 218.083 Centros de Inclusão Social: 105.029

As comunidades atendidas pelos CIDs participaram de uma pesquisa realizada pelo Instituto Fonte para o Desenvolvimento Social, focada em projetos de Inclusão Digital. Relacionamos a seguir alguns dados dessa pesquisa:

- 30,7% usam os recursos nos lugares públicos (CIDs, Telecentros etc.).
- Após ter participado de um curso, 84% usam mais o computador e 90% a Internet.
- 57% utilizam os recursos, ajudam as pessoas e possuem autonomia de uso.

- 84,3% acreditam que a razão para a utilização dos recursos é a Educação e o aprendizado.
- Contribuição da Inclusão Digital para mudanças individuais:
  - Autoestima: a pesquisa demonstrou que são percebidas mudanças nítidas nas pessoas que relatam superação e amadurecimento.
  - Relacionamentos interpessoais: os cursos contribuem para a maior parte da população escutar melhor as opiniões de outras pessoas, explicar melhor as ideias e aprender a decidir melhor sobre as próprias coisas.
  - Educação e aprendizado: desenvolvendo o gosto pela aprendizagem.
  - Cultura: praticando atividades com música e textos literários.
  - Mudanças na relação com tecnologia, ampliando as possibilidades associadas ao conhecimento e expandindo limites com novos campos para explorar a realidade.
- A contribuição da Inclusão Digital para a participação comunitária se apresenta de várias formas e em vários níveis. Há as mudanças concretas, visíveis, e outras mais sutis, percebidas como movimentos ou indícios de movimentos dentro das comunidades, como uma melhor imagem do bairro.
- Contribuição da Inclusão Digital para as mudanças econômicas: a participação no curso ajudou 65% dos participantes que trabalham a melhorar sua situação; 46,7% declaram que o curso ajudou a conseguir um trabalho; 34,4% a aumentar sua renda e 12,3% a abrir seu próprio negócio.

Tal resultado mostra a dimensão das mudanças individuais e coletivas potencializadas pela tecnologia. A evidência da construção do conhecimento em trabalho coletivo reafirma a proposta dos CIDs como ambientes de aprendizagem e de seus projetos de protagonismo e Inclusão Social.

Engajamento

O alinhamento do projeto com as estratégias e os objetivos da Fundação Bradesco está evidenciado também na missão dos CIDs:

- Prover acesso público ao computador e à Internet, funcionando como catalisadores do desenvolvimento social.
- Promover o uso contextualizado da tecnologia no oferecimento de cursos e suporte à integração profissional em diversas áreas.
- Incentivar o protagonismo juvenil e a gestão participativa, criando uma rede de auxílio mútuo, com o objetivo de refinar, permanentemente, as ideias e a sustentabilidade contínua do projeto.

Vale repetir que o comprometimento dos envolvidos no projeto teve início na Diretoria e se propaga em todos os níveis de atuação nos CIDs, inclusive de colaboradores voluntários.

Lições Aprendidas e Melhores Práticas

- Em cursos de curta duração (8 a 20 horas), observamos dificuldades em envolver os alunos em comunidades de prática.
- Apesar do número de cursos disponíveis on-line ou presenciais e da realização de projetos educacionais nos CIDs, a demanda é sempre crescente, evidenciando a carência da comunidade por aprendizagem nos diversos níveis.
- A dificuldade para formar voluntários para atuar nos CIDs mostra-nos a carência de formação social e profissional dos jovens.
- Os voluntários formados para atuar como multiplicadores ou coordenadores dos CIDs não ficam à disposição do espaço por muito tempo, visto que o exercício amplia suas expectativas e possibilidades de inserção no mercado de trabalho. Uma situação que em outro tipo de projeto poderia ser interpretada como negativa. Em nosso caso entendemos estar no caminho certo, pois a formação de novos voluntários deve ser contínua.
- A articulação da RIS (Rede de Inclusão Social) apresenta-se de forma democrática, envolvendo parcerias e comunidade em busca de modelos de negócio sustentável.
- Subportais como espaços virtuais de comunicação e colaboração entre os participantes de um projeto agregam grande valor ao desenvolvimento de trabalhos, formando comunidades de prática. Atualmente, a Escola Virtual conta com nove subportais, sendo um deles destinado ao Projeto Intel Educação para o Futuro.

- O trabalho em parceria, desde o início, tem sido fundamental para a implantação e a evolução do projeto. Reconhecemos que a participação de grandes empresas provedoras de tecnologia e de conteúdo alavanca o sucesso deste programa.
- A cultura para utilização de videoconferência supera as distâncias geográficas entre alunos e funcionários da instituição, viabilizando capacitação, compartilhamento de experiências, culturas e, certamente, reduzindo custos.

Conteúdos

O trabalho com os CIDs respeita as diretrizes gerais já apontadas anteriormente. Ademais, cabe mencionar que nos CIDs inicialmente oferecemos a formação em cursos presenciais de informática e outros, do Programa Intel Aprender e Aluno Monitor da Microsoft. Disponibilizamos, também, os cursos on-line da Escola Virtual.

A Web e o e-Learning foram meios escolhidos para ampliar o acesso das comunidades atendidas pelos CIDs aos nossos cursos, que antes eram restritos aos alunos das nossas unidades de ensino. Entendemos como uma escolha certa, pois hoje já é possível observar resultados que jamais teríamos sem o uso destes recursos.

Tecnologia

No início do programa oferecemos nos CIDs cursos presenciais com apoio de material on-line. Trata-se de exercício importante para criação de vínculos, contribuindo para a Inclusão Digital dos participantes que, a partir da formação básica, buscam outras possibilidades de conhecimento, como, por exemplo, os cursos a distância oferecidos pela Escola Virtual.

Os cursos presenciais são ministrados por voluntários que participam de uma formação preliminar com profissionais da Fundação Bradesco e depois fazem o repasse dos cursos à sua própria comunidade.

O programa Intel Aprender é um dos cursos presenciais desenvolvido em parceria com a Intel. A partir deste programa, os alunos demonstram iniciativa para participar de outros cursos que oferecemos em parceria com provedores de conteúdo.

3. Casos de Sucesso do e-Learning no Brasil

Atualmente, a Fundação Bradesco também investe em cursos para a formação de educadores e funcionários, que anteriormente eram produzidos por empresas contratadas. Busca serviços de terceiros somente para elaboração de conteúdo específico destes cursos.

Quanto à hospedagem dos cursos, optamos por uma infraestrutura própria, que nos permite flexibilidade e independência para gerenciamento da aprendizagem e integração com ERP da instituição.

Inicialmente investimos em tecnologia de LMS e com a evolução do projeto conquistamos a parceria de empresas como a SumTotal, que nos beneficiou com a doação deste recurso.

O Real Blended Learning compreende o material on-line, tecnologias síncronas (videoconferência e chat) e assíncronas (fórum e e-mail) para suporte na formação e acompanhamento do projeto.

Quando falamos de atividades Blended nos CIDs, observamos que interação e colaboração acontecem muitas vezes por e-mail, registrando pouco uso das demais tecnologias síncronas e assíncronas.

Serviços

Os cursos oferecidos nos CIDs (Intel Aprender e cursos on-line de curta duração), além dos projetos educacionais lá desenvolvidos, foram escolhidos a partir de demandas da comunidade para contribuir na formação dos participantes e transformação social. Entretanto, até o momento não foram identificadas necessidades tão específicas para a contratação de desenvolvimento de conteúdo sob medida.

Em virtude da presença de um voluntário para monitoria presencial nos CIDs, fica dispensada a necessidade de tutoria, visto que o voluntário participa de formação e capacitação para ministrar os cursos.

Para realização dos cursos, cada CID tem em sua infraestrutura, no mínimo:

- 10 (dez) microcomputadores.
- 1 (um) scanner.
- 1 (um) HUB de 12 a 24 portas.

- 1 (um) equipamento de comunicação Wireless.
- 1 (uma) impressora.

Na aplicação dos cursos presenciais todos os recursos tecnológicos dos CIDs podem ser utilizados pelos participantes com acompanhamento do coordenador do espaço físico e orientação de um ou mais voluntários previamente formados pela equipe da Fundação Bradesco.

Planejamento Futuro

O maior desafio a ser aqui superado é aquele de fazer com que cada CID tenha seu modelo de negócio autossustentável. Para tanto, sabemos que são necessárias ações estratégicas como:

- Ampliação de parcerias, para manutenção do espaço físico, e dos recursos tecnológicos, entre outros.
- Estabelecimento de pontes entre os parceiros, para manter a unicidade do projeto sempre focada em sua missão original de promover Inclusão Digital e Social da comunidade.
- Integração com os projetos dos parceiros de forma a garantir a sinergia de ações para formação dos participantes.
- Ampliação do catálogo de cursos, possibilitando opções para os participantes de acordo com seu perfil.
- Instalação de programas paralelos com projetos educacionais.
- Programas para geração de renda local.

Considerando os processos de parceria em andamento para viabilizar outros CIDs, também temos expectativa de um aumento gradativo de Centros de Inclusão Digital em diversas localidades do país.

Nossa previsão é promover 150 mil atendimentos nos CIDs em 2010, por isso o desenvolvimento de modelos de negócios para a sustentabilidade e novas parcerias é fundamental para o crescimento do projeto.

Além do atendimento, esperamos obter como resultado a transformação social das comunidades, na medida em que se apropriam dos recursos e passam a fazer uso das tecnologias de forma contextualizada.

Ensino Superior:
FGV Online — Rumo à OCWC e os Cursos Abertos

O GV Net, nascido na Escola de Administração de Empresas de São Paulo, e o FGV Online, criado no Rio de Janeiro, tornaram-se um único programa em 2008, o programa de educação a distância da FGV.

Um passo adiante, a visão de "aproveitar as competências em gerar, oferecer, entregar, avaliar e gerir cursos a distância e atuar na geração de conhecimento corporativo, através da gestão efetiva da aprendizagem" levou à criação de "um modelo de negócios para oferecer solução completa de gestão de universidades corporativas" em termos de planejamento, implantação e gestão de uma UC totalmente virtual, a qual deveria permitir o gerenciamento das ofertas e dos dados acadêmicos dos que dela participavam.

Atualmente, a FGV oferece, também, o mapeamento de competências, a definição de modelos didático-pedagógicos, o desenho de políticas de governança, o planejamento de trilhas de aprendizagem, a gestão da aprendizagem e outros.

Em 2009, o Curso Superior de Tecnologia em Processos Gerenciais foi escolhido a melhor graduação a distância do Brasil, em pesquisa realizada pela Associação Brasileira dos Estudantes de Educação a Distância.

Graças a uma parceria com a Universidade da Califórnia em Irvine, a FGV Online associou-se ao OpenCourseWare que oferece livre acesso a cursos online de alta qualidade. Os cursos livres oferecidos já expediram mais de 460 mil declarações de participação impressas.

FRANCISCO ANTONIO SOELTL

FGV Online: Uma História Sem Fim

Uma história pode ser contada de diversas formas. Uma história se conta por meio de uma lista de nomes acompanhados de suas realizações. Uma história se conta por meio de uma sequência de fatos ressaltados por sua relevância. Uma história se conta por meio das falas dos que dela participaram.

Por ser tão recente, tão menina essa história, todos devem contá-la. Falas entrelaçadas farão deste texto uma história: a história do programa de educação a distância da Fundação Getulio Vargas, a história do FGV Online.

Como Começamos

Em São Paulo – sob a chancela GVnet –, com forte foco em videoconferência, o programa de educação a distância da FGV, de fato, nasceu.

A primeira coordenadoria de educação a distância da FGV foi criada na Escola de Administração de Empresas de São Paulo [EAESP], em julho de 1994, mês em que instalamos o primeiro downlink para recepção via satélite. Na ocasião, logo após o anúncio do Plano Real, conseguimos transmitir aos nossos alunos uma conferência, com perguntas e respostas, do professor Peter Drucker, diretamente da Califórnia. Com base na tecnologia room videoconferencing, negociei com a Petrobras o apoio na criação de um centro de excelência em EAD, projeto com custo total de US$ 1 milhão. Para desenvolvermos a expertise do trabalho com videoconferência na FGV, eu e o professor Fernando Meirelles fechamos uma parceria com a Universidade de Monterrey, com a Universidade da Califórnia e com uma consultoria técnica da Universidade do Texas. Em 1998, então, desenvolvemos, por encomenda da Petrobras, o primeiro programa de EAD em Administração em nível de especialização, o PAAD, para superintendentes e chefes de divisão da estatal, com uso das instalações e participação de professores internacionais em São Paulo e no Rio de Janeiro. O primeiro programa de especialização em Administração, o PAAD, posteriormente de-

> *nominado GV Next, foi integralmente desenvolvido na Escola em 1999, assentado principalmente em room videoconferencing e parcialmente em plataforma Web, com facilidades de chat. Esse curso foi lançado pela FGV-EAESP em fevereiro de 2000, simultaneamente nas cidades de São Paulo, Rio de Janeiro, Porto Alegre e no interior de São Paulo, e formou a primeira turma com 25 alunos em julho de 2000.*
>
> [Prof. Claudio Furtado, Ex-Coordenador do GVnet]

> *Para implementar esse programa pioneiro de educação a distância, precisávamos não só desenvolver conhecimento técnico mas também treinar nossos professores em EAD. Não bastava apenas entender que a sala de aula devia ter um tratamento acústico diferenciado ou identificar a melhor marca de filmadora para a gravação. Era necessário preparar os nossos professores para aquele modelo novo de ensino. Trouxemos, então, um profissional dos Estados Unidos para cuidar da parte técnica, e um grupo de professores da Universidade de Monterrey veio para a FGV para ensinar a metodologia ao nosso corpo docente. Tivemos de passar por uma grande mudança de mentalidade para começarmos a atuar na educação a distância. Sem dúvida, essa parceria com a Petrobras foi o ponto de partida para o surgimento do GVnet.*
>
> [Profª Zilla Patricia Bendit, Ex-Coordenadora do GVnet]

Onde Estamos

Hoje, o FGV Online funciona em um prédio histórico, restaurado em 2006. Localizado no coração da cidade, vive o pulsar da maravilhosa – e maravilhosa realmente é – cidade do Rio de Janeiro, cercado da História, de histórias, de memórias, da cultura viva dos centros culturais...

> *A linha de produção de cursos do FGV Online demandava uma equipe cada vez maior, o que, por sua vez, demandava mais espaço. Transferimos então suas atividades da sede da FGV para um prédio na Rua Jornalista Orlando Dantas. A*

equipe e a linha de produção continuaram crescendo e, na mesma época, um prédio que tínhamos na Candelária – que, no passado, havia sido ocupado pelo IBRE – estava desocupado. Resolvemos então aproveitar aquele espaço, ocupando-o com salas de aula e também com toda a estrutura do FGV Online, que crescia cada vez mais.

Hoje, o espaço é motivo de orgulho para a FGV, pela grande estrutura montada pelo FGV Online para produzir os cursos de educação a distância da Fundação Getulio Vargas.

[Prof. Clovis de Faro, Diretor do IDE]

O trabalho de restauração do prédio é digno de nota. Cada detalhe cuidadosamente resgatado, dignamente preservado. Detalhes de uma arquitetura – que se foi –, mas que convive com a arquitetura contemporânea, a arquitetura de modernos traços. Essa mistura dialética de arquiteturas e formas, de alguma maneira, cristaliza duas diferentes dimensões da Fundação Getulio Vargas – a aura de tradição que envolve a FGV ao longo de seus 66 anos de existência; a modernidade que marca os passos do FGV Online ao longo do tão curto tempo de existência. Entretanto, essas duas dimensões também confluem em alguns pontos...

A FGV foi criada em 1944, fruto de uma decisão estratégica...

O objetivo inicial da Fundação Getulio Vargas era preparar pessoal qualificado para a administração pública e privada do país. Na época, o Brasil já começava a lançar as bases para o crescimento que se confirmaria nas décadas seguintes. Antevendo a chegada de um novo tempo, a FGV decidiu expandir seu foco de atuação e, do campo restrito da Administração, passou ao mais amplo das Ciências Sociais. A instituição extrapolou as fronteiras do ensino e avançou pelas áreas da pesquisa e da informação, até se converter em sinônimo de centro de qualidade e de excelência.

O FGV Online foi criado em 2000, fruto também de uma decisão estratégica...

O professor Carlos Longo, que era diretor da Central de Qualidade, percebeu a necessidade de aumentar a sua equipe, e

3. Casos de Sucesso do e-Learning no Brasil 101

> *trouxe para a FGV a professora Elisabeth Silveira. Ela veio com uma grande bagagem graças à experiência em educação a distância que ela desenvolveu na UERJ. Com o tempo, percebeu-se na Fundação Getulio Vargas que a educação a distância se difundia cada vez mais, e era importante que a FGV fizesse parte desta experiência. Nós precisávamos, primeiramente, decidir qual tecnologia usaríamos: a da Web ou a da videoconferência. Fizemos um seminário para discutir as experiências, que já existiam na área, e vieram participantes da PUC, da UFRJ, da Faculdade Carioca, entre outras. As experiências relatadas envolviam o uso da Internet e o da videoconferência. Depois dessa discussão, decidimos usar a tecnologia da Web.*
>
> [Prof. Clovis de Faro, Diretor do IDE]

O fato de o FGV Online estar hoje instalado no Centro do Rio de Janeiro não significa que ali para sempre ficará. Ao longo desses 15 anos, muitos espaços ocupou. Em 2002, o FGV Online migrou de uma sala com 3 posições de trabalho para uma simpática casa alugada pela FGV, em uma rua logo atrás de sua sede, na Praia de Botafogo.

> *O clima distenso, os laços de amizade, o comprometimento com o resultado do trabalho, a inquietude marcaram aquela época do FGV Online. Foi ali que, em 2002, o FGV Online ganhou seu primeiro prêmio – PAPPED da CAPES, um curso direcionado ao ensino médio. Como esse prêmio não resultara do trabalho de uma pessoa – mas de todos que no FGV Online trabalhavam –, dele resultou um agradável espaço de convivência. Com algum mobiliário e poucos equipamentos, foi criado, no "quintal da casinha", um descontraído ponto de reunião, de bate-papo...*
>
> [Profª Elisabeth Silveira, Coordenadora Pedagógica do FGV Online]

O FGV Online, essencialmente, é um programa constituído de jovens. A maioria dos que nele trabalham entrou no Programa como estagiário. Para os jovens, tudo é razão para *festa: aniversários, Natal, São João, chás de panela, chás de bebê...*

[Leslie Medeiros, Supervisora da Secretaria Acadêmica do FGV Online]

De Onde Viemos

Tomada a decisão estratégica da FGV de ingressar na educação a distância por trilhas da Internet, fez-se necessário começar. Obviamente, o primeiro passo dado foi pela TI, à época dirigida por Mário Rocha (quem, aliás, sugeriu o nome do programa que estava sendo criado – FGV Online).

> *Há pouco mais de dez anos, avaliei como o setor de Tecnologia da Informação poderia auxiliar o ensino da FGV. Na época, o grande destaque entre as ferramentas de ensino eram os sistemas de gerenciamento de educação a distância, conhecidos como Learning Management System [LMS]. Convidamos várias empresas para vir à FGV e dar palestras sobre suas soluções de ensino. A IBM, companhia de grande renome, apresentou o Learning Space, produto utilizado por instituições respeitadas, como Harvard e Tecnológico de Monterrey. O que pesou na decisão de escolher o Learning Space foi, portanto, o fato de ser uma ferramenta já consolidada, aliado à reputação da IBM no mercado de ser uma empresa sólida e reconhecida.*

[Mário Rocha, Diretor de Operações da FGV]

Definida a ferramenta, é hora de se escolherem os autores...

> *A primeira coisa que deveríamos fazer, depois de decidirmos qual tecnologia seria usada no nosso programa de educação a distância, era desenvolver um projeto-piloto e produzir material para essa experiência. Para tanto, foram selecionados três professores-autores. Na época, ainda não existia o Instituto de Desenvolvimento Educacional [IDE], e a educação a distância da FGV se concentrava na Escola de Pós-Graduação em Economia. Nós selecionamos três professores da EPGE para serem os autores do material de educação a dis-*

3. Casos de Sucesso do e-Learning no Brasil

tância: Álvaro Guimarães, Rubens Cysne e Moisés Glatt. Como esses projetos não foram concluídos, a professora Elisabeth Silveira se envolveu no projeto e desenvolveu duas disciplinas: Metodologia da Pesquisa e Metodologia do Ensino Superior, programa que hoje é conhecido como EAD Docência.

[Prof. Clovis de Faro, Diretor do IDE]

Dessa tímida experiência, partiu-se para uma arrojada iniciativa: construir, com a EAESP, um programa blended para trainees da Caixa Econômica Federal.

Em 2001, a FGV fechou com a Caixa Econômica Federal um programa voltado para 120 gerentes de retaguardas de suas agências e para 30 gerentes regionais, em formato semipresencial. As poucas atividades presenciais eram bem espaçadas e entremeadas por chats, fóruns de discussão, atividades de autodesenvolvimento... A construção desse programa foi uma sucessão de desafios. De um lado, restrições técnicas nos surpreendiam a cada momento. De outro, havia aquilo que eu chamava de "inimigo invisível": as pessoas, em geral, não estavam [e possivelmente ainda não estão] habituadas a controlar seu próprio tempo – isso requer muita disciplina, característica que não é forte na cultura latina. Finalmente, mas não menos importante, havia o desafio de qualificar nossos professores para trabalhar no ambiente online: aulas apoiadas por ferramentas tecnológicas são bastante diferentes de aulas "convencionais". Não posso negar que o trabalho foi cansativo, mas extremamente gratificante. Talvez a principal lição que nos tenha ficado dessa experiência (lá se vão 9 anos): por mais tecnologia que se use, a chave do sucesso ainda está nas pessoas.

[Prof. Jaci Correa Leite, Ex-Coordenador do GVnet]

Da matéria-prima desse curso – disciplinas para ele elaboradas –, foi desenhado, com certificação da EBAPE, o primeiro MBA a distância da FGV, cujo projeto foi aprovado em 2003, pelo MEC. Logo a seguir, nesse mesmo ano, aprovava-se também o primeiro curso de especialização a distância da EAESP. Dois desenhos distintos de cursos: o do FGV Online, veiculado pela Internet; o do GVnet, por videoconferência.

Dos contornos dos desenhos dados pela tecnologia, iniciaram-se as trilhas percorridas pelo GVnet e pelo FGV Online...

> *Os cursos do GVnet eram transmitidos por videoconferência para várias localidades ao mesmo tempo – Bauru, Ribeirão Preto, Campinas, Brasília, Belo Horizonte. Nessa época, os custos dos equipamentos e dos serviços de telecomunicações eram bastante altos. Além disso, quando os alunos eram transferidos de país ou de cidade, eles não podiam mais acompanhar o curso. Logo, abandonavam ou trancavam o curso.*
>
> [Alexander Dubrow SKY, Coordenador de Tecnologia do FGV Online – SP]

> *Ao longo da primeira década deste século, acompanhamos um crescimento vertiginoso do uso de computadores e da Internet no Brasil. O avanço da Internet, conjugado a novas tecnologias de banda larga, propiciou maior velocidade e satisfação no uso. Ao final de 2009, estudos apontavam 67,5 milhões de brasileiros com acesso à Internet – crescimento de 8,2% ao longo do ano. Se compararmos com estimativa feita pelo Ministério de Ciência e Tecnologia, em 2000, perceberemos que esse crescimento representou 1.000% em dez anos. Sem dúvida, a última década representou um cenário propício ao crescimento de provedores de serviços pela Internet, como os oferecidos pelo FGV Online. Ao associarmos qualidade, proposta inovadora de educação, marca conceituada, mercado efervescente e ávido por Internet, experimentamos enormes taxas de crescimento de cursos e clientes, a ponto de nos tornarmos referência nacional em educação a distância.*
>
> [João Carlos da Silva Freitas, Coordenador de Tecnologia do FGV Online – RJ]

Buscando novos caminhos, o FGV Online resolveu inovar com a transmissão, via satélite – diretamente de seu estúdio de TV, no Rio de Janeiro – de aulas ministradas por professores da FGV...

3. Casos de Sucesso do e-Learning no Brasil 105

> *Em 2002, em pesquisa realizada pela FGV para olhar o futuro dos MBAs, um fato nos chamou a atenção: a idade média dos alunos começava a cair, sinalizando que graduados sem – ou com muito pouca – experiência profissional começavam a ingressar na pós-graduação. Antecipando a solução para essa tendência, desenhamos um novo modelo de pós-graduação, direcionado para alunos mais jovens: professores da FGV transmitindo ao vivo suas aulas, diretamente do estúdio de televisão do FGV Online, no Rio de Janeiro, para diversas salas de aula no país, nas quais os alunos contam com o apoio de professores locais. Nesse projeto, alguns desafios vencidos: desenhar um programa próprio para TV e envolver os professores em uma atividade que lhes exigia nova performance. Passados sete anos, mais de 8.000 alunos certificados, mais de 5.000 alunos cursando o programa. O modelo inicial foi sendo aprimorado e ficaram as grandes lições. Hoje estamos 24 horas no ar, ligados ao satélite com antena própria. Para nós do FGV Online, a definição gradativa do papel do professor FGV e do professor local, uma equipe preparada para redigir roteiros, a possibilidade de aplicar a metodologia criada ao desenvolvimento de novos produtos.*
>
> [Prof. Marcos Villela, Coordenador de Cursos via Satélite do FGV Online]

Considerando que o tamanho dos passos determina o quanto do caminho é percorrido, os dois programas avançavam em suas trilhas. Entretanto, o estrondoso avanço das ferramentas de comunicação e informação via Internet impactou fortemente o desempenho do GVnet e do FGV Online...

> *O GVnet e o FGV Online nasceram, na Fundação Getulio Vargas, com objetivos diferentes, mas com um futuro único já desenhado: o GVnet teve inicio na Escola de Administração de Empresas de São Paulo – EAESP, com foco em cursos lato sensu, para atender demandas de executivos e empreendedores, e no apoio aos cursos da Escola, baseado na tecnologia de videoconferência, que mais tarde seria substituída pelo WebCast; o FGV Online teve origem no Rio de Janeiro, e hoje faz parte do IDE, com foco no atendimento*

> *às demandas de executivos, empreendedores e do mercado corporativo, baseado em soluções via Internet e satélite, pautado em metodologia que afirmava a importância da colaboração entre professor-tutor e alunos. Assim, embora com desenhos diferentes, os dois programas se complementavam. Em 2008, essa convergência foi concretizada: tornaram-se um único programa, o programa de educação a distância da FGV. Quem ganhou com isso foram nossos alunos e as universidades corporativas em geral.*
>
> [Prof. Felipe Spinelli, Gerente Comercial e de Marketing do FGV Online]

Em 2003, o GVnet incorporou aos cursos uma nova ferramenta: o WebCast. Com isso, o programa passou a levar o professor FGV a várias salas de aula presenciais – ao invés de a algumas localidades – como também à casa ou escritório dos alunos que se viam impossibilitados de frequentá-las.

> *O WebCast permitiu aos alunos acompanhar o curso a qualquer hora, de qualquer lugar. Com isso, conseguimos reduzir significativamente os custos e a taxa de abandono dos cursos. Em 2007, adquirimos o software Media Site, que, além de permitir a transmissão de áudio, vídeo e interação por chat, possibilitou fazer enquetes, disponibilizar links e arquivos diversos.*
>
> [Alexander Dubrow SKY, Coordenador de Tecnologia do FGV Online – SP]

Em função do grande volume de projetos, a equipe do FGV Online crescia incessantemente. Novas práticas, novas funções, novos desenhos de cursos... O programa não mais respirava. Foi nesse momento que o presidente da FGV, professor Carlos Ivan Simonsen, decidiu unificar os dois programas...

> *A união dos dois programas de educação a distância da Fundação Getulio Vargas visava oferecer ao mercado cursos cada vez melhores. Ao juntar a expertise das equipes do FGV Online e do GVnet, nós ampliamos nossa capacidade de investir em novos métodos de ensino, tecnologias e ferramen-*

3. Casos de Sucesso do e-Learning no Brasil

tas para levar o conhecimento produzido nas escolas da FGV até o aluno, onde ele estivesse. Hoje, o FGV Online oferece mais de 160 programas, entre cursos de curta e média durações e MBAs, além de ser a primeira instituição de ensino brasileira a integrar o Open Course Ware Consortium [OCWC], o que nos possibilita oferecer conteúdo gratuito de altíssima qualidade.

[Carlos Ivan Simonsen Leal, Presidente da FGV]

Como qualquer mudança, essa fusão não foi indolor – culturas e práticas diferentes, moldadas por decisões diversas tomadas por cada um dos programas. Agora, havia um único programa de educação a distância na FGV. E, para esse novo programa, um novo diretor...

Assumir a direção executiva do FGV Online consolidou a minha trajetória na educação a distância da FGV, fiz parte do primeiro seminário da EAESP para preparação de professores para prática de EAD em 1995 e participei de todos os programas conjuntos, além do programa via satélite do FGV Online. O desafio agora era unir o escopo de tecnologias de ambos os programas, visando maximizar a nossa competitividade, e integrar as equipes. O profissionalismo e a competência das pessoas facilitaram a transformação e a introdução de inovações, tanto na gestão quanto no negócio. Crescemos muito com essa união e visão única.

[Prof. Stavros Panagiotis Xanthopoylos, Diretor Executivo do FGV Online]

Com o novo programa unificado, criam-se gerências, distribuem-se coordenações, especializam-se funções. Grandes reestruturações...

A Gerência de Operações foi criada de modo a otimizar a qualidade em nossa prestação de serviço. Para tal, foram implantados o núcleo de logística e o núcleo financeiro. A secretaria acadêmica e o suporte técnico foram centralizados em um ambiente de call-center. A descentralização da impressão e envio de materiais didáticos aos alunos atendeu com maior eficácia a distribuição regional dos polos. O desenvolvimento de controles apurados nas áreas de logística, financeira e administrativa proporcionou maior eficiência nos processos, a um custo menor.

[Antonio Carlos de Sá Leite, Gerente de Operações do FGV Online]

Mudanças feitas, mudanças em curso. Assim como a atuação do FGV Online se altera a cada avanço tecnológico, altera-se sua configuração a cada nova especialização de seu negócio.

Dos Caminhos que Trilhamos

Quando a FGV resolveu criar o FGV Online, pouco se conhecia, pouco se fazia educação a distância. Não se formavam, no país, profissionais habilitados a atuar nessa modalidade de ensino.

Com forte experiência no ensino presencial, a equipe do FGV Online ia se constituindo. Tendo como princípio o fato de que a educação não se faz com tecnologia, que a educação se faz com conhecimento e que o conhecimento se torna saber por meio da linguagem, Letras, Design e Educação se tornam as áreas prioritárias das equipes de produção, áreas que, sem dúvida, pouco entendiam – mas passaram a entender – de gestão...

Hoje, a área de produção do FGV Online é responsável pelo desenvolvimento de todos os objetos de aprendizagem veiculados pela Internet ou em quaisquer outras mídias digitais, incluindo orientação aos professores-autores, revisão de linguagem e adaptação de materiais à Web por meio de desenho instrucional, construção de animações e avaliações. Começamos, contudo, com desenhistas instrucionais, os quais também eram gerentes de projeto e, como tal, faziam o acompanhamento das turmas. Inicialmente, tínhamos apenas duas células de produção e grupos separados para cursos customizados e standard. A biblioteca virtual, a área de diagramação, de animação e WebMastering também faziam parte da produção. Com o aumento da demanda, bus-

camos novas estratégias: dividimos a equipe em duas grandes áreas: a de produção – desenhistas instrucionais, designers e consultores de atividades; a de recursos – animação, audiovisual, biblioteca virtual, diagramação e WebMaster – que passou a atender a demandas de todo o FGV Online bem como as advindas do mercado.

[Profª Mary Murashima, Gerente de Produção Acadêmica do FGV Online]

Além da linguagem, a tutoria é foco de atenção prioritária do FGV Online: é o professor-tutor que acompanha, orienta e avalia os alunos. Logo, ele tem de ser especialista na área em que atua; ele tem de estar capacitado para ser eficiente naquilo que faz. Gradativamente, o quadro de professores-tutores se consolida e abrange diferentes áreas de conhecimento:

Titulação	
Doutores	75
Mestres	413
Especialistas	348
Total	836

Até o fim de 2010, o número de professores-tutores passará de 1.000, já que estão sendo finalizadas várias turmas de capacitação.

Áreas de Conhecimento	
Direito	48
Economia	40
Educação e Comunicação	137
Gestão Financeira	50
Gerência de Projetos	79
Gestão Socioambiental	39
Gestão Empresarial	79
Gestão de Marketing	80
Gestão de Pessoas	90
Gestão da Produção	56
Gestão Pública	84
História e Ética	46

FRANCISCO ANTONIO SOELTL

Desde o início do FGV Online, ao lado dos cursos de extensão e dos MBAs ofertados a diferentes profissionais, amplia-se a demanda por cursos corporativos, cursos desenhados especificamente para uma empresa, ou seja, por cursos customizados...

> *Desde 2002, trabalhamos para diversos clientes – BNDES, VALE, TIM, BASF, Embrapa, Dixie Toga, Perdigão, Bradesco, Safra, Santander, Deloitte, EMBRATUR – e outras tantas empresas que nos ajudaram a aprender um pouco mais sobre a customização de soluções de educação a distância. Mais de 200 cursos: de planejamento integrado e supply chain, passando por linhas de financiamento do BNDES, a cursos sobre os principais destinos turísticos no Brasil. Conteúdos que abordavam desde calorias inteligentes, vida mais saudável na organização, a código de ética e conduta. Mineração, convergência, voluntariado, SOX, etiqueta, liderança em lares de organização espírita... E, entre uma demanda e outra, demonstrações e simulações para aprendizagem de sistemas que iam do lotus notes ao SAP. E não paramos por aí... cartilhas para crianças, jogos para jovens e adultos e ainda uma experiência incrível, quando elaboramos um curso sobre acessibilidade. Cada projeto, uma história, uma identidade, uma mídia. Mas, nos bastidores, uma única equipe, disposta a ouvir, planejar e entregar soluções especiais a cada cliente, de acordo com suas necessidades e especificidades.*
>
> [Prof.ª Sophia Pimenta, Coordenadora de Cursos Customizados do FGV Online]

Dos cursos corporativos à modelagem e gestão de universidades corporativas, foi apenas um passo. Novas soluções fazem crescer o portfólio de clientes do FGV Online...

> *Tínhamos uma visão: aproveitar as nossas competências em gerar, oferecer, entregar, avaliar e gerir cursos a distância e atuar na geração de conhecimento corporativo, através da gestão efetiva da aprendizagem, essas motivações geraram um modelo de negócios para oferecer solução completa de gestão de universidades corporativas, o modelo tornou-se realidade e foi complementado pelo desafio posto por um de nossos clientes: planejar, implantar e gerir sua universidade*

3. Casos de Sucesso do e-Learning no Brasil

> *corporativa [UC]. Desafio aceito, inicialmente, buscamos estabelecer os padrões e diretrizes para esses serviços, considerando a estrutura de uma UC totalmente virtual, a qual deveria permitir o gerenciamento das ofertas e dos dados acadêmicos dos que dela participavam. Atualmente, além da modelagem e gestão de UCs, atuamos no mapeamento de competências, na definição de modelos didático-pedagógicos, no desenho de políticas de governança, no planejamento de trilhas de aprendizagem, na gestão da aprendizagem... As lições aprendidas nos fazem presentes em todas as etapas de estruturação, implantação e administração de UCs, o que tem nos permitido atender a demandas diversas de nossos clientes.*
>
> [Profª Mary Murashima, Gerente de Produção Acadêmica do FGV Online]

Os MBAs diversificam-se, assumindo a tonalidade de diferentes ênfases teóricas. Nesse momento, mais uma vez a Fundação Getulio Vargas inova: é desenhado o primeiro curso de graduação a distância da FGV. Sob a chancela da EBAPE e ao lado do bacharelado presencial – o curso de Administração mais bem avaliado pelo MEC no país –, é implantado o Curso Superior de Tecnologia em Processos Gerenciais a distância...

> *Uma das missões da Fundação Getulio Vargas é ser líder em pesquisa e distribuição do conhecimento produzido não só pela FGV mas também por escolas de outras partes do Brasil e do mundo. A outra missão diz respeito à nossa responsabilidade social. A Graduação Tecnológica em Processos Gerenciais, cuja peculiaridade é formar profissionais mais rapidamente do que uma graduação tradicional, ajuda a trazer para o mercado de trabalho pessoas que estavam excluídas, o que gera melhoria de vida. Para muitas dessas pessoas, a Graduação Tecnológica representou a possibilidade de um primeiro emprego, graças à sua característica de levar formação em um tempo menor do que outras graduações. Além disso, o curso de tecnólogo tem a expectativa de servir às instituições públicas e privadas do País ao promover a qualificação de seus servidores. Isso tudo resume a missão social não só da Graduação Tecnológica mas também da Fundação Getulio Vargas.*
>
> [Prof. Antônio Freitas, Diretor de Integração Acadêmica]

Por Onde Andamos

As barreiras do tempo se diluem, as fronteiras do espaço se desfazem. Com o FGV Online, o conhecimento produzido pelas Escolas da FGV se entranha em todas as regiões desse país-continente...

Alunos	2005	2006	2007	2008	2009
Cursos livres	2.607	3.701	6.462	8.723	7.761
Graduação tecnológica				624	671
MBA	172	334	2.715	1.073	962

Com o FGV Online, o conhecimento produzido pelas Escolas da FGV é entregue a todas as comunidades, a todos os grupos sociais, a todos os homens desse planeta...

> *Incentivados pelo meu colega e parceiro de curso, Prof. Gary Matkin da Universidade da Califórnia em Irvine [UCI], resolvemos entrar no OCWC, inicialmente em parceria com a UCI, começando em julho de 2008 com dois cursos, Gestão de RH da UCI, traduzido e adaptado pelo FGV Online, e Ética Empresarial. Tivemos 23 mil visitas nos primeiros 10 dias, quebramos o recorde de fluxo do consórcio. Percebemos quão ávidos os brasileiros estavam por conteúdo de qualidade, mesmo nossos cursos sendo de atualização e de curta duração no OCWC. Recebemos elogios, agradecimentos e percebemos alguns elementos interessantes com o consórcio. O conhecimento é buscado constantemente na rede, os brasileiros não temem a tecnologia como instrumento de busca de formação ou atualização, entre outros. O registro dos alunos permitiu entendermos o seu perfil, suas necessidades e o impacto da EAD. Até o momento, já ultrapassamos 2,5 milhões de visitantes e mais de 460 mil declarações de participação impressas. Além da nossa contribuição social, temos ampliado a venda de nossos cursos com o OCWC, pois é um ambiente de degustação interessante dos nossos produtos.*
>
> [Prof. Stavros Panagiotis Xanthopoylos, Diretor Executivo do FGV Online]

3. Casos de Sucesso do e-Learning no Brasil

Em resumo...

2008	
Cursos ofertados	4
Visitas à página do FGV Online no OCWC	71.080
Preenchimento do formulário de dados pessoais pelos visitantes	46.959
Declarações de participação emitidas após realização de prova final	17.881
2009	
Cursos ofertados	21
Visitas à página do FGV Online no OCWC	1.741.577
Preenchimento do formulário de dados pessoais pelos visitantes	626.185
Declarações de participação emitidas após realização de prova final	335.172

E o trabalho do FGV Online tem sido reconhecido por todos aos quais se destina...

2002	FGV ONLINE – MEC-PAPED – Curso Ciência & Tecnologia, para o ensino médio
2005	FGV ONLINE – E-Learning Brasil: Referência Nacional
	GV NET – E-Learning Brasil: Referência Nacional
2006	FGV ONLINE – E-Learning Brasil: Referência Nacional
	FGV ONLINE – E-Learning Brasil: Vencedor na Categoria T&D
	FGV ONLINE – Top of Mind de RH
	FGV ONLINE – Os 100 Melhores Fornecedores para RH – Categoria Gestão do Negócio
	GV NET – E-Learning Brasil: Referência Nacional
	GV NET – E-Learning Brasil: Vencedor na Categoria Acadêmico
2007	FGV ONLINE – E-Learning Brasil: Referência Nacional
	FGV ONLINE – E-Learning Brasil: Vencedor na Categoria T&D
	FGV ONLINE – Top of Mind de RH
	FGV ONLINE – Os 100 Melhores Fornecedores para RH – Categoria Gestão do Negócio
	GV NET – E-Learning Brasil: Referência Nacional
	GV NET – E-Learning Brasil: Vencedor na Categoria Acadêmico
2008	FGV ONLINE – E-Learning Brasil: Referência Nacional
	FGV ONLINE – Top of Mind de RH
	FGV ONLINE – Os 100 Melhores Fornecedores para RH – Categoria Gestão do Negócio

2008	FGV Online – CORP RH: Vencedor na Categoria Melhor Empresa de Educação a Distância
	GV NET -– E-Learning Brasil: Contribuições Marcantes
2009	FGV ONLINE – Top of Mind de RH
	FGV ONLINE – Os 100 Melhores Fornecedores para RH
	FGV ONLINE – Os 100 Melhores Fornecedores para RH – Empresas Mais Bem Avaliadas em Consultoria de Educação a Distância
	FGV ONLINE – Os 100 Melhores Fornecedores para RH – Empresa Destaque na Categoria Gestão do Negócio
	FGV ONLINE -– E-Learning Brasil: Referência Nacional
2010	FGV ONLINE – Os 10 Melhores Fornecedores para RH
	FGV ONLINE – Os 100 Melhores Fornecedores para RH – Empresa Mais Bem Avaliada em Consultoria de Educação a Distância
	FGV ONLINE – Os 100 Melhores Fornecedores para RH – Categoria Gestão do Negócio

Para satisfação de todos, o Curso Superior de Tecnologia em Processos Gerenciais a distância da EBAPE com o FGV Online é o curso a distância mais bem avaliado pela Associação de Alunos de Educação a Distância...

> *Além de a EBAPE ter sido avaliada pelo MEC como a melhor Escola de Administração, em 2009, o Curso Superior de Tecnologia em Processos Gerenciais foi escolhido a melhor graduação a distância do Brasil, em pesquisa realizada pela Associação Brasileira dos Estudantes de Educação a Distância [ABE-EAD]. Nessa pesquisa, foram ouvidos 15 mil alunos de 59 instituições de todo o País, sendo que apenas a FGV recebeu a nota máxima na avaliação.*
>
> [Profa Elisabeth Silveira, Coordenadora Pedagógica do FGV Online]

Como sua história, o FGV Online tem contribuído efetivamente para a materialização da missão da Fundação Getulio Vargas: Avançar nas fronteiras do conhecimento na área das Ciências Sociais e afins, produzindo e transmitindo ideias, dados e informações, além de conservá-los e sistematizá-los, de modo a contribuir para o desenvolvimento socioeconômico do País, para a melhoria dos padrões éticos nacionais, para uma governança responsável e compartilhada, e para a inserção do País no cenário internacional.

3. Casos de Sucesso do e-Learning no Brasil

A história é sem fim, para o momento, ensinamos a distância e buscamos dentro do contexto da educação usar o nosso espaço de trabalho, composto das ferramentas de comunicação, compartilhamento, colaboração e coletivismo que formam uma nova dimensão ou ciberespaço virtual de integração, relacionamento das pessoas e de uso para geração de competitividade no mercado de trabalho, para transformar imigrantes digitais em cidadãos digitais e oferecer foco e uso efetivo dessas ferramentas aos nativos digitais. Ou seja, além de formação, qualificação ou desenvolvimento profissional nas áreas de foco da FGV, nossos alunos sairão melhor e mais aptos para atuar de forma competente no mercado. Temos certeza de que a nossa modalidade de educação pode ser uma alavancagem para melhoria da qualidade de vida e para uma construção de um Brasil melhor. Orgulhamo-nos muito de fazer parte deste processo.

[Prof. Stavros Panagiotis Xanthopoylos, Diretor Executivo do FGV Online]

Entretenimento:
SKY — A Velocidade de Resposta

SKY
TV É ISSO

A SKY participou do prêmio na qualidade de "líder no mercado de TV paga digital no Brasil e em toda a América Latina", "única com capacidade de transmissão para todo o território nacional" e usuária de "à exclusiva tecnologia [...] que leva aos assinantes imagem e som com qualidade 100% digital via satélite".

O e-Learning foi implantado na SKY em função da necessidade de atender, com "uniformidade de conteúdos técnicos, procedimentais e comportamentais", a demanda de capacitação de 8.000 terceiros, 1.600 prestadores de serviço e 1.520 colaboradores, localizados em todo o país.

Um fator determinante para o uso do e-Learning foi a velocidade de resposta que ele permite. No caso do Curso Comercial, com 4 horas de duração e o primeiro disponibilizado, "em apenas dois meses conseguiu-se retreinar [...]100% dos parceiros Master em todo o Brasil", o que abrangeu os responsáveis pela geração de "80% do resultado do negócio". Ademais, "com a implantação do e-Learning, os cursos presenciais que anteriormente eram realizados em um longo período, com baixos recursos, foram reestruturados, contemplando menor período, em formato blended learning (e-Learning + presencial)".

Quando da fusão com a DirectTV, que gerou a presente estrutura da SKY, o curso a distância de Atualização Tecnológica de Qualidade foi de fundamental importância para disseminar, em tempo recorde, os procedimentos e equipamentos que seriam modificados; 1.000 técnicos-instaladores e 800 atendentes foram treinados em apenas 15 dias.

Organização e Negócio

A SKY nasceu em agosto de 2006, resultado da fusão das marcas SKY e DIRECTV, duas empresas no segmento de TV por assinatura via satélite que atuaram por mais de 10 anos no Brasil.

Francisco Antonio Soeltl

3. Casos de Sucesso do e-Learning no Brasil

Líder no mercado de TV paga digital no Brasil e em toda a América Latina, a SKY é a única com capacidade de transmissão para todo o território nacional, devido à exclusiva tecnologia DTH (direct-to-home) que leva aos assinantes imagem e som com qualidade 100% digital via satélite.

Números no Brasil:

- Aproximadamente 1.700.000 clientes, quase um terço de todos os assinantes de TV paga no país.
- 1.520 funcionários e 43 estagiários (base março/2010).
- Sites em São Paulo (CENU, Tamboré, Água Branca e Lapa) e 8 Regionais.
- Opera em todos os estados do Brasil.
- Mais de 145 canais.

Os maiores diferenciais da SKY:

- A programação mais completa.
- Qualidade de imagem e som HD.
- Controle de segurança.
- Informações na tela.
- Maneira interativa de ver TV.
- Programas de relacionamento com promoções exclusivas.
- Simples e fácil: da escolha do pacote a como operar o equipamento.
- Especialista em TV: entrega a melhor experiência em ver TV.
- Respeito ao cliente: agilidade no atendimento, Serviço Premium e diversas opções de formas de pagamento.

Por ser uma empresa prestadora de serviços, conta com uma equipe de vendedores, instaladores e SAC, todos terceirizados, que vendem e realizam as instalações do produto SKY para os clientes além de atendê-los prestando o melhor serviço em pós-venda.

O e-Learning contribui para que esse público, pertencente a todo o Brasil, esteja alinhado com as mesmas informações, condutas e objetivos, de forma ágil e abrangente.

Sumário do Caso

A decisão de implantar o e-Learning na SKY, como ferramenta de desenvolvimento e aperfeiçoamento profissional, se deu em razão da necessidade de atender a demanda de capacitação dos 8.000 terceiros em todo o Brasil e mais 1.600 (SAC – Teleperformance – prestadora de serviços), além dos 1.520 colaboradores, garantindo a uniformidade dos conteúdos técnicos, procedimentais e comportamentais das diversas áreas da empresa, decisão esta tomada em outubro de 2005 e implementada em fevereiro de 2006.

Após a fusão das empresas SKY e DIRECTV, houve grande processo de otimização de recursos humanos, softwares e melhores práticas das plataformas de e-Learning das duas empresas em uma única.

O processo de migração dos dados da plataforma DIRECTV para SKY foi realizado em apenas uma semana, alterando a usabilidade do MPLS1 para MPLS2. Em menos de um ano de implantação do e-Learning foram disponibilizados 9 grandes cursos de Capacitação para colaboradores e parceiros das áreas Comercial, Técnica e Atendimento ao Cliente, além de 30 cursos no formato rapid-trainings para atender de imediato a demanda de divulgação de novos procedimentos da empresa, alteração de processos, divulgação de campanhas, entre outros, sendo estes desenvolvidos internamente sem qualquer investimento adicional.

Nos seis primeiros meses da implantação do e-Learning foram disponibilizados quatro grandes cursos de capacitação para colaboradores e parceiros (Curso Comercial, Curso de Atendimento, Curso para Técnico Instalador e Curso de Assistência Técnica), além de 2 cursos rapid-trai-ning para o lançamento do Portal do Atendimento e lançamento de Nova Campanha de Aquisição, além da implementação de provas para certificação ao trabalho via on-line – para os cursos que ainda são em formato presencial.

O primeiro curso a ser disponibilizado para colaboradores, terceiros e parceiros da SKY foi o Curso Comercial, que continha 4 horas de duração.

Em apenas dois meses conseguiu-se retreinar através do curso de capacitação Comercial, disponível no PIC SKY (MPLS), 100% dos parceiros Master em todo o Brasil, o que representa 80% do resultado do negócio.

Com a implantação do e-Learning, os cursos presenciais que anteriormente eram realizados em um longo período, com baixos recursos, foram reestruturados contemplando menor período, em formato blended learning (e-Learning + presencial), vivenciando esse processo aproximadamente 3.000 vendedores, 4.000 técnicos e 2.000 atendentes.

No momento da pré-fusão da SKY com DIRECTV, o curso a distância de Atualização Tecnológica de Qualidade foi de fundamental importância para disseminar em tempo recorde os novos procedimentos e equipamentos que seriam modificados. Foram treinados 1.000 técnicos-instaladores e 800 atendentes em apenas 15 dias.

Em decorrência da fusão, foi necessária a disseminação da política de ética da empresa para 100% dos funcionários, a qual foi possível com o treinamento realizado via e-Learning.

Atualmente:

Capacitação de Vendas

O curso e-Learning de Capacitação Comercial mantém-se até hoje, com o objetivo de capacitar, alinhar e qualificar os vendedores para atuação nos pontos de vendas SKY com informações técnicas e melhores práticas recomendadas.

Este curso, que foi lançado inicialmente com 4 horas de duração e metáfora específica, é reformulado anualmente, atualizando informações e utilizando novas estratégias e metáforas e hoje possui 40 minutos de duração, que é complementada por mais 8 horas de treinamento presencial com foco na metodologia de treinamento Test Drive SKY, que propicia ao cliente fazer um test drive no produto no ponto de vendas.

Capacitação SAC

Com relação ao treinamento do SAC (Serviço de Atendimento ao Cliente), o uso do e-Learning teve seu início junto com a implantação do e-Learning na SKY em 2006, mas se intensificou no ano de 2009, quando a área de treinamento SAC passou a fazer parte de outra diretoria. Antes pertencente à Diretoria de Capital Humano, hoje faz parte da Vice-Presidência de Clientes para estar mais próximo às demandas do cliente interno. Até o primeiro trimestre de março de 2009, foram publicados 19 cursos direcionados aos atendentes.

O treinamento direcionado ao SAC está baseado no "Estrelando", um Programa de Capacitação para as Áreas de Atendimento SKY.

Objetivos do "Estrelando":
- Garantir a absorção do conteúdo de forma clara e objetiva.
- Melhorar o processo de Recrutamento e Seleção.
- Acompanhar os resultados dos atendentes na operação por 90 dias pós-treinamento.
- Captar e manter talentos no atendimento.
- Estimular o envolvimento do atendente com a empresa desde o início.
- Reestruturar a forma de aplicar o treinamento, trazendo sempre formatos atualizados.
- Compartilhar e construir informação em parcerias com as diversas áreas da SKY.
- Reduzir o absenteísmo.
- Melhorar a qualidade no atendimento, perceptível ao cliente.

Estratégia Proposta — Conteúdo

a) Treinamento presencial
- Construção de todo o material de capacitação dentro do conceito da "Roda do Aprendizado" (Andragogia).
- 12 Módulos – 78 assuntos abordados no treinamento de capacitação.
- Inclusão de 233 itens de exercícios, para averiguar o que foi assimilado pelo educando.
- Aumento na carga horária do treinamento para 25 dias de capacitação com inclusão de palestras das programadoras dos canais, outras áreas da SKY e visita dos líderes.
- Inclusão de ligações no treinamento: Foram gravadas 92 ligações de atendimentos reais, com o intuito de ensinar na prática como conduzir um bom atendimento.
- Parceria com todas as áreas para apresentar informações com a visão da SKY, incluindo 22 vídeos institucionais apresentando a empresa, o posicionamento do mercado, as propagandas, e o depoimento dos Gerentes, Diretores e Presidente da SKY.
- Orientação em sala de aula sobre a ferramenta de apoio de infor-

mações, facilitando a forma de consulta e visualização no atendimento.

b) Treinamento a distância – e-Learning:

O desenvolvimento de conteúdo no formato de e-Learning é aplicado nas seguintes oportunidades:

- Lançamento de produtos, pacotes e serviços.
- Apresentação de projetos desenvolvidos por diversas áreas da empresa com o objetivo de melhorar ou facilitar o atendimento prestado pelo SAC.
- Reciclagem de informação.
- Jogos eletrônicos para assimilação de informação.
- Reforço do conteúdo apresentado no treinamento presencial Estrelando através da elaboração no formato de e-Learning. O educando pode acessar a informação pela Internet em sua casa ou em uma lanhouse, no horário que for mais adequado para ele.

O e-Learning é desenvolvido por meio de ferramentas que possibilitam o uso de recursos interativos. A proposta é incentivar o atendente a assimilar o conteúdo de forma didática, lúdica e participativa.

As ferramentas utilizadas são: Articulate e Quicklessons.

O treinamento do SAC tem o seguinte fluxo:

1. Recebimento das informações (briefing) pelas áreas que desenvolvem projetos e lançamentos de produtos e serviços ou requisitam o auxílio do e-Learning para corrigir procedimentos incorretos adotados pelos atendentes.
2. Elaboração do conteúdo pelos conteudistas.
3. Validação do conteúdo pelo cliente (supervisores do SAC e atendentes) para verificar se a linguagem utilizada no e-Learning está objetiva e de fácil entendimento por parte dos atendentes.
4. Publicação na plataforma PIC.
5. Matrícula dos atendentes.
6. Emissão de relatório semanal com o acompanhamento do nível de aderência ao e-Learning e quantidade de aprovados e reprovados, no caso de existir quiz.

Capacitação Técnica SAC — Célula Técnica

A Célula Técnica tem como objetivo garantir a qualidade do atendimento técnico por telefone, e ao longo desses anos proporcionou ao SAC uma ferramenta para o desenvolvimento do conhecimento técnico dos operadores e para maior auxílio de seu atendimento técnico.

Essa ferramenta foi batizada de GPT Flex (Guia de Procedimento Técnico). Além desta ferramenta, foi criado o Portal Técnico, um site que contém várias informações técnicas, disponibilizadas através da Intranet.

O GPT Flex é uma ferramenta para o atendimento onde constam fluxos para tomada de decisão técnica.

O SAC utiliza essa ferramenta para o atendimento de todas as ligações técnicas. Nela o operador poderá escolher qual o problema técnico que o cliente está relatando e a partir daí iniciar um atendimento monitorado pelo sistema que lhe informará todos os passos para ser solucionado o problema do cliente. Com respostas simples como "sim" ou "não", o operador consegue prestar um atendimento de qualidade, homogêneo e eficaz.

Objetivos do GPT Flex:

- Melhoria e consistência na aderência ao GPT (acima de 95%).
- Redução no número de Ordem de Serviço indevida para o Campo.
- Redução no número de rechamadas por problemas técnicos no SAC.
- Verificações automáticas de alguns serviços.
- Procedimentos técnicos por modelo de equipamento.
- Inclusão de procedimentos de manuseio de controle remoto e equipamentos.

Para incentivar o uso do GPT Flex pelo SAC, foi iniciada uma campanha de aderência para aumentar o índice de sua utilização, que contemplava todos os operadores do SAC.

Os operadores mais monitorados e que conseguiram os melhores índices de utilização correta no GPT eram premiados no final de cada mês com um passeio panorâmico de helicóptero pela cidade de São Paulo e um almoço de confraternização após o mesmo.

Além do GPT, a Célula Técnica desenvolveu um Portal Técnico, que é disponibilizado através da Intranet. Esta ferramenta foi desenvolvida com o propósito de concentrar todas as informações técnicas da empresa. Nela podemos encontrar:

- Simuladores dos menus de todos os equipamentos da SKY.
- Simuladores de manuseio de todos os modelos de controles remotos.
- Informação sobre instalações e conexões de equipamentos.
- Características técnicas de todos os equipamentos SKY.
- Atualidades sobre tecnologias.

O Portal Técnico tem uma utilização bem alta pelos operadores do SAC e demais áreas da empresa.

Capacitação: Técnicos-Instaladores

Em março de 2008, a área de treinamento técnico, que é responsável pela capacitação dos técnicos-instaladores, antes pertencente à área de Capital Humano, também passou a fazer parte de outra área, da Vice-Presidência de Engenharia e Supply Chain.

A área foi toda reestruturada, focando na qualificação desses instaladores. Para tal, foi implantado um projeto de Qualificação Técnica que contempla todos os instaladores que prestam serviço para a SKY, que hoje são aproximadamente 4.160.

Além do treinamento técnico para os instaladores, para assegurar uma ótima qualidade de atendimento técnico ao cliente, há uma célula especial que auxilia os atendentes, chamada Célula Técnica.

Estratégia

Todos os nossos treinamentos são baseados no CHA (Conhecimento, Habilidade e Atitude), procurando sempre medir seus resultados como melhoria de qualidade de serviços aos clientes.

C Conhecimento	Treinamentos por gap de competência
H Habilidade	Treinamentos presenciais obrigatórios/opcionais
A Atitude	Prática com inspeção dos serviços realizados

O *projeto de Qualificação Técnica* tem os seguintes objetivos:

- Disponibilizar conhecimento técnico de forma mais objetiva e utilizável no dia a dia do instalador.
- Atrelar efetivamente o conhecimento adquirido à qualidade dos serviços executados no campo.
- Incentivar a realização dos cursos e promover a retenção dos melhores técnicos.

Foram mapeadas as competências necessárias, sendo os cursos remodelados baseando-se na **andragogia** (metodologia para ensinar adultos) e distribuídos na forma de Níveis (Nível inicial – instaladores recém-contratados, até o Nível 5 – instaladores que possuem certificação técnica reconhecida pelo MEC).

Fluxo

Quando o instalador é contratado, ele é cadastrado no banco de dados de instaladores e ao mesmo tempo no LMS. Seu ID (código que utiliza para finalizar Ordens de Serviço) é bloqueado e somente liberado após ter realizado os cursos do nível inicial (Instalação Básica, Segurança no Trabalho Básico e Presencial), onde já está preparado para instalar o produto SKY.

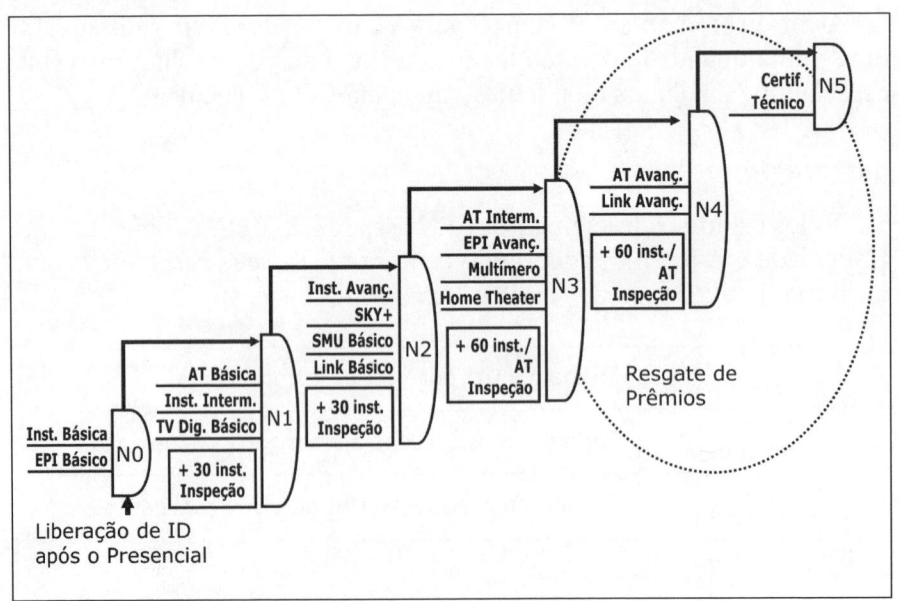

A partir do Nível 0, após o instalador realizar os cursos via e-Learning e ser aprovado nos mesmos, há a inspeção aleatória, realizada por consultor técnico da SKY, do serviço que o instalador realizou na casa dos clientes. Com isto, conseguimos atrelar o conhecimento adquirido com a prática do mesmo.

Todos os módulos são Blended, ou seja, após o instalador terminar e ser aprovado em todos os cursos via e-Learning, ele participa de um treinamento presencial prático, onde aprende fazendo.

Com o intuito de certificar se o instalador está realmente apto a pertencer ao nível atual em que se encontra, é realizada uma vez ao ano uma avaliação on-line, chamada Teste seus Conhecimentos Técnicos, onde os instaladores de todo o Brasil se deslocam até um centro de testes para realizarem esta avaliação.

Os gaps deficientes são tratados de forma direcionada, com treinamentos específicos. Os instaladores que não obtêm a nota mínima passam por um período de readequação até o próximo teste. Caso não atinjam novamente a nota mínima perdem seu credenciamento junto à SKY.

Para incentivar a realização dos cursos pelos instaladores, foi lançada uma campanha de incentivo chamada TOP SKY Adventure, onde os instaladores acumulam pontos a cada curso realizado. Quando atingem o Nível 3 podem resgatar prêmios através do site da campanha.

Além disso, todos os instaladores que atingem o Nível 3 concorrem ao final da campanha ao sorteio de 1 carro e 9 motos (um por regional). Isto fez com que a aderência ao projeto de qualificação fosse muito grande.

Integração de Sistemas:

Paralelamente ao projeto de capacitação de vendas e qualificação técnica, foi realizado e implantado um projeto de integração entre o MPLS (LMS) e o iCare (sistema de gerenciamento de vendas e ordens de serviço do campo).

O projeto de integração envolveu todo o público de vendedores e técnicos-instaladores e teve uma forte participação da área de TI da SKY.

Este projeto possui as seguintes características:

- Cadastro e bloqueio automático dos vendedores e instaladores no LMS através da integração do banco de dados do LMS: Com o sistema de gerenciamento de vendas e ordens de serviço da SKY, é possível cadastrar novos vendedores e instaladores e fazer a manutenção dos já existentes.

- Matrículas automáticas nos cursos no LMS: Antes eram despendidos tempo e esforço muito grandes para realizar as matrículas manual-mente. Agora, assim que o vendedor é contratado, a integração sistêmica verifica que é um novo usuário e o matricula nos 5 cursos básicos disponíveis para vendedor. No caso dos técnicos-instaladores, quando um é contratado, a integração verifica que é um cadastro novo e já o cadastra e matricula no primeiro curso da trilha de cursos no LMS. Assim que ele termina o curso e é aprovado, é automaticamente matriculado no próximo, sem necessitar fazer solicitação para isto.

- Contagem de Serviços para inspeção para técnicos-instaladores: Assim que o instalador participa do curso presencial do nível que está e é aprovado, o sistema conta automaticamente os serviços que ele finaliza e gera automaticamente quatro Ordens de Inspeção aleatórias, onde um consultor técnico da SKY vai até o local onde o instalador realizou o serviço e o inspeciona, confirmando se a pessoa colocou realmente em prática o que aprendeu nos treinamentos.

Métricas Quantitativas

O treinamento de Capacitação Comercial foi disponibilizado pela primeira vez para a área Comercial em março/2006 para os vendedores prestadores de serviços da SKY, com o intuito de capacitar e reciclar os conhecimentos. Apenas 25% da demanda eram atendidos em termos de treinamentos presenciais, e com esta ação atingimos 100% do público.

Após a realização do treinamento, pudemos verificar. conforme tabela abaixo, que em apenas três meses houve um aumento de 19,3% nas vendas em relação ao meses do ano anterior.

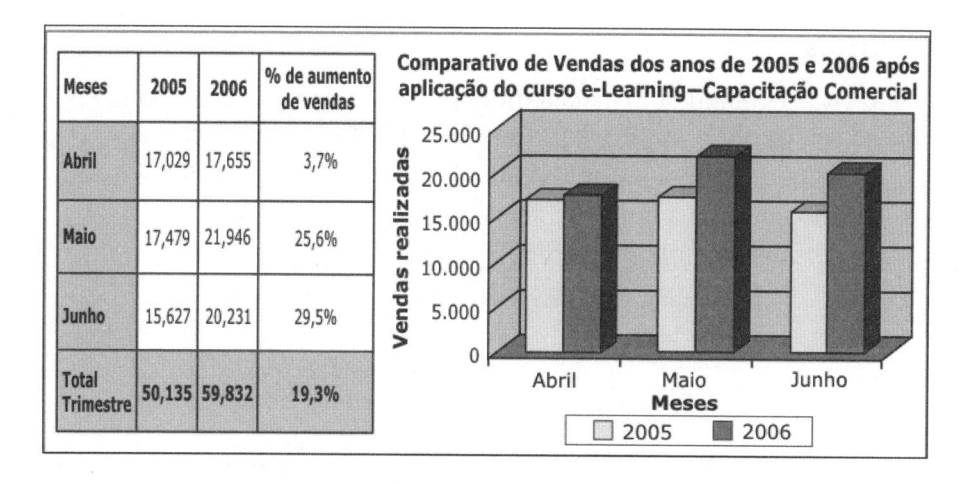

Meses	2005	2006	% de aumento de vendas
Abril	17.029	17.655	3,7%
Maio	17.479	21.946	25,6%
Junho	15.627	20.231	29,5%
Total Trimestre	50.135	59.832	19,3%

Comparativo de Vendas dos anos de 2005 e 2006 após aplicação do curso e-Learning—Capacitação Comercial

Rechamados no SAC por Problema de Ausência de Sinal

Para medir a qualidade da recepção de sinal digital, existe uma medida chamada de BER (Bit Error Rate – Taxa de informações erradas).

A quantidade de erros caracteriza a qualidade do sinal, ou seja, quanto menos erros, maior a qualidade do sinal recebido. O maior índice de rechamados no SAC é pelo motivo de Ausência de Sinal.

No caso da SKY, consideramos como BER bom (−5, −6, −7), ou seja, instalações com este nível de BER evitarão rechamados no SAC pelo motivo Ausência de Sinal.

Considerando-se o custo de uma ligação para o SAC, em 7 meses deixamos de gastar R$ 310.888.

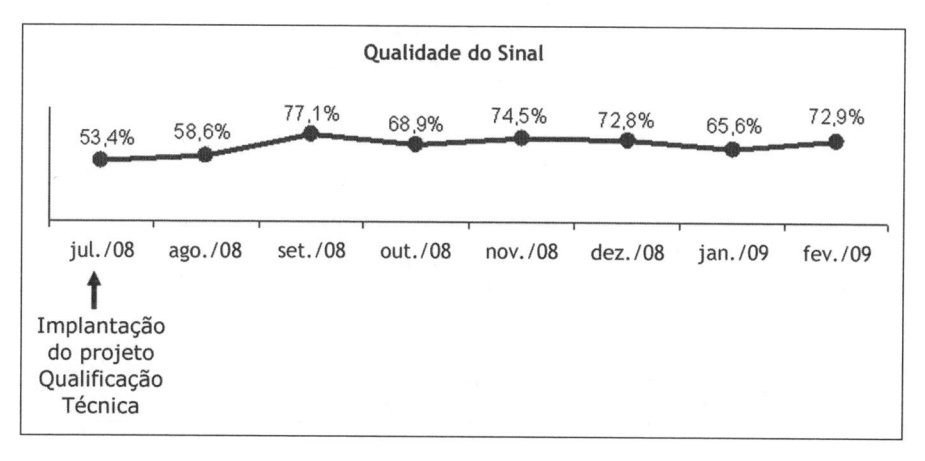

Qualidade do Sinal

jul./08	ago./08	set./08	out./08	nov./08	dez./08	jan./09	fev./09
53,4%	58,6%	77,1%	68,9%	74,5%	72,8%	65,6%	72,9%

↑ Implantação do projeto Qualificação Técnica

Revisitas

Revisita é quando um instalador precisa retornar à casa do cliente por problemas técnicos até 90 dias após a instalação ter sido realizada.

A análise foi feita de out./2008 a fev./2009, comparando-se os meses do ano anterior, conforme abaixo.

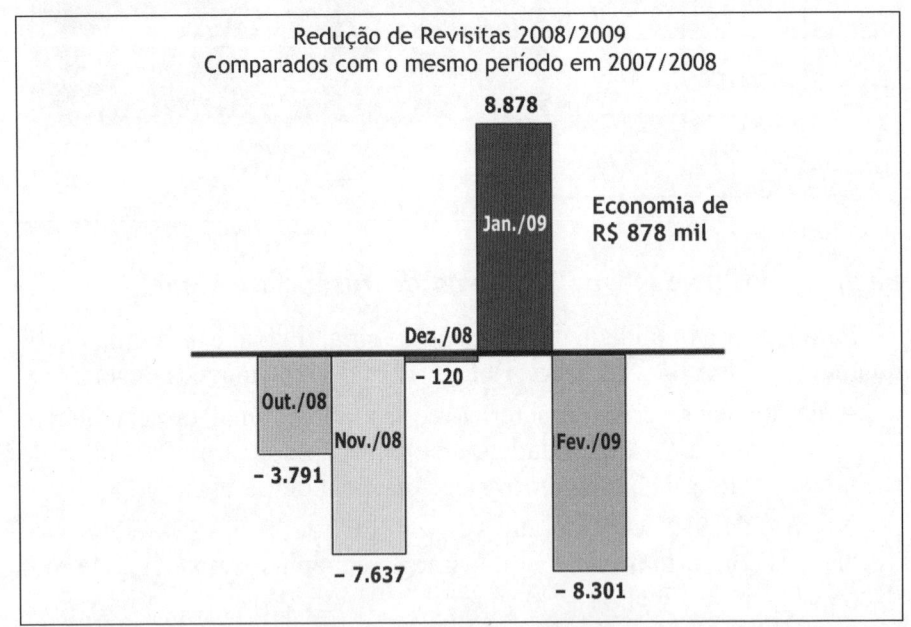

Redução de Revisitas 2008/2009
Comparados com o mesmo período em 2007/2008

- Jan./09: 8.878 — Economia de R$ 878 mil
- Dez./08: 0
- Out./08: -120
- Nov./08: -3.791
- -7.637
- Fev./09: -8.301

Diante disso, conseguimos reduzir as revisitas para 10.971 clientes, comparando-se com a quantidade de revisitas no ano anterior.

Levando-se em consideração o custo de cada revisita, em 5 meses conseguimos economizar R$ 877.680 para a SKY e sua rede credenciada.

Retenção de instaladores com mais de 1 ano de experiência

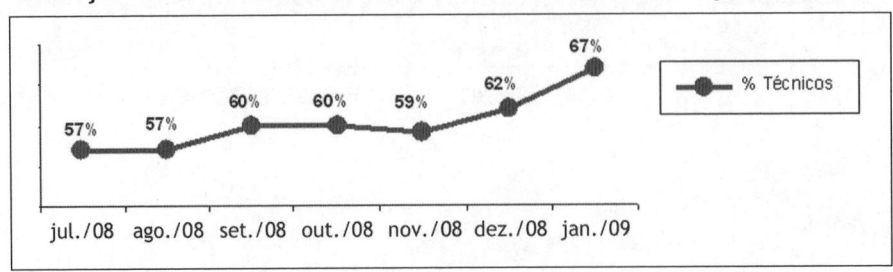

mês	% Técnicos
jul./08	57%
ago./08	57%
set./08	60%
out./08	60%
nov./08	59%
dez./08	62%
jan./09	67%

	jul./08	ago./08	set./08	out./08	nov./08	dez./08	jan./09
Base: Técnicos que permanecem na base	2.115	2.021	2.084	2.008	2.117	2.141	2.484

Observamos que estamos conseguindo reter cada vez mais o número de técnicos experientes.

Aderência à Ferramenta GPT

Para mensurar o nível de utilização da ferramenta GPT Flex, são realizadas diariamente monitorias técnicas em horários alternados.

Essas monitorias verificam se o atendimento do operador foi feito de forma correta, seguindo todos os passos do fluxo e se foi bem-sucedido o procedimento técnico, evitando assim abertura de ordem de serviço indevida para campo.

Um estudo realizado mostra um aumento significativo de 16% na aderência ao GPT no período de 2 anos e 4 meses.

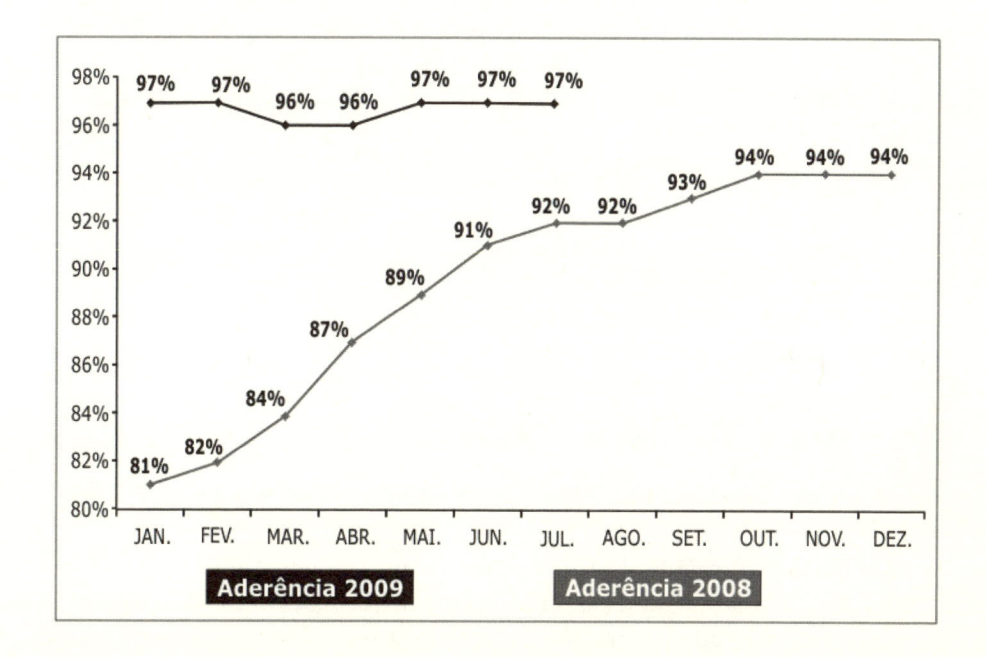

Resultados

Os treinamentos, tanto e-Learning como presenciais, estão disponíveis para todos os vendedores, instaladores e atendentes do SAC que prestam serviços para SKY, que hoje são em torno de 9.000 pessoas.

Além dos instaladores, também treinamos todos os supervisores de vendas, consultores técnicos (realizam inspeção das instalações/assistências técnicas) e supervisores de operações e monitores de campo por todo o Brasil, que totalizam aproximadamente 200 colaboradores.

No projeto de Qualificação Técnica, em 7 meses com o projeto implantado (jul./2008 a fev./2009) conseguimos obter um retorno sobre o investimento **(ROI)** de 5,81 vezes o que investimos no projeto de qualificação.

Estes resultados têm um impacto muito positivo na empresa e na credibilidade da Alta Gerência, VP e Presidência, referente ao investimento nas áreas de treinamento.

O uso do e-Learning voltado para o atendimento do SAC também tem trazido resultados qualitativos e quantitativos positivos. Neste ano, publicamos o e-Learning apresentando o Projeto Presença SKY. Em blitz realizada com os atendentes do SAC pela área de Qualidade, foi detectado que 90% dos atendentes consideraram o curso didático e bem elaborado e 10% tiveram dificuldade em assimilar o conteúdo. A dificuldade apontada se deu em função da complexidade do assunto e não pelo formato e didática do e-Learning.

O nível de aderência ao GPT (Guia de Procedimento Técnico), que os atendentes seguem no momento do atendimento, estava muito baixo, em torno de 90%. Ao publicarmos e-Learning, na 2ª quinzena do mês de março de 2010, sobre Dicas para GPT, em uma semana de acesso ao e-Learning, o índice subiu para 94%.

Engajamento

A SKY é uma empresa que preza muito pela qualidade dos serviços prestados aos clientes.

Diante disso, a área de treinamento é muito importante para a empresa, pois de nada vale ter a melhor TV por Assinatura do Brasil e oferecer o melhor conteúdo, se os processos de venda, instalação e

3. Casos de Sucesso do e-Learning no Brasil

atendimento ao cliente não forem satisfatórios.

Através dos projetos de Capacitação (Capacitação para Vendas – Test Drive SKY, Qualificação Técnica – TOP SKY e Capacitação do Atendimento), é possível treinar 100% dos vendedores, instaladores e atendentes, unificando as informações no Brasil todo, garantindo a elevação da qualidade dos serviços.

Depoimentos

"Em toda a minha vida profissional, um dos grandes desafios para qualquer treinamento planejado sempre foi demonstrar uma melhoria efetiva da qualidade do produto ou serviço. Além disso, em empresas com presença nacional, a distância representava uma barreira quase intransponível.

No caso em questão, a tecnologia permite que quase 4.000 técnicos dos nossos parceiros tenham fácil acesso aos cursos e possam melhorar seu desempenho profissional. Mais que isso, no entanto, cabe ressaltar que, para mudança de nível, além da prova teórica ao final dos cursos, existe uma prova prática, através de uma auditoria aleatória de uma instalação real executada. Com esta última avaliação, fechamos o ciclo e temos segurança em dizer que o nosso treinamento realmente se converte em melhor qualidade para nossos assinantes."

Luiz Fernando Barcellos – VP de Engenharia e Supply Chain

"O e-Learning, como instrumento de treinamento a distância, permite que aspectos importantes nesta atividade sejam contemplados. Vejamos:

a) é de simples, fácil e rápido acesso;

b) contempla a simultaneidade, um importante fator motivacional à sua realização;

c) padroniza o método e, por consequência, as oportunidades de aprendizado;

d) por último, e não menos importante, disponibiliza em pouco tempo as informações de participação e nível de aprendizado.

Nosso treinamento atende estas premissas e contribui, de forma significativa, para o crescimento profissional de nossa rede credenciada."

Delfim Freitas — VP de Operações e Comercial

"Numa empresa de serviços o único diferencial que podemos ter para nossos clientes é a inteligência que agregamos aos nossos processos, e isto depende, fundamentalmente, do treinamento que fornecemos a eles.

Treinamento que pode ser a distância, presencial, por fóruns ou comunidades práticas.

O fato é que a multiplicação do conhecimento e a aplicação do mesmo são fatores críticos de sucesso.

Nós, na SKY, treinamos cada vez mais os funcionários que estão na linha de frente. A pirâmide se inverteu nas organizações e o poder está com quem tem contato com o cliente, seja o técnico, o operador, o vendedor, enfim... quem interage com o cliente. Ele é o foco de toda nossa atenção e investimento, pois funcionário feliz faz cliente feliz.

Portanto, vamos seguir investindo em nossa linha de frente para crescer, fidelizar e encantar cada vez mais nossos clientes."

Roselí T. Parrella — Diretora Capital Humano

Lições Aprendidas e Melhores Práticas

- Desenvolvimento de parte dos cursos internamente com a utilização de ferramentas de autoria (como Lectora, Articulate e Quicklessons) que possibilitou agilidade e rapidez no desenvolvimento interno de conteúdos rápidos, com média de 30 minutos de duração, atendendo as demandas do negócio que exigem velocidade na disseminação da informação.

- Envolvimento da área cliente no desenvolvimento do conteúdo dos cursos, bem como os colaboradores de linha de frente e analistas de treinamento na validação dos conteúdos, aumentando o nível de qualidade dos cursos desenvolvidos.

- Aplicação da metodologia da Andragogia (método para ensinar adultos) em todos os cursos, tanto e-Learning como presenciais, fazendo com que as pessoas retenham muito mais as informações.

- Modelo Blended: Através deste modelo, o público aprende os conceitos no curso via e-Learning, e na atividade presencial tem a oportunidade de colocar em prática o que aprendeu, bem como esclarecer as dúvidas.

- Envolvimento da área de TI nos projetos: Para uma empresa presente em 4.259 municípios brasileiros através de seus parceiros, a automação dos processos é fundamental para obtenção de resultados.

- Através do programa Momento SKY (programa de TV Corporativa da SKY, que reúne mensalmente os vendedores e instaladores em todo o Brasil) é feito o reconhecimento dos melhores resultados em evento solene com entrega de premiações e certificados. É utilizado também para lançamento de novos treinamentos, divulgação de resultados da campanha, reconhecimento aos melhores profissionais, entre outros.

- Atrelar a evolução do aprendizado a uma Campanha de Incentivo é fator-chave para motivar os treinandos e obter os resultados esperados.

- Limitar a duração dos cursos via e-Learning a um máximo de 1,5 hora de duração, visto que a partir daí o rendimento e o interesse dos treinandos caem muito.

- Envio de relatórios semanais ou mensais com o update do andamento dos vendedores e instaladores por regional e parceiro. Este relatório é enviado para os gerentes regionais e supervisores, a fim

---

* Desenvolvida por Roberto Adami Tranjan.

de permitir que acompanhem de perto como está o desenvolvimento das equipes.
- Envio semanal de relatórios para os supervisores e coordenadores do SAC para verificação de como está o aproveitamento do e-Learning por parte dos atendentes.
- Envio de SMS para os instaladores, motivando a participação nos cursos e divulgando a quantidade de pontos que já acumularam com os cursos realizados.
- Contratação de uma agência de marketing experiente para gerenciar todo o projeto de Qualificação Técnica da campanha de incentivo.
- Disponibilização de fórum moderado, e-mail de suporte técnico e telefone dedicado para os instaladores, para compartilhamento de informações e para o esclarecimento de dúvidas (2 pessoas dedicadas para responder as dúvidas).
- Criação de biblioteca e videoteca no Portal Técnico, para o público de instaladores, onde disponibilizamos as aulas gravadas para o programa de TV Corporativa em que cada mês há um tema diferente abordado nas vídeoaulas.

Conteúdos

Cursos desenvolvidos sob medida: adotamos quando o conteúdo é específico do negócio.

Cursos prontos: adotamos quando se referem a conteúdos abrangentes, como, por exemplo, curso do pacote MS Office, Curso de Gramática, entre outros.

Cursos desenvolvidos sob medida contratados de terceiros: são adotados quando o curso é voltado para capacitação dos profissionais, ou seja, quando o conteúdo passa de 30 minutos de duração.

Contratamos os serviços de terceiros, pois na equipe de treinamento técnico não há qualquer expert em design gráfico e flash, porém todo o conteúdo do curso é desenvolvido internamente.

Cursos desenvolvidos sob medida internamente: são adotados quando são cursos rápidos e pontuais do negócio (duração média de 30 minutos) e precisam de agilidade no lançamento.

3. Casos de Sucesso do e-Learning no Brasil

O tempo dos cursos é baseado na retenção de conteúdo que um educando consegue obter na execução de um curso via e-Learning, diminuindo o nível de desistência, comparada a um curso muito longo.

Diante da remodelagem dos cursos e do acompanhamento semanal/mensal da execução dos mesmos pelas equipes de campo da SKY, temos uma média de 20% de desistência, pequena diante do observado antes da implantação dos projetos de Capacitação de Vendas e de Qualificação Técnica.

No projeto de Qualificação Técnica e Atendimento ao Cliente, em todos os conteúdos, utilizamos a metodologia da andragogia, chamada **Roda do Aprendizado***, que é composta pelas seguintes etapas:

1. *Introdução:* Mostrar os ganhos que os educandos obterão com o treinamento (motivação).
2. *Percepção:* Despertar o estágio atual de consciência do educando sobre o assunto abordado, conhecendo o mapa mental individual.
3. *Observação:* Formar o mapa mental coletivo.
4. *Informação:* Acrescentar novas informações ao mapa coletivo, fazendo conexões com o dia a dia dos educandos.
5. *Significação:* Dar sentido prático aos conceitos.
6. *Conhecimento:* Proposta para implementação do conceito aprendido, por exemplo aplicação de exercícios.
7. *Experimentação:* Colocar em prática o que foi aprendido através de treinamentos presenciais.
8. *Habilitação:* Avaliação/análise da experiência vivenciada.
9. *Incorporação:* Compromissos para a prática do que foi aprendido.

Utilizamos o padrão SCORM, pois ele possibilita vasta habilidade do ensino via Web que permite interoperabilidade, acessibilidade e reutilização de conteúdo, além de ser utilizado no mundo inteiro.

Alguns conteúdos são disponibilizados em papel, como o cartão de vendas, guia rápido do instalador, onde constam informações essenciais para vender e instalar o equipamento na casa dos clientes, e a explicação das condições comerciais de vendas e de várias funcionalidades dos equipamentos. Desta forma, os vendedores podem tirar suas dúvidas comerciais na hora da venda e os instaladores podem explicar os principais procedimentos para o cliente, evitando chamadas no SAC sobre dúvidas de manuseio.

Tecnologia

Utilizamos o modelo ASP de aluguel de servidor, onde pagamos um valor de manutenção e o LMS fica hospedado no servidor do fornecedor. Este modelo é utilizado a fim de tornar mais ágeis e práticas a gestão e a manutenção do servidor, que ficam por conta do fornecedor.

Utilizamos a ferramenta Quicklessons, para desenvolvimento de rapid-trainings, a qual já traz várias templates animadas prontas e personagens próprios da SKY, que fazem movimentos pré-programados, sem a necessidade de programação em flash.

Além desta ferramenta, utilizamos o Viewlet Builder, que é um software de simulação, ou seja, quando temos treinamento em determinado software, como CRM, utilizamos esta ferramenta para capturar as telas e simular os procedimentos.

Para as áreas de Vendas, Atendimento e Corporativo também é utilizada a ferramenta Lectora, que possibilita a autoria de rapid-trainings interativos customizados, construídos pela própria área de treinamento.

Aplicamos avaliações on-line através do software Perception, onde é possível analisar vários tipos de informações, como: análise de questões que os educandos mais erram e acertam, divisão da avaliação por módulos, obtendo resultados separados por cada um desses módulos, focando na necessidade de cada educando individualmente.

Serviços

Contratamos consultoria especializada para desenvolvimento de nossos cursos de capacitação sob medida (aproximadamente 1 hora de duração).

A contratação de consultoria nos auxilia muito em relação ao desenvolvimento de conteúdos sob medida, pois em menor tempo consegue nos entregar com qualidade um curso mais longo, utilizando metáforas, animações, jogos, a fim de tornar atrativo e fazer com que as informações sejam retidas com mais facilidade.

Tanto nosso LMS quanto o software Perception estão hospedados em uma consultoria especializada.

Isto trouxe benefícios, pois na empresa não temos servidores disponíveis para hospedagem e a compra e gerenciamento destes servidores sairiam mais caro do que hospedar em consultoria. Eles fazem todo o trabalho de manutenção e atualização de todo o sistema, sem precisarmos ter uma pessoa na empresa dedicada a isto.

Para os treinamentos presenciais, locamos salas e equipamentos em todo o Brasil. Estas locações são solicitadas pela SKY e realizadas por agência contratada para este fim.

Planejamento Futuro

- Desenvolvimento de um portal no LMS com várias informações, como:
  - Espaço para melhores práticas.
  - Instalador padrão do mês.
- Chats com instrutor.
- Fórum com melhores práticas de vendas.
- Elaboração de artigos com as melhores práticas comentadas nos fóruns.
- Transformar a área de treinamento – Capital Humano – em área de Gestão de Competências através de disponibilização de cursos comportamentais, de liderança, aprimoramento profissional, entre outros, atrelados ao plano de desenvolvimento individual.
- Disponibilizar o Portal Técnico para toda a empresa e todos os instaladores que prestam serviços para a SKY, através do Portal do LMS.

Autores:

Cláudia Cravo – Juliana Bastos – Luciana Arnesio – Paulo Sergio de Moraes

FRANCISCO ANTONIO SOELTL

Farmacêutico:
Bayer Schering Pharma — O Alinhamento Estratégico e Tático da Empresa

Bayer HealthCare
Bayer Schering Pharma

A Bayer Schering Pharma, segundo o texto do caso apresentado, ocupa posições de liderança nacional e/ou mundial em diversos segmentos do mercado farmacêutico.

O e-Learning foi por ela adotado em face da necessidade da criação de um programa de treinamento a distância, capaz de permitir atualização constante a todo um contingente de representantes de vendas distribuídos por uma grande extensão geográfica do país. Isso viria ao encontro da "existência de 5 distintas Unidades de Negócio exigindo alternativas de treinamento mais customizadas e comunicação estratégica mais ágil".

Neste contexto, em 2005 "foi idealizado e construído o Programa Navegando pelo Conhecimento, um portal de informações e conteúdos eletrônicos de desenvolvimento técnico e comportamental, disponibilizados à então Força de Vendas Schering do Brasil".

O modelo então criado e até hoje vigente é "Web based, assíncrono, com cursos divididos em módulos com duração máxima de 2 horas e utilização do recurso de tutoria. De forma geral, os cursos estão categorizados em estratégicos, comportamentais e técnicos". O sucesso da iniciativa levou à criação de um portal de treinamento exclusivo para a Divisão CropScience com o nome de "Aprenda.com".

"Os treinamentos estratégicos são utilizados para ações rápidas, sempre no formato de rapid learning, tendo como fonte o conhecimento intrínseco. Hoje, sua maior utilidade prática está na frequente atualização dos Planos de Ação, das orientações promocionais e no alinhamento de táticas padronizadas."

3. Casos de Sucesso do e-Learning no Brasil

Organização e Negócio

Fundado em 1863 na Alemanha, o Grupo Bayer consolidou-se como uma das mais importantes e respeitadas indústrias internacionais, oferecendo ao mercado uma ampla gama de produtos e serviços, que abrange os campos da saúde, agricultura e materiais inovadores.

Trata-se de uma empresa com atuação global nos setores de:

- Saúde (Divisão Bayer HealthCare).
- Agronegócios (Divisão Bayer CropScience) e
- Materiais Inovadores (Divisão Bayer MaterialScience).

Bayer HealthCare	Bayer CropScience	Bayer MaterialScience
Desenvolve, produz e comercializa produtos inovadores para prevenção, diagnóstico e tratamento de doenças humanas e animais.	Empresa líder no agronegócio brasileiro, nas áreas de defensivos agrícolas, tratamento de sementes e controle de pragas não agrícolas	É uma das maiores empresas de polímeros técnicos de alta qualidade e de soluções de sistemas inovadores.

A partir de produtos e serviços desenvolvidos com tecnologia avançada, a empresa contribui para melhorar a qualidade de vida da população mundial, criando valores a partir da inovação, crescimento e melhor produtividade.

No Brasil, sua trajetória começou há 114 anos, em 1896, quando dois consultores técnicos da Bayer desembarcaram no Rio de Janeiro com a missão de levantar as possibilidades comerciais da jovem República. Nesse mesmo ano foi fundada a primeira representante dos produtos Bayer no Brasil, a Walty Lindt & Cia.

A primeira firma de representação comercial própria da Bayer foi fundada em fevereiro de 1911. A Frederico Bayer & Cia., com sede no Rio de Janeiro, passou a responder por toda a distribuição dos produtos no país.

Desde a década de 30, as campanhas publicitárias da Bayer tornaram-se peças fundamentais e arrojadas, contribuindo de forma decisiva para o sucesso no mercado brasileiro. Notável publicitário e poeta, Bastos Tigre criou em 1922 um dos slogans mais conhecidos da propaganda brasileira: "Se é Bayer, é bom", mensagem que atravessou gerações de brasileiros e é usada até os dias de hoje no Brasil e em países de idioma espanhol: "Si es Bayer, es bueno".

O crescimento da empresa sempre foi constante, tornando-se uma das mais expressivas indústrias alemãs no Brasil. Com mais de 3.500 colaboradores em todo o País, a empresa está entre as dez maiores operações do Grupo Bayer no mundo e tem duas importantes fábricas localizadas em São Paulo (SP), cidade onde também está a sede da Empresa no País, e Belford Roxo (RJ).

Em Belford Roxo – Baixada Fluminense (RJ) –, a unidade foi inaugurada em junho de 1958, dando origem ao moderno Parque Industrial da Bayer de hoje, ocupando 1,9 milhão de m². Quanto à sede administrativa do Grupo Bayer no Brasil, desde o ano de 1973 está localizada no bairro de Socorro, na capital paulista.

Especificamente no seu segmento farmacêutico, o Grupo Bayer marcou o ano de 2006 com um forte gerenciamento estratégico de portfólio, através da compra mundial da Schering AG, por 17 bilhões de euros – a maior aquisição da história do Grupo Bayer.

Líder absoluta no segmento de anticoncepcionais, a Bayer Schering Pharma (braço farmacêutico da Divisão Bayer HealthCare) tem no Brasil uma de suas principais fábricas: a unidade Cancioneiro. Especializada na produção de medicamentos hormonais sólidos (comprimidos e drágeas), nesta unidade são fabricados pílulas anticoncepcionais e medicamentos para reposição hormonal e para câncer de próstata.

Localizada em São Paulo (SP), no bairro de Santo Amaro, e inaugurada em 1959, a planta é a segunda maior fábrica de medicamentos hormonais sólidos do Grupo Bayer no mundo, ficando atrás apenas da unidade localizada na Alemanha. A unidade Cancioneiro também está entre as seis fábricas mais importantes e estratégicas mundialmente para a Bayer Schering Pharma, sendo a única localizada fora do continente europeu. Além de abastecer o mercado brasileiro, é um importante polo exportador de medicamentos, tendo em sua lista de destino mais de 30 países nas regiões América Latina e Ásia.

3. Casos de Sucesso do e-Learning no Brasil

Sumário do Caso

Hoje, a Bayer Schering Pharma ocupa posições de liderança nacional e/ou mundial em diversos segmentos do mercado farmacêutico, destacando-se especialmente no segmento de contracepção hormonal, onde se tornou referência, devido a seu alto nível de atualização científica e de inovação tecnológica.

Entretanto, o surgimento e a evolução do Treinamento Eletrônico na subsidiária brasileira da Bayer Schering Pharma se iniciaram ainda na então Schering do Brasil, poucos antes da fusão mundial com a Área Farmacêutica do Grupo Bayer.

Desde meados de 2004, já com uma força de vendas composta por centenas de colaboradores espalhados pelo Brasil, foi constatada a necessidade da adoção de um programa de treinamento a distância, capaz de permitir atualização constante a todo um contingente de representantes de vendas distribuídos por uma grande extensão geográfica do país. Mas, não apenas o número de pessoas e as distâncias eram percebidos como dificultadores de treinamentos presenciais. Também a abrangência de segmentos e mercados, já naquela época trabalhados por uma estrutura de cinco distintas Unidades de Negócio, exigia alternativas de treinamentos mais customizados e comunicação estratégica mais ágil.

Nesse contexto, o ano de 2005 foi um marco na história do treinamento eletrônico na atual estrutura da Bayer Schering Pharma. Naquele ano, por iniciativa e dedicação do Setor de Treinamento de Vendas, foi idealizado e construído o Programa Navegando pelo Conhecimento, um portal de informações e conteúdos eletrônicos de desenvolvimento técnico e comportamental, disponibilizados à então Força de Vendas Schering do Brasil. Durante este período, foram criteriosamente analisadas as melhores práticas de implementação e gestão de e-Learning em todo o país. Ainda como parte do benchmark com outras empresas já mais experientes no gerenciamento de treinamentos eletrônicos, foram avaliadas todas as plataformas de conteúdo disponíveis no mercado, optando-se inicialmente por uma delas: o MPLS2.

Em paralelo à viabilização de ferramentas e detalhes técnicos, o Setor de Treinamento de Vendas buscou o envolvimento e o comprometimento de outras áreas da empresa que, de alguma forma, poderiam apoiar e validar o projeto. Também nesta fase foi iniciado o levantamento das necessidades de cada uma das Unidades de Negócio, já reconhecidas como os futuros clientes do Programa.

Parte importante desta fase do projeto foi sua validação tecnológica e financeira, através dos Departamentos de TI e Segurança de Sistemas, além de Controlling, Suprimentos, Unidades de Negócios etc.

O alto investimento inicial, com a compra e configuração de centenas de notebooks, só poderia se justificar mediante um projeto muito bem qualificado e capaz de solidamente demonstrar retorno mensurável, não apenas em conhecimento e preparo da Força de Vendas, mas também em melhoria no fluxo de informações e comunicação, além de significar uma antecipação importante e estratégica, frente às tendências de mercado, já naquela época evidentes.

No final do ano de 2005, depois de concluída a implementação, foram realizados os primeiros testes da nova ferramenta, verificando facilidade de acesso e apresentação dos cursos. Em paralelo aos testes, foi desenvolvida uma sólida campanha de lançamento, incluindo a confecção de banners, teasers e matéria na revista interna.

O staff da organização já estava envolvido desde o início do projeto, mas agora era chegada a hora das apresentações oficiais do projeto finalizado. Desta forma, a Diretoria da Empresa e o time de gestores da Força de Vendas foram os primeiros a conhecer o Programa Navegando pelo Conhecimento, que, finalmente em março de 2006, foi oficialmente apresentado e lançado, pelo Setor de Treinamento de Vendas, à então Força de Vendas Schering do Brasil.

Em 2007, com a formação da Bayer Schering Pharma, houve a integração de colaboradores e de negócios, gerando uma empresa mundialmente muito mais forte e competitiva.

Devido ao fato de atuarem em mercados diferentes e complementares, diferentemente de outros processos de fusão, onde a tendência é de redução no quadro de colaboradores, o processo local de integração entre a Schering e o braço farmacêutico do Grupo Bayer gerou até mesmo uma ampliação no número de colaboradores da Força de Vendas.

Por motivos óbvios, isto provocou um importante impulso no Programa de Treinamento Eletrônico "Navegando pelo Conhecimento", que foi integralmente adotado pela nova estrutura Bayer Schering Pharma.

3. Casos de Sucesso do e-Learning no Brasil

Agora, maior e ainda mais representativo, o novo Setor de Treinamento Bayer Schering Pharma assume desafios proporcionais ao tamanho da nova empresa:

- Adequar toda a validação tecnológica ao padrão e aos parâmetros de TI e Segurança de Sistemas da nova estrutura, uma vez que a Bayer Schering Pharma é parte do Grupo Bayer, com rede própria e já estabelecida mundialmente.
- Defender o investimento adicional de equipamentos, acesso e estrutura para um grupo de quase 200 colaboradores Bayer que se somaram aos mais de 300 da Schering, formando a Força de Vendas Bayer Schering Pharma, já com mais de 500 colaboradores.
- Treinar o acesso e construir conteúdos dedicados aos colaboradores que só agora passavam a ter acesso a esta alternativa de treinamento a distância.

Mais uma vez, a postura visionária e estratégica adotada pela Diretoria da Empresa, somada aos esforços e à dedicação de todo um grupo de integração, permitiram que poucos meses após a formação da Bayer Schering Pharma todos os seus colaboradores da Força de Vendas estivessem integrados no Programa Navegando pelo Conhecimento e plenamente alinhados em termos de acesso, conteúdos e estrutura disponível para treinamento eletrônico.

O modelo adotado desde o início e até hoje vigente é o Web based, assíncrono, com cursos divididos em módulos com duração máxima de 2 horas e utilização do recurso de tutoria. De forma geral, os cursos estão categorizados em estratégicos, comportamentais e técnicos.

Os treinamentos estratégicos são utilizados para ações rápidas, sempre no formato de rapid learning, tendo como fonte o conhecimento intrínseco. Hoje, sua maior utilidade prática está na frequente atualização dos Planos de Ação, das orientações promocionais e no alinhamento de táticas padronizadas.

Para o desenvolvimento e tutoria de cursos técnicos geralmente é utilizado o conhecimento interno da corporação, isto é, colaboradores que detêm este conhecimento são convidados a participar da elaboração dos conteúdos e a serem tutores. Isto proporciona o engajamento no Programa de pessoas e áreas distintas, além de distribuir este conhecimento, missão maior do Setor de Treinamento de Vendas.

Horas acumuladas de cursos produzidas e disponíveis através do Portal "Navegando pelo Conhecimento"

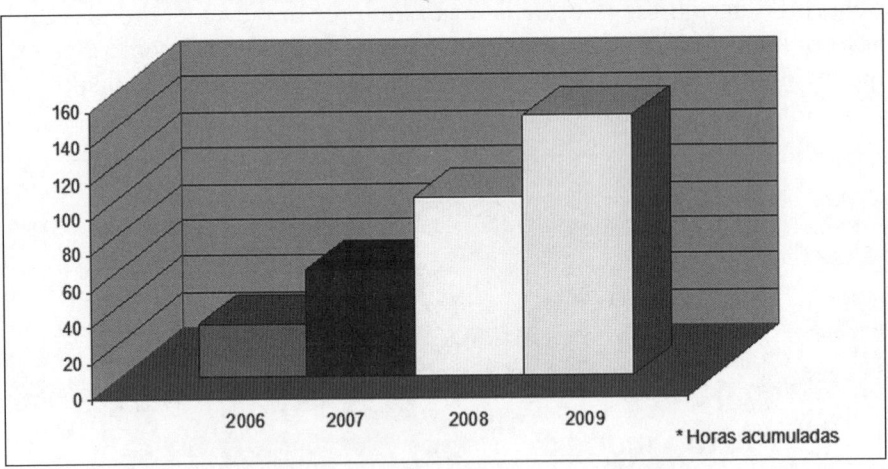

*Horas acumuladas

Já para os cursos comportamentais, firmou-se uma parceria com uma reconhecida instituição de ensino superior, que fornece os conteúdos e tutoria, mas mesmo assim envolvemos colaboradores na validação e customização deste material. Além desta parceria, frequentemente buscamos o mercado de treinamentos eletrônicos, na intenção de sempre oferecer novos temas e novas alternativas de aprimoramento profissional.

Diante de todo este universo de possibilidades de treinamento a distância, disponível à Força de Vendas Bayer Schering Pharma, outras áreas de Negócios do Grupo Bayer também foram convidadas a conhecer e começaram a manifestar interesse pelos conteúdos do Programa Navegando pelo Conhecimento e avaliar a viabilidade de adoção de programas semelhantes.

Expansão do Caso de Sucesso:

Uma vez concluído o processo de integração da Bayer Schering Pharma, no ano de 2007, pode-se afirmar que também estava concluída a fase de inclusão de todos os colaboradores das Forças de Vendas Bayer Schering Pharma no Portal "Navegando pelo Conhecimento", com aproximadamente 540 usuários inscritos.

Liderado pelo Setor de Treinamento de Vendas, o próximo passo de expansão do Programa foi ser apresentado à Área Consumer Care – linha de negócios responsável pelos medicamentos Bayer isentos de prescrição – uma vez que, além de prestar serviços de Treinamento de Vendas à Bayer Schering Pharma, o setor também se responsabiliza pelo Treinamento de Vendas da Área Consumer Care.

Desta forma, somaram-se mais 85 usuários. Em seguida, vieram mais e mais colaboradores: da INTENDIS – braço dermatológico da Bayer HealthCare, os Representantes de visitação a farmácias e os Key Accounts, fortalecendo a utilidade da ferramenta por todos os clientes de serviços de Treinamento de Vendas BSP.

Hoje, o programa "Navegando pelo Conhecimento" atinge mais de 700 usuários, abrangendo não só a Força de Vendas BSP, mas também outros colaboradores da Divisão Saúde do Grupo Bayer, no Brasil e no exterior.

Os números do programa, após completados 5 anos de atividade, demonstram aproximadamente 18.000 horas de treinamento aplicadas com uma média de 145 horas de cursos produzidos e índices de conclusão e aprovação de 96%, 2% de abandono e 2% de não acesso e 4% de reprovação. (Obs.: Vale comentar que sempre que um colaborador é reprovado em algum curso a ele designado, este é convidado a refazê-los de tal forma que o índice de reprovação em cursos concluídos se torna praticamente nulo.)

Francisco Antonio Soeltl

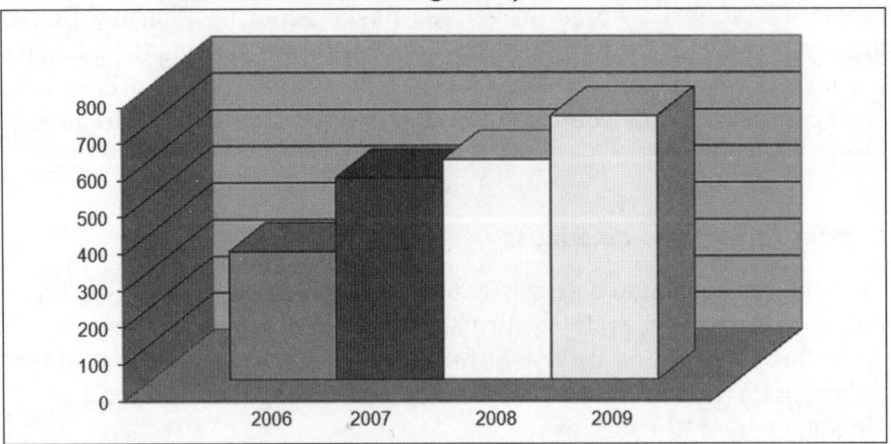

Usuários do Portal "Navegando pelo Conhecimento"

[Gráfico de barras mostrando usuários de 2006 a 2009, com valores aproximados: 2006 ≈ 400, 2007 ≈ 600, 2008 ≈ 650, 2009 ≈ 780]

Entretanto, a maior expansão do Programa de Treinamento a Distância dentro do Grupo Bayer foi protagonizada pela Divisão Bayer CropScience – ramo agrícola do Grupo Bayer, responsável por mais de 50% do faturamento do Grupo Bayer no Brasil. Líder em vários segmentos do mercado de insumos agrícolas no Brasil e no mundo, a Bayer CropScience utiliza uma extensa rede de Representantes Técnicos de Vendas, em sua maioria agrônomos, distribuídos por todo o país, especialmente nas regiões menos urbanas e de mais expressiva produção de culturas como soja, algodão, milho etc.

O benefício do Treinamento Eletrônico, garantindo o mais alto preparo de centenas de Representantes Técnicos, foi rapidamente percebido e adotado pela Diretoria de Operações da Divisão CropScience, de forma que lá foi implementado um Portal de Treinamento exclusivo, denominado "Aprenda.com".

Desta forma, se explicita o foco da empresa na valorização e no desenvolvimento dos seus colaboradores, inspirando a cultura da alta performance (maximização dos resultados) e facilitando o acesso a informações e conhecimento.

Ainda dentro do Grupo Bayer Brasil, o conceito de Treinamento Eletrônico se expandiu para além das necessidades óbvias do treinamento de Vendas e Capacitação Comercial, tão tipicamente cheios de demandas de treinamento a distância.

3. Casos de Sucesso do e-Learning no Brasil   147

Bayer CropScience
Aprenda.com
Programa de Capacitação
On line – e-Learning

Também a Área de Recursos Humanos vem aprimorando seu projeto de treinamento eletrônico, buscando, nas funcionalidades de um Portal de Treinamento e Desenvolvimento, uma alternativa concreta de acessibilidade a conteúdos de treinamento e informações reconhecidamente requisitadas por grande parte dos colaboradores do Grupo Bayer.

Igualmente influenciados pela boa experiência de Treinamento de Vendas BSP Brasil, também as coirmãs Bayer Schering Pharma dos demais países da América Latina decidiram recentemente pela implementação de programa de treinamento a distância semelhante e denominado Baytrainning:

Baytrainning
Innovar la Capacitación
Fomentar la Mejora Continua

Apesar de inovador na maioria absoluta dos demais países da América Latina, a Bayer Schering Pharma da Colômbia já contava com um programa de Treinamento a distância baseado em conteúdos eletrônicos. Entretanto, pela similaridade de plataforma, fornecedor internacional de sistema LMS e compatibilidade de conteúdos, o Programa "Baytraining" em fase adiantada de implementação em todos os países da América Latina é reconhecidamente inspirado no modelo brasileiro de Treinamento Eletrônico.

Manutenção do histórico de sucesso:

Periodicamente, as áreas de Treinamento de Vendas e Capacitação Comercial lançam novos cursos, adequados às necessidades de desenvolvimento do Grupo Bayer como um todo e de cada Unidade de Negócios em especial.

Para auxiliar o acompanhamento, bom aproveitamento e conclusão dos mais diferentes conteúdos produzidos e disponibilizados, optou-se corporativamente por brindar cada novo integrante dos Programas de e-Learning com um head-phone, visto que a maioria dos conteúdos é apoiada por recursos de locução e áudio.

Em termos de suporte tecnológico, optamos por trabalhar com uma interface intuitiva e de fácil navegação, de forma que o suporte pode ser realizado internamente e dividido em duas modalidades:

- Apoio quanto a navegação, senhas e acesso aos conteúdos = equipe de Treinamento de Vendas ou Capacitação Comercial.
- Apoio na resolução de problemas técnicos (VPN/acesso à Internet/software etc.) = help-desk corporativo de Informática.

Dentre os principais desafios de Treinamento de Vendas, compartilhado pelo modelo Bayer Schering Pharma e pelo Modelo Bayer CropScience, temos:

- Preparar as Forças de Vendas para o processo de vendas consultivas, embasadas em Técnica de Vendas.
- Capacitar tecnicamente estas Forças de Vendas, de forma a ampliar, de forma sustentável, os nossos mercados e garantir a rentabilidade esperada por nossos acionistas.
- Desafiar os gestores para que sejam desenvolvedores de suas equipes, fortalecendo o relacionamento customizado com os clientes.
- Desenvolver e consolidar o princípio Foco nas Necessidades do Cliente.

3. Casos de Sucesso do e-Learning no Brasil

O acesso aos conteúdos se faz através da Internet, de forma independente da conexão com a rede Bayer, o que favorece de forma importante a adesão aos conteúdos, mesmo por parte de colaboradores alocados em regiões mais distantes do país.

Em geral, os usuários podem acessar os conteúdos a qualquer momento e em qualquer lugar, preferencialmente através dos equipamentos Bayer, ou mesmo de seus computadores pessoais, se for essa a necessidade.

Outro fator importante na adesão aos Treinamentos Eletrônicos é a flexibilidade de horários, permitindo iniciar, interromper e/ou reiniciar os conteúdos de acordo com a disponibilidade de tempo de cada usuário.

Um dos pontos fortes dos Programas de e-Learning recentemente adotados no Grupo Bayer é seu total alinhamento com o princípio do autodesenvolvimento, competência importante e exigida de todos os seu colaboradores, através:

- do reconhecimento das próprias forças e necessidades de desenvolvimento;
- do espontâneo pedido de feedback e da tomada de medidas corretivas em resposta a este feedback;
- da busca e oferta de oportunidades para ampliação do conhecimento;
- do encorajamento de um ambiente onde as opiniões diferentes são expressas livremente e valorizadas;
- da reflexão sobre os sucessos e falhas, possibilitando o aprendizado a partir dos eventuais erros;
- e da criação de um ambiente de treinamento que otimiza o desempenho dos funcionários.

Indiretamente, através destes programas, o Grupo Bayer reforça ainda mais o estímulo à aceitação pessoal da responsabilidade pelo desenvolvimento próprio e dos outros, mostrando sincero interesse nas aspirações de carreiras e ajudando seus colaboradores a desenvolverem plenamente o seu potencial.

Métricas Quantitativas:

Cada Área de Negócios optou por utilizar métricas próprias para avaliar os resultados e o aproveitamento dos diversos conteúdos. De ma-

neira geral, todas as áreas tomam por base:
- Resultados quantitativos e qualitativos.
- Despesas × economias.
- Satisfação do cliente interno.
- Objetivos atingidos.
- Incremento do conhecimento (pré-teste e pós-teste).
- Aumento da performance da equipe comercial.

Para a Bayer Schering Pharma, a análise comparativa dos dados de mercado pré e pós realização de treinamentos e/ou cursos eletrônicos estratégicos, é utilizada como parâmetro de efetividade do investimento. Desta forma, observa-se o comportamento de mercado de produtos BSP – alvo de treinamentos eletrônicos – em relação à concorrência, tomando como referência: evolução de market-share, relatórios de auditoria etc.

Embora não seja possível afirmar que o desempenho mensurado está unicamente relacionado ao respectivo treinamento, sabe-se que parte do resultado certamente será consequência disto.

Outra métrica relevante e adotada em muitos dos cursos eletrônicos, é a pesquisa de reação, através de questionários qualitativos, aplicados esporadicamente aos usuários do sistema. Estes questionários são disponibilizados no portal de treinamento àqueles que concluíram cursos num determinado período, sendo as respostas de caráter voluntário e não identificadas, de forma a tornar o resultado o mais reprodutível possível.

Estes dados demonstraram um índice de satisfação bastante motivador aos idealizadores deste programa de Treinamento a distância:

- mais de 80 % dos elegíveis respondem voluntariamente ao questionário;
- ~82% é o índice de aprovação do Programa;
- 75% informam apreciar os treinamentos virtuais;
- mais de 90% dos usuários consideram que aprenderam algo novo e relevante.

Uma métrica inquestionável e valorizada pelos próprios usuários é a comparação entre as notas de pré-teste e pós-teste, aplicados em 100% dos treinamentos eletrônicos oferecidos. Através desta comparação, se permite verificar o incremento real de conhecimento para cada usuário e a cada treinamento finalizado. Considerando os inúmeros treinamentos já oferecidos, a nota média do pré-teste é por volta de 5 (50% de aproveitamento) e a nota média do pós-teste é próximo de 9 (90% de aproveitamento), indicando um incremento médio do conhecimento disponibilizado em quase 75%.

Resultados

Os cálculos de ROI para este tipo de treinamento não são muito óbvios, nem objetivos. Entretanto, cálculos conservadores realizados entre os anos de 2006 e 2007 – primeiros dois anos de implantação do Programa – nos levam a acreditar que o Programa Navegando pelo Conhecimento já representou uma economia aproximada relativa ao custo oportunidade de R$ 3.200.000,00, e saldo positivo na comparação treinamentos virtuais × treinamentos presenciais da ordem de R$ 4.200.000,00, considerando prováveis custos de viagens, hospedagens, infraestrutura de treinamentos presenciais etc.

Uma outra análise de retorno, talvez mais realista e adequada ao perfil dos Treinamentos Eletrônicos aplicados às Forças de Vendas da Bayer Schering Pharma, leva em consideração o princípio da complementaridade entre treinamentos eletrônicos e treinamentos presenciais. Ou seja, a produção e a disponibilização de conteúdos eletrônicos não substituem os treinamentos e reuniões presenciais, mas os otimizam, reduzindo a necessidade de tempo presencial em pelo menos 20%.

Seguindo esta linha de raciocínio, podemos inferir que a manutenção de um Portal de Treinamento Eletrônico gera, no mínimo, uma otimização de investimentos da ordem de pelo menos R$ 600.000,00 ao ano, considerando 20% de economia sobre um montante aproximado de R$ 3 milhões de investimento anual em Reuniões e Treinamentos Presenciais.

Futuro do Treinamento Eletrônico na Bayer Schering Pharma

À medida que a Bayer Schering Pharma e as demais áreas compradoras de serviços de Treinamento de Vendas, ampliam seus mercados, com crescimento de portfólio, aumento de Linhas de Produtos e contratação de novos colaboradores, crescem proporcionalmente a perspectiva e a necessidade de ampliação do programa.

Seja pelo aumento de demanda de conteúdos eletrônicos a serem oferecidos às Forças de Vendas, seja pela adoção – pela Área de Recursos Humanos – desta via de treinamentos comportamentais, cada vez mais voltados a todo o público interno e externo, o caminho de valorização e aumento nos investimentos em e-Learning é sem volta e inexorável.

Do ponto de vista tecnológico, a utilização cada vez mais presente da Internet de alta velocidade nos permite testar conteúdos eletrônicos ainda mais bem elaborados, com base em gráficos de alta definição, animações ilustrativas e até mesmo o uso de videoaulas segmentadas por temas. Por outro lado, com a adesão da Área de Recursos Humanos, também se torna possível o gerenciamento de competências, passo importante no processo de personalização ou individualização do programa de treinamento para cada usuário.

Outra tendência já iniciada em algumas unidades de negócios é a criação de um plano de incentivo, onde os usuários são premiados por sua performance no aprendizado e no cumprimento de seu programa individual de Treinamento Eletrônico. A experiência percebida nestas unidades de negócios é que o grau de adesão aos Treinamentos sobe a quase 100% e o nível de aproveitamento igualmente se incrementa a mais de 90% em média.

Depoimentos internos importantes

Dr. Roland Turck – Presidente da Bayer Schering Pharma na América Latina – opinião manifestada recentemente – início de 2010 – em vídeo, durante lançamento de um novo conteúdo eletrônico sobre o produto Mirena®:

"A Capacitação é um dos elementos-chave da nossa estratégia; queremos que nossa equipe esteja entre as mais bem treinadas de toda a Indústria.

e-Learning é o futuro da capacitação, pois nos dá a oportunidade de aprender da forma que se queira, em qualquer lugar e a qualquer tempo".

Serviços Financeiros:
Banco Bradesco - Acompanhando a Velocidade das Mudanças do Mercado

O Bradesco sempre buscou a liderança em tecnologia. "Considerada uma das empresas mais modernas do mundo no apontamento de tendências e na antecipação de serviços e produtos para seus clientes", o Bradesco foi "pioneiro nas operações de Internet Banking".

Não é, pois, surpresa que a tecnologia seja vista pelo Bradesco como "um dos pilares para alcançar a excelência na qualificação e desenvolvimento dos colaboradores". O sistema de e-Learning do banco, chamado de TreiNet, "visa a democratização no acesso, o nivelamento de conhecimento e a busca contínua do autodesenvolvimento". Ele "está disponível a todos os colaboradores indistintamente, por meio da Internet e da Intranet, e alguns cursos estão, também, abertos para Clientes que possuem Conta Universitária Bradesco e para Corretores da Bradesco Seguros e Previdência".

"Em uma organização com a abrangência geográfica do Bradesco e mais de 85 mil colaboradores, é imprescindível pensar numa rápida disseminação de conhecimentos, compatível com a velocidade das mudanças mercadológicas."

"Geralmente os conteúdos são elaborados pelo próprio Bradesco e levam em consideração os seguintes aspectos: necessidades específicas de aprendizagem na organização, objetivo a ser atingido, nível de complexidade do assunto e os conhecimentos prévios do público-alvo", permitindo que o conhecimento chegue com velocidade, estimulando o autodesenvolvimento e o crescimento profissional de todos os colaboradores." Além disso, o TreiNet representa, também, economia de recursos em relação a ações presenciais.

Organização e Negócio

O Bradesco foi fundado em 1943, em Marília, no interior de São Paulo, com o nome de Banco Brasileiro de Descontos S.A. Ao contrário da tendência de mercado da época, na qual eram priorizados os grandes proprietários rurais, empresários e pessoas de posses, sua estratégia inicial consistia em atrair o pequeno comerciante, o funcionário público e as pessoas de poucos recursos, numa demonstração de seu esforço para a inclusão do maior número de brasileiros no mundo bancarizado.

Hoje, conta com ativos consolidados de R$ 50.623 bilhões e 50 milhões de clientes, dos quais mais de 20 milhões são correntistas, que acessam uma das maiores Redes de Atendimento do País, com 33.888 pontos, entre Agências, Banco Postal, Bradesco Expresso, Postos Bancários e Pontos Externos de Autoatendimento, além de 30.657 máquinas de Autoatendimento Bradesco Dia&Noite e 7.300 do Banco 24 Horas, tudo isso dando suporte a esta vasta Rede. O Banco Postal, parceria com os Correios, bem como o Bradesco Expresso, configura-se como um dos principais indutores da inclusão bancária e da democratização do crédito em todo o território nacional. A organização emprega, hoje, mais de 85 mil funcionários.

Focado no relacionamento, o Bradesco adotou, a partir de 2000, o processo de segmentação da rede, com o objetivo de proporcionar um atendimento diferenciado e melhor atender as especificidades e necessidades dos clientes. A segmentação possibilitou também dimensionar e direcionar operações para grupos de clientes organizados de acordo com seu perfil, nos seguintes segmentos: Varejo, Corporate, Prime, Private e Empresas.

Nesse tradicional, estratégico e prioritário campo de atuação, o esforço que o Banco empreende na democratização dos produtos e serviços bancários, alcançando o maior número possível de empresas e pessoas, em todas as regiões do País, inclusive nas de menor nível de desenvolvimento, faz convergirem os interesses da instituição e da sociedade brasileira.

Em sua longa trajetória, em nenhum momento o Bradesco perdeu de vista as legítimas expectativas dos seus acionistas e investidores quanto aos resultados e nem a consciência de seu papel de agente do crescimento econômico do País, função que exerce, especialmente, pela democratização do atendimento e expansão do crédito, instrumento indispensável

3. Casos de Sucesso do e-Learning no Brasil

à dinamização de qualquer economia moderna. A força da Marca Bradesco será sempre sua maior vantagem competitiva.

Exerce papel ativo de entidade parceira do desenvolvimento socioeconômico brasileiro, promovendo a intermediação financeira e o fornecimento de produtos e serviços, de modo a atender às expectativas e interesses de clientes, acionistas, funcionários e do público em geral.

Dimensionada para atender com elevados padrões de eficiência e qualidade, a Rede de Atendimento da Organização Bradesco está presente em todo o território nacional e em diversas localidades no Exterior.

Em dezembro de 2009, o Bradesco inaugurou a primeira agência flutuante do mundo: uma unidade instalada dentro de um barco que percorre o Rio Solimões, no Amazonas, que atende uma população de 210 mil pessoas.

O banco foi indicado como a marca mais valiosa do Brasil pela Brand Analytics. No ranking elaborado em 2009 pelo Financial Times e outras companhias, o Bradesco aparece como a 98ª marca mais valiosa do mundo, com valor estimado de 6,57 bilhões de dólares, tornando-se a primeira companhia brasileira a integrar o ranking das cem mais valiosas marcas do mundo.

Foi eleita pelo Great Place to Work Institute (GPTW) como uma das cem melhores empresas para se trabalhar no Brasil.

O Bradesco é líder em tecnologia. Considerado uma das empresas mais modernas do mundo no apontamento de tendências e na antecipação de serviços e produtos para seus clientes, o Bradesco investiu 3,4 bilhões na área de tecnologia, em 2009. Pioneiro nas operações de Internet Banking, o Bradesco hoje oferece esse serviço também para deficientes visuais, solução que o levou a finalista no SmithSonian Awards, a mais importante premiação americana que aponta as empresas que melhor aplicam a Tecnologia da Informação em benefício da sociedade.

Neste contexto, a tecnologia é também um dos pilares para alcançar a excelência na qualificação e desenvolvimento dos colaboradores do Bradesco. O nosso e-Learning, nomeado de TreiNet, visa a democratização no acesso, o nivelamento de conhecimento e a busca contínua do autodesenvolvimento. Criado em janeiro de 2000, o TreiNet ocupa hoje uma posição de destaque dentro do processo educacional dos colaboradores da organização, devido à sua acessibilidade, uma vez que está disponível a todos os colaboradores indistintamente, por meio da Internet e da Intranet. Estão disponíveis, ainda, alguns cursos do TreiNet para clientes que possuem Conta Universitária Bradesco e para Corretores da Bradesco Seguros e Previdência, que comercializam os produtos de seguros da organização.

Sumário do Caso

Em uma organização com a abrangência geográfica do Bradesco e mais de 85 mil colaboradores, é imprescindível pensar em processos de formação, capacitação e desenvolvimento que visam à rápida disseminação de conhecimentos, compatível com a velocidade das mudanças mercadológicas. Nesse contexto, o objetivo do treinamento por meio do TreiNet torna-se totalmente evidenciado, pois sua base de construção é a da disponibilidade, que significa oferecer o conhecimento de fácil uso e acesso para que os colaboradores realizem a aprendizagem a qualquer hora e em qualquer lugar do país. Os cursos são apresentados em um amplo catálogo, com os mais diversos conteúdos, contendo informações de formação, capacitação e desenvolvimento profissional e pessoal, alinhados às estratégias organizacionais e cumprindo um papel complementar na formação educacional. Geralmente os conteúdos são elaborados pelo próprio Bradesco e levam em consideração os seguintes aspectos: necessidades específicas de aprendizagem na organização, objetivo a ser atingido, nível de complexidade do assunto e os conhecimentos prévios do público-alvo, permitindo que o conhecimento chegue com velocidade, estimulando o autodesenvolvimento e o crescimento profissional de todos os colaboradores. Os cursos atendem as necessidades de cada aluno, levando uniformidade e respeitando as características individuais de aprendizagem. Além disso, o TreiNet permite o nivelamento dos conhecimentos, para participações dos treinandos em outros cursos, inclusive presenciais.

Métricas Quantitativas

Os investimentos em ações de educação aos colaboradores da organização são crescentes a cada exercício (Figura 3.1) e demonstram a importância conferida à qualificação da equipe como diferencial para o

3. Casos de Sucesso do e-Learning no Brasil

sucesso de seus resultados. Entre outros, estes aspectos fazem do Bradesco um banco presente em 100% das cidades brasileiras, que respeita o cliente, demonstra suas diversas ações com transparência e credibilidade, refletindo o valor agregado de ser uma das empresas brasileiras que mais investem na capacitação do seu pessoal.

	2007	2008	2009
Recursos Investidos R$	75 milhões	91 milhões	86,8 milhões
Média por Funcionário em R$	870	1.023	952
Nº de Participações	1.021.153	1.537.946	2.016.868
Nº de Participações por Funcionário	12	17	23
Horas / Participações por Funcionário	105	156	163
Cursos Aplicados	1.967	2.064	2.089

Para o ano de 2010, foi disponibilizado orçamento de R$ 108,2 milhões.

Figura 3.1 — Investimentos em ações de treinamento

Dentre os indicadores de resultados alcançados, podemos mencionar alguns destaques:

Incorporação de 19 instituições nos últimos anos

- Objetivo: Uniformizar o conhecimento em produtos, processos, rotinas e valores.
- Ação: Utilizar o TreiNet explorando suas vantagens (abrangência, flexibilidade, atratividade e amplitude), para a rápida integração dos colaboradores incorporados ao Bradesco.

Implantação da ferramenta SAP

- Objetivo: Qualificar os funcionários em 27 cursos relativos à utilização da ferramenta, num período de 3 meses, sendo 10 cursos para todos os funcionários da organização, 10 para Gestores e 7 de áreas específicas.

- Ação: Utilizar o TreiNet como meio de agilizar esse preparo, considerando o curto espaço de tempo. Essa ação resultou em 649 mil participações.

Certificação em Produtos de Investimentos (Anbid CPA10 e CPA20)

- Objetivo: Certificar todos os profissionais do Bradesco que comercializam Produtos de Investimentos, em 4 anos.
- Ação: Associar a metodologia de treinamento a distância com aulas presenciais. Essa ação já viabilizou o preparo e a certificação de mais de 15.800 profissionais e continua a ser aplicada.

Controles Internos e Compliance (Resolução 2554 – BACEN) e Prevenção à Lavagem de Dinheiro (Circular 2852 – BACEN)

- Objetivo: Capacitar e manter atualizados todos os funcionários da organização nos referidos temas, em concordância com as exigências legais.
- Ação: Utilizar o TreiNet, disponibilizando os assuntos de forma atrativa e de fácil entendimento, mantendo o quadro de funcionários da organização constantemente atualizado sobre os temas, essenciais para as instituições financeiras.

Destacamos, ainda, que o TreiNet recebeu o Prêmio e-Learning Brasil 2006 na categoria "Corporativa Diamond", o que reforça que os recursos de aprendizagem oferecidos pela ferramenta possibilitam a disseminação de novos conhecimentos de maneira indistinta, tornando-se um diferencial para os funcionários que, além de atender aos interesses da organização, podem planejar suas ações de aprendizagem de acordo com suas necessidades, respeitando as características individuais.

Desafio da Razão

Para estimular os funcionários do Banco a entender e assimilar as 120 Razões para ser cliente completo, foi criado o Desafio da Razão, um programa de capacitação desenvolvido em 3 fases e que envolveu, na primeira etapa, todos os funcionários do Banco, com o objetivo de auxiliá-los na conquista dos 2,5 milhões de novos clientes, por meio de atuação éti-

3. Casos de Sucesso do e-Learning no Brasil

ca, transparente e de qualidade no atendimento, que refletem o posicionamento da nossa organização na busca constante do aprimoramento dos nossos produtos e serviços.

Esse grande programa foi desenvolvido por meio do TreiNet, com questões ligadas às 120 Razões, além de outras de caráter corporativo, envolvendo 44.000 profissionais na 1ª fase e 3.059 funcionários na 2ª fase, classificados pelo maior número de acertos às questões respondidas, no menor tempo.

O desafio encerrou com a 3ª e decisiva fase, que classificou os 50 profissionais que mais se destacaram nas etapas anteriores e tiveram a oportunidade de demonstrar todo o seu conhecimento e habilidade numa disputa presencial, na Cidade de Deus, em Osasco – SP.

Desafio do Planeta

Com o objetivo de disseminar a cultura de Sustentabilidade entre todos os funcionários da organização, foi lançado em setembro/2008 o Desafio do Planeta. Esta iniciativa visou a conscientização dos profissionais para este importante tema, propiciando a assimilação de uma conduta sustentável em todas as suas atitudes do dia a dia, além de divulgar o posicionamento da organização em relação ao assunto. O Desafio do Planeta foi uma competição educativa, com fases eliminatórias, privilegiando o conhecimento adquirido pelos profissionais, disponibilizados em diversas fontes de estudo. A primeira fase aconteceu por meio do TreiNet e nesta etapa 67.462 funcionários responderam um questionário com 20 perguntas. Foram classificados para a segunda fase 4.506 funcionários. Esses também responderam pelo TreiNet um questionário com novas 20 questões. Para a final do evento foram classificados 20 funcionários que participaram presencialmente de um evento na Cidade de Deus.

Ação Presença

Trata-se de uma ação de endomarketing e de Treinamento para engajamento e formação dos colaboradores da Organização Bradesco, com o objetivo de treinar os colaboradores de forma diferenciada e interativa, reconhecendo aqueles que mais se destacaram, despertando neles atitudes de presença baseadas nos 4 pilares, que são: comprometimento, agilidade, proximidade e ética. O programa foi dividido em 3 fases. Na 1ª fase 74.231 colaboradores fizeram o cadastramento por meio de um telefone 0800. Na 2ª fase o funcionário durante 4 semanas ligou para o telefone 0800 e escutou os boletins sobre os 4 temas dos pilares. A média de participação nesta etapa foi de 52.000 colaboradores. Na 3ª fase foi disponibilizado por meio do TreiNet um QUIZ onde o funcionário respondeu em tempo determinado 20 perguntas. Nesta etapa 55.618 colaboradores participaram.

Para a final do evento foram classificados 50 funcionários que participaram presencialmente da premiação com toda a Diretoria Executiva na Cidade de Deus.

Resultados

Os investimentos para a concretização do projeto de e-Learning no Bradesco, passaram por uma ampla análise de viabilidade de ferramentas, que pudessem sustentar sua abrangência.

Seus investimentos envolvem a aquisição e manutenção do gerenciador, do servidor de armazenamento de dados (que fica instalado no mesmo ambiente de negócios do Banco, monitorado 24 horas), além da aquisição, desenvolvimento e manutenção dos conteúdos de cursos.

Para o Bradesco, o TreiNet representa, também, economia de recursos. Os cursos disponibilizados online possuem um investimento bem menor, se comparados aos cursos ministrados presencialmente, por conta dos recursos logísticos envolvidos.

Exemplo deste retorno do investimento pode ser observado em um exercício realizado no ano de 2009: das mais de 1,3 milhão de participações no e-Learning, estimamos que por volta de 6% destas participações, caso não existisse o TreiNet, necessariamente seriam realizadas de forma presencial. Diante disso, calculamos uma economia de algo em torno de R$ 32 milhões, considerando as mesmas características de realização na forma presencial.

Lições Aprendidas e Melhores Práticas

Durante esses 10 anos de implementação e desenvolvimento do TreiNet, muitas evoluções foram implementadas, baseadas no aprendizado obtido no dia a dia desse processo. Dentre elas, destacamos:

Autonomia na inscrição de cursos

Todos os funcionários, nos diversos níveis hierárquicos, têm direito a realizar os treinamentos e sua inscrição é automática, ou seja, eles não precisam solicitar autorização para iniciar as aulas, bastando entrar no portal, se cadastrar e realizar um pré-teste para saber o nível em que se encontram. O site conta, inclusive, com um atendimento personalizado, no qual o aluno pode acompanhar sua situação, as fases que ainda faltam para o término do curso e o seu desempenho.

Cursos com alta interação

Um programa online não pode ser uma apostila eletrônica simplesmente. Deve ter simulações, exercícios, cases e compartilhamento de informações/conhecimentos, marcas registradas do TreiNet.

Envolvimento dos Gestores no desenvolvimento dos cursos

Desde o início do desenvolvimento dos cursos a distância procuramos envolver os Gestores da Rede de Agências, dos Departamentos e Empresas Ligadas nos cursos por eles solicitados. Ao longo dos anos fomos constatando a importância desse envolvimento dos gestores para a qualidade dos cursos produzidos e procuramos mediar e envolver áreas diferentes que possam colaborar com sua visão multidisciplinar e abordagens complementares. Nesse processo todos aprendem: os treinandos e também os gestores que se voltam para as necessidades de aprendizagem e aperfeiçoamento profissional dos funcionários.

Os cursos devem ter curta duração, permitindo a realização em menor tempo

Como parte do processo de aprendizagem, durante os anos de utilização do e-Learning na organização, aprimoramos o desenvolvimento dos conteúdos, tornando-os mais enxutos e simplificando as animações, estipulando limite máximo para o "peso" das telas, a fim de melhorar a performance para o usuário final, tornando-os mais atrativos e didáticos.

Alinhamento estratégico da grade de cursos por área de atuação

Apesar do livre acesso que o TreiNet propicia a todos os colaboradores da organização, o desenvolvimento e a disponibilização de conteúdos alinhados estrategicamente por área de atuação permitem que os profissionais tenham um maior direcionamento para o desenvolvimento das competências essenciais, fundamentais para o crescimento profissional e para o atingimento dos resultados organizacionais.

Foco na qualidade do aprendizado

As ações de estímulo e monitoramento dos cursos no TreiNet visam a privilegiar o aprendizado e a educação continuada, sendo que a quantidade de participações deve ser uma consequência do processo de autodesenvolvimento.

Acreditamos que o permanente investimento no estudo de novas metodologias instrucionais contribui efetivamente para que o Bradesco ofereça aos seus funcionários o que há de mais moderno em termos de e-Learning.

Conteúdos

1. Quando iniciamos o desenvolvimento dos e-Learning, em 2000, o custo era muito alto se comparados aos valores atuais, em função do número limitado de empresas desenvolvedoras. Nos últimos anos, com a maior concorrência entre as empresas no mercado e difusão da tecnologia, os valores decresceram sensivelmente. Observamos que os valores médios para desenvolvimento dos cursos on-line foram apenas reajustados monetária e gradativamente nos últimos anos, não havendo acréscimos significativos. Nossos cursos hoje têm uma média aproximada de 100 telas Web, variando o custo de desenvolvimento de acordo com a complexidade do assunto e recursos como animações, áudio, games, design em 3D e simulações.

2. Acompanhar e apoiar a realização dos cursos a distância pelos alunos, contribuindo para sua aprendizagem. Sanar dúvidas, confirmar se o conteúdo está aderente às necessidades dos alunos. Colher e encaminhar sugestões de melhoria nos cursos. Prestar apoio tecnológico aos alunos.

3. Observamos significativo acréscimo no número de cursos oferecidos e participações nos cursos e-Learning. Nos últimos 2 anos o formato Blended tem sido adotado cada vez mais, com vantagens para a composição de programas de treinamento focados no desenvolvimento de competências ou preparação para atuação em determinadas funções na empresa.

3. Casos de Sucesso do e-Learning no Brasil

Consideramos que a cultura de realização de cursos e-Learning está muito bem fundamentada em nossa empresa, dada a adesão em massa em todos os cursos lançados.

4. Disseminação do conhecimento.
   - Rapidez nas atualizações.
   - Atratividade.
   - Possibilidade de promover a interatividade.
   - Comodidade de horários e acessos para os alunos.
   - Respeito ao ritmo do aluno.
   - Otimização de recursos financeiros.
   - Os alunos retornam ao curso quantas vezes forem necessárias (conteúdo sempre disponível para consultas).
   - Desenvolvimento de competências como autonomia, auto-organização.

Tecnologia

1. O respaldo tecnológico ao projeto foi dado pelo setor de Tecnologia da Informação. Caracterizada pelo seu pioneirismo, essa área é um dos eixos estratégicos da Organização Bradesco. Nesse contexto de infraestrutura totalmente contingenciada, de elevado padrão tecnológico e orientada pelas melhores práticas internacionais, o TreiNet encontrou o domínio técnico, que lhe conferiu credibilidade, acessibilidade e modernidade. Toda essa estrutura centralizada nos servidores do Bradesco. Essas características estenderam-se a um portal exclusivo, ao catálogo geral de cursos personalizados e a um plano de aprendizagem que permite o gerenciamento da participação dos alunos nos cursos. Paralelamente, foram viabilizados um sistema de sonorização e uma apostila disponível para impressão, opções que favorecem a assimilação dos conteúdos apresentados.

   Como mencionado anteriormente, o TreiNet iniciou em janeiro de 2000 e o LMS (Learning Management System) utilizado foi o Universite, comercializado pela MHW, empresa que surgiu na incubadora da PUC-Rio.

Com a evolução do TreiNet e a descontinuidade da ferramenta Universite, o Bradesco resolveu trocar o LMS por algo que sustentasse o grande número de participações, que em 2004 já chegavam a 1.000 acessos simultâneos.

2. Em 2003 tivemos uma ótima experiência misturando as mídias de treinamento na Formação de Gerentes de Negócios. O objetivo era formar 3.000 profissionais no período de 1 ano.

    A ação foi usar o Blended Learning, associando a metodologia de treinamento a distância com aulas presenciais. Essa ação resultou em mais de 27.000 participações, em 9 cursos disponibilizados, nas duas mídias de treinamento, com resultados significativos para a organização.

3. Especificamente para o e-Learning, existe uma equipe para criação, manutenção e monitoramento dos cursos no TreiNet, com sistema de tutorial ativo. Para isso, conta diretamente com trinta funcionários dedicados ao processo, além do envolvimento de áreas de TI da própria organização, responsáveis pelo gerenciamento do sistema. A tutoria, conforme mencionado anteriormente, é responsável pelo acompanhamento e apoio à realização dos cursos a distância. Auxilia o participante nas dúvidas prestando apoio tecnológico.

Serviços

Para viabilizar todo o processo de treinamento, a Organização Bradesco conta com equipe especializada, numa estrutura especificamente voltada para a elaboração e aplicação de programas de capacitação e desenvolvimento, contribuindo para a consecução dos objetivos organizacionais.

O processo Gestão de Treinamento da Organização Bradesco, recebeu o certificado de Qualidade NBR ISO 9001:2000 em dezembro/2002 e foi recertificado em dezembro/2008, sendo renovado a cada período, garantindo a qualidade contínua nas ações educacionais.

Além dos profissionais da própria organização, o processo de educação corporativa conta com parcerias estratégicas com as principais instituições de ensino, tais como USP, Fipecafi, FGV entre outras, além de consultorias renomadas. Especificamente no e-Learning, a criação, manutenção e monitoramento dos cursos no TreiNet, com tutorial ativa, conta diretamente com 30 funcionários dedicados ao processo, além do envolvimento de áreas de TI da própria organização, responsáveis pelo gerenciamento do sistema.

Empresas Inteligentes

Falar em educação no Bradesco é, sem dúvida, nos reportarmos a um valor incorporado na organização desde a sua fundação. Presente em todo o território nacional e em diversas localidades no exterior, a capilaridade do Bradesco, com seus mais de 85 mil profissionais, reflete a importância do processo educacional, essencial para a estrutura organizacional, que tem como filosofia o aproveitamento dos talentos internos, em que os profissionais têm consciência de suas possibilidades de ascensão na carreira, norteada pelo preparo, desenvolvimento e comprometimento pessoal.

A crença no valor das pessoas e na capacidade de desenvolvimento de cada indivíduo é um dos valores declarados pela empresa, viabilizados por meio de um forte processo educacional que abrange todo o quadro de funcionários, em todas as posições e atividades desenvolvidas, buscando, por meio do total alinhamento estratégico, auxiliar as pessoas em seu autodesenvolvimento, incentivando-as à constante busca do aprimoramento.

Para a consecução do processo educacional, todas as mídias de aprendizado são utilizadas, sejam elas presenciais ou a distância (videotreinamentos, cartilhas, e-Learning), em que o diferencial está no esmero com que os programas são desenhados e desenvolvidos, garantindo o total alinhamento aos objetivos traçados.

Com relação ao e-Learning, passados 10 anos de sua implementação, o Bradesco já tem consolidada a cultura de cursos a distância. Superamos a fase inicial de implantação, divulgação e convencimento. O e-Learning é visto hoje, em nossa organização, incontestavelmente, como oportunidade de proporcionar conhecimento, informação e suporte ao trabalho com qualidade e velocidade.

O Bradesco encontra-se agora em uma nova fase de desafios em relação ao e-Learning. A maturidade nos mostra a necessidade de avançar nesse processo e utilizarmos mais eficientemente os recursos disponíveis e alçar voo em novos desafios: como a implementação de repositórios de conteúdos e a consolidação de uma eficiente arquitetura de aprendizado e sistemas de gestão do conhecimento, com o uso efetivo e integração de todos os recursos disponíveis.

A arquitetura de aprendizado e desempenho é definida por Rosenberg (2008) como a integração sistemática de abordagens, presenciais e a distância que facilitem a aprendizagem e o apoio para a realização do trabalho.

Na prática, a arquitetura de aprendizado e desempenho, tem-se mostrado um desafio na maioria das empresas, por vários motivos. Entre eles podemos citar a dificuldade em atender as inúmeras demandas de aprendizagem; a dificuldade de formalização, pois, como cita Rosenberg, o aprendizado vai além da sala de aula, daí a dificuldade de gerir todas as situações de aprendizagem; o desafio de mensurar os resultados da aprendizagem, pois envolve aplicação de conhecimentos e desenvolvimento de competências.

Na Organização Bradesco, outros dois fatores tornam ainda mais complexa a implementação, completa e abrangente, da arquitetura de aprendizagem e desempenho: o elevado número de funcionários e a variada gama de produtos, serviços e segmentos de atuação.

A arquitetura de aprendizagem e a gestão do conhecimento tornaram-se portanto um desafio estimulante na Organização Bradesco. Se por um lado temos um amplo campo de atuação, a existência de um número muito grande de produtos, serviços e demandas de aprendizagem (produtos de crédito, seguros, apoio às empresas, previdência, câmbio, segurança da informação, legislação etc.) dá a dimensão de uma arquitetura grandiosa.

Liderança para o Aprendizado e Ambiente de apoio ao desempenho profissional são ações essenciais a uma empresa como o Bradesco que optou pelo sistema de "carreira fechada" como estratégia de gerenciamento de seus Recursos Humanos. No Bradesco, o funcionário é admitido sem exigência de experiência anterior. A empresa investe na formação e no desenvolvimento pessoal e profissional dos funcionários, para o exercício de suas funções e para que possam galgar futuros cargos.

A gestão da mudança pode ser observada nos programas de ensino/aprendizagem promovidos pela Organização Bradesco, por sua preocupa-

3. Casos de Sucesso do e-Learning no Brasil

ção com a atualização sistemática e constante adaptação dos domínios de conteúdos, informações disponibilizadas nos cursos, bem como atualização das abordagens. Esse aprimoramento constante é essencial para uma organização como o Bradesco, que não mede esforços ou recursos para acompanhar os avanços tecnológicos e aprimorar, continuamente, os produtos, serviços e o atendimento prestado a seus cliente e usuários.

No Bradesco, há uma atualização constante nos cursos, presenciais e a distância, visando apoiar a implantação de novos processos de negócios, cumprir as novas exigências da legislação financeira e dos órgãos reguladores da atividade financeira. Adotamos também uma preocupação constante de atualizar as técnicas de gestão e liderança, acompanhando a evolução do mercado e das novas gerações.

No tocante à Comunicação, a Organização Bradesco desenvolveu vários meios de acesso, como a própria rede de atendimento, o Alô Bradesco, que é um canal direto do cliente com a organização, o Call Center, entre outros. Podemos destacar também os vários sites institucionais dirigidos ao público externo (clientes e usuários) e segmentados de maneira a melhor atender as necessidades dos usuários.

Para os funcionários, a comunicação é feita de maneira ágil e abrangente por meio da Intranet e publicações diárias e mensais. Na Intranet também é disponibilizado o acesso aos cursos a distância do Bradesco e a comunicação sobre novos lançamentos de cursos é realizada facilmente pela própria Intranet e utilizando demais meios de comunicação como correio eletrônico e divulgação nos informativos diários.

Podemos citar também a iniciativa do Bradesco em desenvolver um portal de acesso aos cursos, específico para a área de Seguros, chamado Universeg. Foi desenvolvido especialmente para atender parceiros de negócios. Um meio de comunicação adaptado e direcionado para Corretores de Seguros, com o objetivo de disponibilizar informações, cursos e desenvolver competências próprias ao grupo segurador.

Planejamento Futuro

A expectativa é manter, ampliar e aprimorar as estratégias que se mostraram eficientes e que foram construídas ao longo dos 10 anos de atuação do TreiNet no Bradesco. Tais estratégias foram descritas, anteriormente, neste documento, a exemplo da(o):

FRANCISCO ANTONIO SOELTL

- Autonomia na inscrição de cursos e informações automatizadas sobre o andamento de seus cursos.

- Prioridade no desenvolvimento de cursos de curta duração, ou divisão em temas sequenciais para facilitar a apreensão e o progresso nos assuntos, respeitando-se o ritmo de aprendizagem dos alunos.

- Alinhamento estratégico da grade de cursos por área de atuação. O objetivo é o direcionamento para o desenvolvimento de competências essenciais às respectivas funções. Aspecto esse que é replanejado, constantemente, de maneira a acompanhar as exigências de mercado ou apoiar a implementação de novos projetos organizacionais. Tal medida é essencial, pois o Bradesco não mede esforços para aprimorar constantemente seus produtos, serviços e processos, visando a qualidade no atendimento e satisfação de nossos clientes e usuários.

- Foco na qualidade do aprendizado: a preocupação com a qualidade do aprendizado sempre foi uma constante nas estratégias de ensino promovidas pela Organização Bradesco, seja nas modalidades presencial ou a distância. Os crescentes investimentos financeiros, a preocupação com a evolução tecnológica do LMS, bem como o envolvimento de todas as áreas da organização nas estratégias de treinamento comprovam o foco na busca da eficácia do ensino/aprendizagem.

- Prioridade para cursos com alta interação: a possibilidade de tornar o e-Learning mais interativo vem se ampliando com a expansão dos recursos tecnológicos. Para promover a interatividade e um maior envolvimento dos treinandos com os cursos a distância, no Bradesco procuramos utilizar recursos como jogos, simulações, exercícios e cases. Outras estratégias como o uso de metáforas, ilustrações, esquemas representativos e linguagem textual adaptada também são utilizadas com essa finalidade.

Também temos a preocupação de customizar os assuntos à realidade do Bradesco, trazendo para os cursos situações do dia a dia do trabalho para reflexão e tomada de decisão. A contextualização tende a favorecer o envolvimento dos alunos com os cursos.

3. Casos de Sucesso do e-Learning no Brasil

Temos o objetivo de ampliar cada vez mais a interatividade nos cursos a distância, utilizando para isso os recursos já adotados até o momento e por meio da adoção de recursos tecnológicos mais recentes, como as ilustrações em 3D, programações mais ágeis e eficientes.

Projetos:

- Atividades Colaborativas: O compartilhamento de informações/conhecimentos e o incentivo para a troca de experiências são uma constante em nossos cursos presenciais.

  Para os cursos a distância necessitamos de aprimoramento com relação às atividades assíncronas (aquelas que não são realizadas em tempo real) e também no gerenciamento do grande número de informações sobre os cursos e dados dos treinandos.

  Temos planos, para médio e longo prazos, relacionados à implementação de novos recursos no LMS (Learning Management System), como fórum, chat, wikis e atividades pedagógicas programadas, dirigidas a grupos específicos predefinidos. O elevado número de participações dificulta o desenvolvimento de atividade colaborativa envolvendo todos ao mesmo tempo. Mas se planejada e com monitoria técnica, poderemos desenvolver atividades colaborativas e aproveitar melhor o potencial disponível dos nossos cursos a distância disponibilizados no catálogo.

- Ampliação do número dos cursos e desenvolvimento de atividades de videoconferências: Com a cultura instalada na organização da eficiência dos cursos a distância, a demanda por novos cursos tem aumentado em todas as áreas da Organização Bradesco. O TreiNet consolidou-se como uma mídia veloz, eficiente e atualizável para difundir informações e conhecimentos. A expectativa é ampliarmos o número de cursos, especialmente cursos de curta duração e rapid learnings.

  Outra vertente promissora é o incremento de atividades de videoconferências e comunidades virtuais como recursos para troca de informações, experiências e recursos de ensino/aprendizagem.

- Repositórios de conteúdo: O crescente número de cursos tem exigido a composição de instrumentos para a gestão das informações disponíveis em e-Learning. Temos planos de elaborar um repositório de conteúdos, ao modo de índice remissivo de objetos de aprendizagem, com a finalidade de facilitar as atualizações dos temas, indicações de cursos, ou referências quando da combinação ou desenvolvimento de novos títulos.

- Expansão do Blended: O formato Blended tem um grande potencial, por juntar as vantagens do ensino presencial e as do ensino a distância, em combinações apropriadas para desenvolvimento de competências nas mais diversas funções. A gestão do conhecimento em atividades de planejamento educacional mostra-se irreversível e com tendência a crescer cada vez mais na Organização Bradesco, com a possibilidade de minimizar custos e maximizar resultados.

- Permanente capacitação e desenvolvimento da equipe: Acreditamos que o permanente investimento no estudo de novas metodologias instrucionais contribui efetivamente para que o Bradesco ofereça aos seus funcionários o que há de mais moderno em termos de e-Learning. Por isso o investimento constante do Bradesco na capacitação e desenvolvimento de sua equipe de e-Learning, promovendo cursos de especialização em Web Design, Web Developer, Design Instrucional, entre outros. O objetivo organizacional é ampliar cada vez mais essa capacitação profissional.

- Ampliação do público-alvo: Planos para destinação dos cursos a distância para outros públicos, além dos funcionários, como clientes e empresas fornecedoras e parceiros.

Contribuição Social

A trajetória de sucesso da Organização Bradesco sustenta-se em sólidas convicções como a ética empresarial, a valorização de seus colaboradores e o foco no desenvolvimento sustentável.

Para alinhar as condutas e decisões profissionais, o Bradesco desenvolveu Códigos de Conduta Ética que detalham os valores e princípios que devem ser considerados por aqueles que representam a organização.

A primeira versão do Código foi desenvolvia em 2003, com o apoio do Conselho de Administração. E, complementando as diretrizes, também foram instituídos os Códigos de Conduta Setoriais, com a finalidade de enfatizar alguns princípios e definir as responsabilidades e a postura

3. Casos de Sucesso do e-Learning no Brasil

que devem pautar a atuação dos profissionais em atividades específicas dentro da Organização Bradesco.

Hoje, temos em nossa organização quatro Códigos de Conduta Ética Setoriais em vigência:

- Código de Conduta Ética Setorial do Profissional das Áreas de Administração Contábil e Financeira.
- Código de Conduta Ética Setorial do Profissional de Compras.
- Código de Conduta Ética Setorial do Profissional de Mercado Financeiro e de Capitais.
- Código de Conduta Ética Setorial do Grupo Bradesco de Seguros e Previdência.

Desde sua fundação, em 1943, o Bradesco tem demonstrado, na prática, que a responsabilidade socioambiental é um de seus principais valores corporativos. Tendo se tornado, hoje, uma das mais ativas corporações impulsionadoras do crescimento econômico do País.

A Organização Bradesco demonstra seu compromisso ao atuar em três dimensões integradas da sustentabilidade: a econômica, a social e a ambiental.

O Bradesco demonstra seu compromisso em suas várias iniciativas que visam financiar o desenvolvimento, democratizar e expandir o crédito. Desenvolveu diversas linhas de financiamento e produtos associados a projetos sustentáveis ou que repassam parte de seus rendimentos para projetos como o SOS Mata Atlântica ou entidades filantrópicas como a APAE, a AACD, entre outros.

A conduta responsável da organização também pode ser vista em suas diversas ações de cidadania, a exemplo da Fundação Bradesco, que desde 1956 oferece ensino formal gratuito e de qualidade, além de projetos de formação para o trabalho, inclusão digital e apoio à educação pública.

No âmbito do ensino a distância, podemos citar o portal Escola Virtual, desenvolvido e mantido pela Fundação Bradesco, que oferece cursos a distância e também semipresenciais, para segmentos de educação básica, profissionalizante e de educação de jovens e adultos. O portal da Escola Virtual fica à disposição de alunos, ex-alunos, educadores, comunidade e desempregados que desejem obter uma nova especialização ou se requalificar para o trabalho.

Tem capacidade para atender até 150 mil alunos e foi desenvolvido a partir de um conceito de mediação pedagógica que valoriza a interação e a colaboração dos alunos por meio de ferramentas síncronas e assíncronas, com gerenciamento de campus virtual, conferência on-line, exercícios on-line, chat e fórum.

Atualmente (março/2010), estão disponíveis diversos cursos das áreas: comportamental, tecnologia da informação e de formação continuada de profissionais da educação. Cursos como Matemática Financeira, Postura e Imagem Profissional, Dicas e Testes na Seleção, Economia de Energia, Cursos de informática como Word, Excel, Aplicativos como HTML, JavaScript, Lógica Orientada a Objetos, entre vários títulos.

O Portal da Escola Virtual também oferece suporte ao Projeto "Intel Educação para o Futuro" como espaço virtual de comunicação e colaboração entre os participantes do projeto, voltado à formação de profissionais da educação para o uso da tecnologia.

Depoimentos

A Organização Bradesco sempre investiu e acreditou no desenvolvimento e no aprimoramento das competências de seus colaboradores. Com os avanços tecnológicos dos últimos anos, as metodologias de treinamento também foram repensadas de forma a acompanhar as exigências de um mercado cada vez mais competitivo. Nesse sentido, o TreiNet (o e-Learning no Bradesco) contribui de forma estratégica para mantermos os nossos colaboradores preparados e atualizados, estimulando suas aptidões técnicas e comportamentais.

José Luiz Acar Pedro

O Bradesco adota historicamente uma política de "carreira fechada", proporcionando oportunidades de crescimento a todos os colaboradores. Nesse sentido, sempre garantiu uma atenção especial ao treinamento e ao desenvolvimento dos mesmos.

FRANCISCO ANTONIO SOELTL

3. Casos de Sucesso do e-Learning no Brasil

Além disso, considerando a extensão geográfica do nosso país e por estarmos presentes em todos os municípios do Brasil, tornou-se imperativa a utilização de meios eficientes e rápidos para chegar a todos os colaboradores, on-de quer que estivessem. Com isso, em janeiro de 2000 foi implantado o TreiNet (o e-Learning do Bradesco), que é o treinamento utilizando a Internet/Intranet, passando a ampliar ainda mais as oportunidades de desenvolvimento e capacitação, contribuindo assim para a expansão do conhecimento e o crescimento de cada um dos colaboradores, aspectos fundamentais para a nossa organização.
Milton Matsumoto

Tendo participado desde a sua implantação, acompanhei o imenso efeito positivo que o TreiNet gerou em todos os funcionários e alcançou a todas as áreas e empresas da Organização Bradesco. Provou a todos que havia uma nova forma de conquistar novos conhecimentos, sempre e em todos os lugares, segundo a sua disponibilidade de tempo. Mais ainda, que sempre há muito por conquistar, pessoal, profissional e socialmente. Trouxe ao Bradesco a certeza da existência de uma forma mais ágil, intensa e democrática de sensibilizar, qualificar e desenvolver uma imensa família, espraiada por todos os municípios de um país tão extenso quanto o Brasil. O TreiNet também ajuda o Bradesco a ser uma marca mais valiosa, reconhecida, e que supera a cada dia os recordes de qualidade, tanto de seus produtos, serviços e atendimento, quanto de seu grandioso e qualificado quadro de colaboradores.
Júlio Alves Marques

Como uma das grandes instituições do país, o Bradesco tem responsabilidade e compromisso por garantir que os nossos colaboradores estejam preparados para oferecer o melhor serviço, o melhor produto, o melhor atendimento aos clientes.

Por isso, o desafio está em ter pessoas altamente qualificadas, motivadas e sempre dispostas a crescer, como pessoas e como colaboradoras de uma organização que está presente em todo o território nacional.

Para isso, contamos com uma estrutura de desenvolvimento de pessoas que procura estar à frente da realidade visível. Utilizamos todos os recursos possíveis para estimular a busca do conhecimento, de modo que todos tenham a oportunidade de adquirir novas competências no ambiente organizacional. O TreiNet, sem dúvida, é o principal instrumento disseminador desta estratégia corporativa de capacitação que está cada vez mais voltada para a educação e o desenvolvimento, vinculada à ampliação das potencialidades individuais e movimentos estratégicos do mercado.

Glaucimar Peticov

Serviços Públicos:
Sabesp — O Formal e o Informal Gerando a Democratização do Conhecimento

sabesp

As atribuições da Sabesp vão da captação de água ao tratamento de esgotos.

"A Política Institucional de Recursos Humanos e Qualidade adota o modelo de Gestão de Recursos Humanos por Competências que estabelece como funções básicas: desenvolver pessoas, lideranças e cultura; harmonizar o ambiente de trabalho; apoiar a Governança Corporativa; integrar e otimizar processos; gerir serviços de Recursos Humanos." Ademais, a Sabesp se preocupa em ter essa Política perfeitamente alinhada com a cultura organizacional da empresa.

A Gestão de RH por Competências elabora seus "direcionadores de Recursos Humanos", referentes a Seleção, Avaliação e Remuneração, com base nas metas do planejamento estratégico explicitadas pelos objetivos do BSC – Balanced Scorecard. A viabilização dos programas daí decorrentes está centrada numa metodologia híbrida que mescla métodos presenciais com autodesenvolvimento, práticas de compartilhamento do conhecimento e educação a distância. Em particular, a utilização das ferramentas de colaboração cria uma "nova arquitetura de aprendizado que transita entre aprendizado formal e aprendizado informal".

"No aprendizado formal, são adotados métodos de ensino presencial, TV Corporativa e o e-Learning. No aprendizado informal, as práticas de compartilhamento do conhecimento e as redes sociais exploram o conhecimento tácito dos empregados e criam condições também para o suporte ao desempenho, onde o conhecimento contido nestas práticas é aplicado em tempo real no trabalho dos empregados."

Uma grade de 350 cursos a distância, entre e-Learning e TV Corporativa, recebe 15.000 participações por ano. As opções da Intranet e TV Corporativa são abertas a qualquer empregado, possibilitando a democratização do conhecimento.

FRANCISCO ANTONIO SOELTL

Educação a Distância Sabesp — Mais do que tecnologia, contribuição real com o desenvolvimento organizacional

A Sabesp é uma empresa de economia mista e tem como principal acionista o Governo do Estado de São Paulo. Em 2002, a companhia tornou-se a primeira empresa a aderir ao Novo Mercado da Bovespa. Simultaneamente passou a ter suas ações listadas na Bolsa de Valores de Nova Iorque.

No Estado de São Paulo, dos 645 municípios, a Sabesp presta serviços para pouco mais de 112, atendendo uma população de 26 milhões de habitantes. Atualmente 112 municípios atendidos já possuem serviços de água e esgotos universalizados. Para cumprir sua missão e alcançar os objetivos estabelecidos em sua visão, a empresa investirá significativamen-te entre 2009 e 2013 para estender a universalização para os demais 254 municípios.

As importantes transformações na regulação do setor de saneamento em 2007 geraram novas oportunidades para a Sabesp. O marco regulatório consolidou a integração entre os investimentos e as prioridades estabelecidas pelo titular dos serviços.

Além dos serviços de saneamento básico no Estado de São Paulo a Sabesp está habilitada para exercer atividades em outros estados e países, podendo ainda atuar nos mercados de drenagem urbana, serviços de limpeza urbana, manejo de resíduos sólidos e energia.

A Sabesp também ampliou sua plataforma de Soluções Ambientais destinadas a grandes clientes que queiram se beneficiar do conhecimento e da tecnologia da empresa para uso racional da água, destinação adequada dos esgotos e preservação do meio ambiente.

Os números da Sabesp impressionam, tanto pela quantidade de redes e conexões disponíveis quanto pelo volume de tratamento.

A empresa produz cerca de 105 mil litros de água por segundo e abastece, diretamente e no atacado, mais de 26 milhões de pessoas, ou seja, 60% da população urbana do Estado de São Paulo. Em termos comparativos, isso equivaleria a duas vezes a população da Bélgica.

As redes de distribuição de água e de coleta de esgotos são tão extensas que seriam suficientes para dar duas voltas ao globo terrestre, se fossem unidas linearmente.

Com um patrimônio de R$ 11 bilhões, é a maior empresa de saneamento da América Latina e a 5ª maior do mundo por número de clientes. A empresa emprega cerca de 16.100 profissionais altamente qualificados para a operação de sistemas avançados de tecnologia e prestação de serviços.

Na atual pós-modernidade, onde a complexidade dos negócios é permanente e o conhecimento cada vez mais valioso, diverso e de menor prazo de validade, é primordial a ascensão para o estágio de organizações de aprendizagem, que desenvolvam as lideranças educativas, valorizem os trabalhadores do conhecimento, a inovação e criatividade das equipes.

Faz-se necessária uma Gestão de Pessoas que privilegie o desenvolvimento do seu Capital Intelectual atrelado às demandas do macro e micro- ambiente, que estimule a transferência do conhecimento entre os indivíduos de maneira que estes conhecimentos individuais sejam convergidos para um conhecimento coletivo que sustente a consecução dos negócios.

A Sabesp adota um modelo de gestão moderno e eficaz para prover o Capital Humano da organização de conhecimento e motivação necessários para criar soluções inovadoras que permitam o contínuo crescimento sustentável.

Com base na Política Institucional de Recursos Humanos e Qualidade, a Sabesp adota o modelo de Gestão de Recursos Humanos por Competências que estabelece como funções básicas:

- Desenvolver pessoas, lideranças e cultura.
- Harmonizar o ambiente de trabalho.
- Apoiar a Governança Corporativa.
- Integrar e otimizar processos.
- Gerir serviços de Recursos Humanos.

A Gestão de RH por Competências tem como norteadores as metas do planejamento estratégico, explicitadas pelos objetivos do Balanced Scorecard, para elaborar os direcionadores de Recursos Humanos no que tange a Seleção, Avaliação, Remuneração e desenvolvimento por meio da Universidade Empresarial Sabesp – UES.

A Universidade, que tem como premissa básica o conceito de educação corporativa e que neste ano de 2010 completa 10 anos desde sua concepção, atingiu um estágio de maturidade e engajamento e hoje se encontra sedimentada, disseminada e inserida na cultura organizacional da empresa.

Para a viabilização desses programas, vale-se de uma metodologia híbrida, mesclando métodos presenciais, com autodesenvolvimento, práticas de compartilhamento do conhecimento e a educação a distância – EAD.

Utilizada desde 1999, posicionando a Sabesp como uma das pioneiras neste segmento, a EAD venceu barreiras tecnológicas e comportamentais, atingindo hoje um patamar de engajamento e sofisticação tecnológica que alicerça as milhares de oportunidades de aquisição de conhecimento.

Trilhou um caminho que vai desde uma realidade que buscava um salto quantitativo, com a meta de disponibilizar ao menos um curso a distância por competência, até a atualidade que busca a cada ano um salto qualitativo, onde o e-Learning permeia os processos de trabalho da organização, gerando aprendizado durante a execução das atividades, apoiado pelas mídias digitais da Web 2.0.

Segundo o Superintendente de Recursos Humanos e Qualidade, Walter Sigollo, *"A educação a distância bem como as novas mídias digitais permitem aprender e compartilhar experiência, possibilitando que o conhecimento fique mais próximo e acessível. Essa modalidade de ensino ocupa cada vez mais espaço na Universidade Empresarial Sabesp e abre possibilidades para o desenvolvimento contínuo do capital humano, da comunicação eficaz e do estímulo às inovações essenciais ao negócio".*

Com uma grade anual de cerca de 350 cursos a distância entre e-Learning e TV Corporativa, atingimos uma média anual de 15.000 participações. As opções da Intranet e TV Corporativa são abertas a qualquer empregado, possibilitando a democratização do conhecimento.

A administração das participações em cursos virtuais ocorre através de um gerenciador alinhado aos conceitos de Web 2.0.

A grande ênfase do programa da Sabesp nos dois últimos anos esteve na inclusão dos benefícios proporcionados pelos recursos de colaboração Web 2.0 ao aprendizado formal através da EAD, recursos esses presentes também no sistema gerenciador de cursos (LMS).

Adotamos diversas ferramentas de colaboração como Blogs, Wikis, Espaços Virtuais, Buscar Pessoas, Banco de Especialidades, Assinatura de Páginas (RSS), Comunidades Virtuais.

3. Casos de Sucesso do e-Learning no Brasil

Essas ferramentas geraram números significativos que representam a avidez por conhecimento dos nossos profissionais.

O grande desafio à Superintendência de Recursos Humanos e Qualidade é manter essas práticas alinhadas aos objetivos estratégicos e facilitar sua utilização, indicando aos empregados e às unidades qual a melhor prática para cada ocasião.

Com a utilização das ferramentas de colaboração, a Sabesp estabeleceu uma nova arquitetura de aprendizado que transita entre aprendizado formal e aprendizado informal.

No aprendizado formal, são adotados métodos de ensino presencial, TV Corporativa e o e-Learning. No aprendizado informal, as práticas de compartilhamento do conhecimento e as redes sociais exploram o conhecimento tácito dos empregados e criam condições também para o suporte ao desempenho, onde o conhecimento contido nestas práticas é aplicado em tempo real no trabalho dos empregados.

No novo contexto organizacional, onde ensino, gestão do conhecimento e comunicação se misturam por meio das mídias sociais, a Sabesp também assume essa diversidade para atender às demandas do planejamento estratégico.

Assim, esses métodos são utilizados para disseminação, capacitação e desenvolvimento, retenção de talentos, gestão do conhecimento, suporte ao desempenho, responsabilidade socioambiental e apoio à performance no trabalho.

Uma nova visão que amplia sobremaneira as alternativas de suporte à Gestão de Pessoas. No processo de aprendizagem virtual da Sabesp, por muitas vezes o empregado não precisa necessariamente interromper suas atividades para aprender ou rever alguma instrução de trabalho, o que torna a aprendizagem inserida em tempo real no contexto do trabalho.

A EAD na Sabesp é um programa democrático, que atinge todas as categorias de cargo e que consegue, através das diferentes formas de aprendizagem que ela possibilita, levar conhecimento numa linguagem adequada a cada público de interesse e que atenda cada vez mais a diversidade do ambiente multigeracional.

Os resultados obtidos não se limitam a reduções de custo. Além de resultados financeiros, proporcionam à Sabesp otimização de processos, agilidade e amplitude de atuação para capacitação e desenvolvimento, elevação da massa crítica dos empregados, valorização dos recursos humanos e suporte ao desempenho profissional.

Algumas métricas são adotadas para aferição de resultados quantitativos. Pensando nas diretrizes da Sabesp, os resultados obtidos com programas de e-Learning são averiguados, em primeira instância, pelo cumprimento dos objetivos do BSC, ou seja, através dos resultados operacionais. Nestes casos, consideramos que os resultados são obtidos essencialmente por ações em três eixos: processos; tecnologia; pessoas. As ações de capacitação e desenvolvimento atuam em sua maioria sobre pessoas, sendo que o e-Learning corresponde a 15% das oportunidades.

Desta forma, sobre resultados operacionais, chegamos à seguinte fórmula para avaliação da contribuição do e-Learning:

Resultado e-Learning = (Resultado global * 1/3) * 15%

Com esta fórmula é possível realizarmos algumas inferências sobre resultados da EAD na Sabesp. Outra maneira de avaliarmos o retorno dos investimentos em e-Learning é através de resultados pontuais.

Os resultados pontuais representam reduções de custos, despesas e outros com a aplicação da metodologia e-Learning. Para este cálculo, consideramos que os cursos a distância com esta carga horária equivalem a cursos presenciais de mercado com valor médio de R$ 550,00 a R$ 600,00. Outro dado para os cálculos é o custo *per capita* dos cursos a distância, que é de R$ 50,00.

Com base nestes dados é possível mensurarmos os resultados financeiros proporcionados pelo e-Learning relativos a:

    a. Agilidade no lançamento de novos produtos/serviços.
    b. Aumento de produtividade nos processos administrativos.
    c. Implantação de um novo sistema com redução de custos.
    d. Redução de custos dos cursos (locações, material e instrutores).
    e. Desenvolvimento e retenção do capital humano (reduz os custos ocasionados com o turnover).
    f. Otimização de custos de oportunidade (reduzir o tempo do especialista fora de seu posto de trabalho).

3. Casos de Sucesso do e-Learning no Brasil

g. Redução de custos com viagens (locomoções, estadas e alimentação).

Não há dúvida de que a tecnologia evolui em alta velocidade e proporciona cada vez mais recursos para as estratégias de gestão. O diferencial está em saber combinar a tecnologia com a estratégia e encontrar soluções inovadoras e criativas.

Além disso, é essencial que a organização evite a sobrecarga de tecnologias. Disponibilizar recursos sem propósitos bem definidos pode causar desuso e descrédito para o programa.

Como suporte tecnológico, o programa conta com os seguintes sistemas:

- Sistema de Recursos Humanos, integrado ao gerenciador de cursos a distância para fornecimento de dados funcionais.
- Gerenciador de e-Learning (LMS) para gestão sobre a participação dos empregados nos cursos.
- Gerenciador da TV Corporativa, com a mesma finalidade do gerenciador de e-Learning.
- Sistema de Avaliação por Competências, de onde são gerados os compromissos de desenvolvimento, com base nas lacunas identificadas.
- Orientador Virtual, para subsidiar o estabelecimento dos compromissos de desenvolvimento.
- E-mail – Lotus Notes.
- Chat, Instant Messaging e Web Cast, para colaboração.
- Portal Corporativo WCM, alinhado aos conceitos da geração Web 2.0, permitindo blog, espaço virtual, wiki e outros.
- Site da Universidade Empresarial, para interface com os usuários.

O programa continua em evolução, acompanhando as inovações do mercado.

O apoio da alta direção e a cultura da organização, já habituada com a Educação a Distância, são fatores que geram pilares sólidos para o crescimento contínuo do programa, que, por sua vez, contribui significativamente para a viabilização dos desafios empresariais e reconhecimento da Sabesp como uma empresa sustentável do ponto de vista econômico, social e ambiental.

O Programa de Educação a Distância da Sabesp tem reconhecimento no mercado através de prêmios como o e-Learning Brasil em 2004, 2005, 2008 e 2009; Top RH 2010; Prêmio Cubic de Educação Corporativa 2010.

Liderada pela Gerente do Departamento de Desenvolvimento e Responsabilidade Socioambiental Elizabeth Ayres Gdikian e pelo Gestor de RH William Ramalho, a equipe de Educação a Distância e Gestão do Conhecimento da Sabesp tem o atual desafio de criar soluções para desenvolvimento organizacional que atendam à diversidade de gerações existente hoje no mercado de trabalho. Além disso, assimilar as inovadoras tecnologias de informação e conhecimento e atribuir real aplicação a elas, alinhadas à estratégia organizacional. Essas são ações importantes para a continuidade do programa e consequente contribuição com um papel estratégico de RH Sustentável.

Características dos Cursos a Distância na Sabesp

Atualmente todos os cursos a distância da Sabesp são adquiridos sob medida. Os conteúdos são identificados em parceria com as áreas funcionais. Aqueles sobre temas específicos da Sabesp são exclusivos. Os demais permitem que o fornecedor utilize como curso de prateleira para novas negociações.

Algumas normas e procedimentos internos são convertidos em cursos e-Learning através de uma ferramenta de autoria que gera produtos em padrão SCORM, que facilmente são integrados ao gerenciador de cursos (LMS).

Entendemos que os cursos a distância não substituem os cursos presenciais. Além disso, cursos muito extensos, se não forem acompanhados de Tutoria, podem facilmente se tornar cansativos e favorecer a evasão. Assim, a maioria deles possui carga horária entre 8 e 16 horas.

O programa de Educação a Distância está vinculado ao modelo de Gestão por Competências, onde os cursos a serem realizados constam nos Compromissos de Desenvolvimento dos empregados.

Textos, imagens com animação, contextualização e boa interatividade favorecem a atratividade dos cursos a distância. Os cursos práticos, que justificariam casos de simulações, são realizados em sua maioria presencialmente, por questões legais ou necessidade de acompanhamento técnico. As simulações existentes hoje ocorrem para cursos de informática e operacionalização de sistemas corporativos.

Alguns casos práticos são tratados no formato de teleaulas ou com o recurso de storytelling (contador de histórias) no Programa Gestão do Conhecimento.

A Tutoria é sempre benéfica. No entanto, ainda é cara quando contratada no mercado. Se realizada internamente, demanda muita mão de obra, pois sugere que seja aplicada a turmas com 20 a 30 integrantes no máximo. Assim sendo, a Sabesp aplica a Tutoria em cursos de tal relevância que a sua aplicação exerça diferencial para a obtenção de resultados, seja em relação à assimilação do conteúdo ou na garantia de conclusão de 100% das participações.

O SCORM é um padrão de mercado aceito mundialmente, inclusive por nossa ferramenta de gestão de cursos a distância. Facilita a integração de cursos à nossa plataforma. Por isso é adotado como padrão para todos os cursos a distância desenvolvidos para a Sabesp.

A relação 85% para 15% correspondente a presencial e EAD, respectivamente, representa um patamar estático na Sabesp nos últimos anos, pois, em conjunto com a evolução do e-Learning, os cursos presenciais através da Universidade Empresarial Sabesp também evoluem.

Ambas as ações estão ligadas a uma meta percentual estabelecida no Balanced Scorecard.

Planejamento Futuro

Fomento às práticas de Gestão do Conhecimento, com apoio de metodologias virtuais, priorizando neste ano as seguintes práticas:

- Intensificação da Tutoria Interna e Externa.
- Estudo de tecnologias de Mobile Learning.
- Acompanhar as inovações tecnológicas e de gestão para e-Learning.
- Buscar parceiros e fornecedores que tenham foco em educação e não tecnologia.

- Refinar os indicadores de Gestão do Conhecimento.
- Criar laboratórios para novas ferramentas.
- Continuar realizando Benchmarking para identificação de boas práticas em e-Learning e gestão do conhecimento.
- Avaliar alternativas de serviços para gerar resultados de redução de custos ou trabalho interno, como terceirização de hospedagem de servidor de LMS.

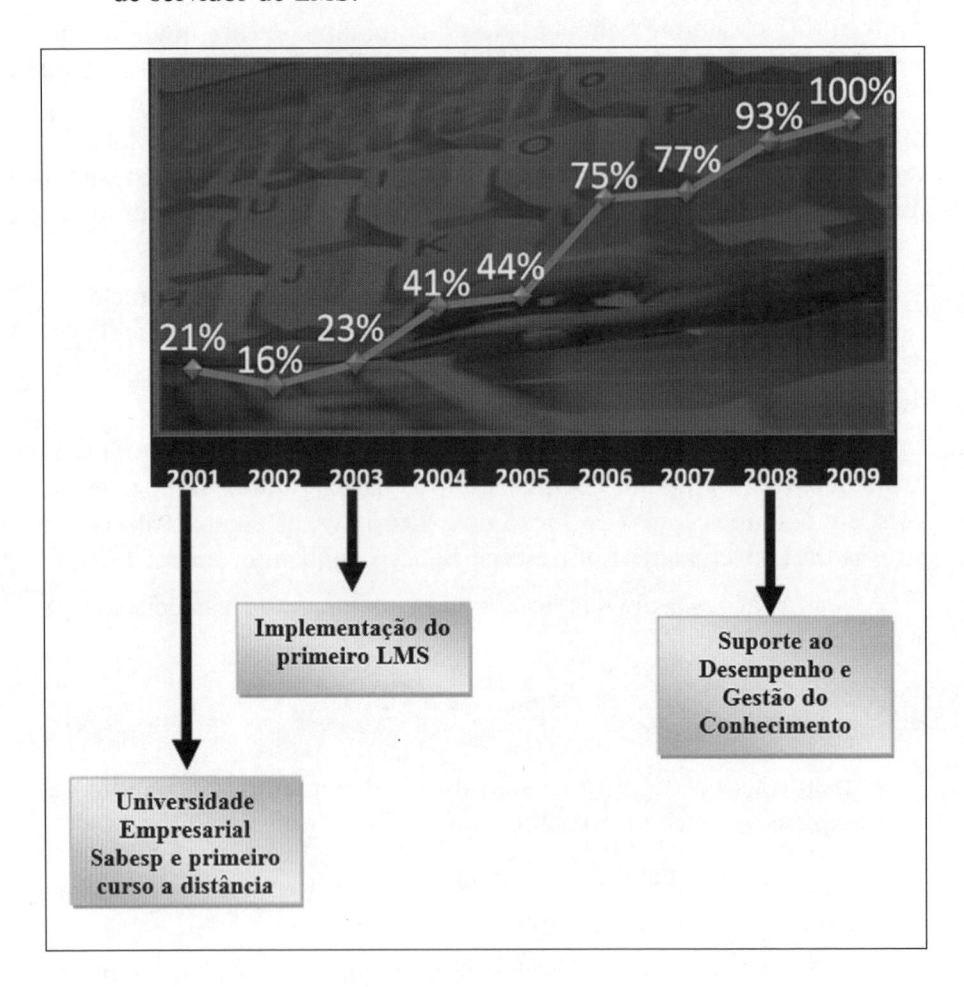

2001: 21% — Universidade Empresarial Sabesp e primeiro curso a distância
2002: 16%
2003: 23% — Implementação do primeiro LMS
2004: 41%
2005: 44%
2006: 75%
2007: 77%
2008: 93% — Suporte ao Desempenho e Gestão do Conhecimento
2009: 100%

Telecomunicações:
Embratel - A Valorização do Conhecimento e da Aprendizagem Continuada

"A Embratel oferece soluções completas de telecomunicações a todo o mercado brasileiro, incluindo telefonia local, longa distância nacional e internacional, transmissão de dados, televisão e Internet, além de assegurar atendimento em qualquer ponto do território nacional através de soluções via satélites."

Na Embratel, a "criação da Universidade Corporativa Embratel, aliada ao uso do e-Learning, permitiu que um maior número de pessoas pudesse ter acesso às atividades de treinamento, a custos menores". Mais ainda, "a UCE representa um novo posicionamento na Embratel" voltado para "a valorização do conhecimento e a aprendizagem contínua".

Face à "necessidade de ter uma produção e um produto adaptado às novas exigências do mercado, a Embratel saiu do 'espaço' concreto da sala de aula para se instalar no local da produção e na mesa do funcionário. Era preciso que o trabalhador se convencesse da importância da educação continuada, que acontece em qualquer tempo e em qualquer lugar. Era preciso que entendesse a importância do autodesenvolvimento e se lançasse nesse desafio".

"O que o e-Learning e a aprendizagem eletrônica em geral trouxeram de novo foi a possibilidade de reduzir, consideravelmente, a distância, de criar comunidades virtuais que trabalham em tempo real, disponibilizar material, e criar grupos de debate online vinte quatro horas por dia e sete dias por semana." A iniciativa, segundo a Embratel, "tem obtido excelente resultado social, já que os alunos trabalham em grupo, trocam mensagens, textos, debatem questões, e criam entre eles uma saudável competição para estar cada vez mais online, com algum material novo".

FRANCISCO ANTONIO SOELTL

Um Pouco de História

A Embratel foi fundada em 1965, ano auge dos planos do novo governo assumido em 1964, que lança as fortes bases do tripé desenvolvimento, segurança e infraestrutura.

> (...) *Sem outra perspectiva, que não a do desenvolvimento, a fim de que gerações futuras não sejam condenadas ao desencanto e não nos julguem indiferentes a uma aflição que nos competia evitar, estamos empenhando forças e recursos para que, em tempo oportuno,* **a Embratel atenda à elevada destinação da implantação do Sistema Nacional de Telecomunicações**.
>
> (Relatório Anual, 1967, Introdução, p. 1, destaque nosso)

Nasce, portanto, a empresa de telecomunicações de longa distância, reunindo um pouco de tudo que havia no país, neste segmento, de origem pública ou privada. A Embratel nascia com a incumbência muito guerreira e com uma missão: interligar o país por um sistema nacional de telecomunicações.

O desafio estava na tecnologia ou, melhor, no modelo a ser desenvolvido e implementado, para integrar um país com diferentes geografias, demografias e economias.

Essa situação inspirava a inovação, já que os modelos existentes e disponíveis fora do país não haviam abordado situação tão particular.

Como se construiu esse empreendimento?

Pensarão alguns: importaram-se técnicos de fora; contratou-se o projeto no exterior; esperou-se que uma delegação fosse ao exterior e se formasse para então desenhar e implantar as antenas, rádios, satélites e redes de acesso do sistema brasileiro de telecomunicações.

Não. Havia profissionais que vinham sendo formados em escolas de alto nível no país, que alimentavam a vontade de se engajar em um desafio que dava significado a uma nação e que possuíam formação à altura desse desafio. Eram jovens oriundos de escolas como o Instituto Tecnológico de Aeronáutica (ITA), PUC no Rio de Janeiro e Instituto Militar de Engenharia (IME).

3. Casos de Sucesso do e-Learning no Brasil

Assim, se usarmos como exemplo apenas o ITA, vamos achar também em sua raiz a absoluta adaptabilidade e flexibilidade, capaz de dar sustentação ao desafio que se colocava pela inovação da solução já mencionada antes e pela urgência que se impunha na construção da rede. Currículos dinâmicos, revistos a cada ano, disciplina consciente desenvolvida entre os alunos, excelência acadêmica, empirismo científico como referências.

Nesses primeiros anos se garantia um projeto que precisava ser continuado nos afazeres da operação do sistema. Então, já em 1965, quando a empresa é fundada surge o embrião do primeiro Departamento de Treinamento. Nasce independente, junto à engenharia, para trabalhar os currículos em eletrônica e telecomunicações, junto com as escolas técnicas federais, levando inclusive um grau de homogeneidade de conteúdos às regiões do Brasil. Os engenheiros da Embratel também formaram muitos mestres daquelas escolas e trouxeram, para a empresa, os jovens que ajudaram a formar.

É interessante observar que os registros da educação a distância, na empresa, são da década de 70, fruto da necessidade de instruir um contingente de profissionais disperso no território nacional. Diz-se que nessa época a grande lacuna estava nos diferentes níveis de formação observada entre os técnicos das diversas regiões. Essa foi uma época áurea do Departamento de Treinamento: independente do Departamento de Administração, o clássico DP, modelava sua ação na construção de currículos, ou percursos formativos como se diz mais modernamente, em que não faltavam os conhecimentos fundamentais, os básicos e os avançados. Na primeira categoria: estatística, matemática, português. Nos básicos: as teorias de filas, os fundamentos das técnicas digitais, da transmissão via satélite. Nos avançados: as aplicações e o contato estreito com os fornecedores de equipamentos e tecnologias para explorar a capacidade da operação, da manutenção e do gerenciamento da planta de telecomunicações.

Observe-se: o modelo de treinamento, à época, era o que poderíamos chamar de acadêmico. Consolidado em "currículos" operava, a despeito da economia no tempo de dedicação à aprendizagem, em pesadas estruturas formais que incluíam a sala de aula, o professor, a academia para as "especialidades", e o mestre-empregado para as especificidades do negócio.

A questão da pedagogia, entretanto, já aparece, uma urgência de ritmo e qualidade do conteúdo de ensino, pela homogeneidade da informação e, principalmente, da apropriação de uso. Só para lembrar: a essa época, no Brasil são realizadas algumas experiências importantes de ensino a distância, como é o caso do Projeto SACi através do INPE: o embrião da sonhada e não realizada Universidade Aberta do Brasil, que depois é retomada (pelo menos discutida e aventada) nas "ondas" do advento da possibilidade de uso das TIC – tecnologias de informação e comunicação – na educação, já no final da década de 80 e início dos anos 90, ainda à margem da Internet.

E a Embratel prossegue, na década de 80, mais preocupada com os modelos de gestão, que, obrigatoriamente, deveriam ser adotados para dar forma e consequência à organização que já havia superado o período de implantação e se deparava com os cenários de rápida transformação tecnológica e de regulação de atuação no âmbito do Sistema Telebrás.

É interessante notar que nessa fase, no limiar da maturidade, provavelmente por já ter conquistado consistência de sua base tecnológica, a empresa se dá conta da necessidade de consolidar um modelo de gestão que consagre desde estruturas e processos (capital estrutural) até referências de valores e atitudes que caracterizam seu modo de fazer e de existir.

Importando e tropicalizando modelos de gestão, a empresa logo se volta para construir modelagem própria e treinar o conjunto das lideranças, em exercício de função gerencial ou não, em temas que vão da filosofia, psicanálise e lógica matemática à teoria das decisões, relacionamento interpessoal e sociologia das organizações.

Os temas são pesados e mais uma vez refletem um momento econômico do processo produtivo em que opera e se acha inserida: a economia estatal, onde a eficácia pesa "mais" do que a eficiência.

A adaptação da educação corporativa que se observa naqueles tempos diz mais respeito à estabilidade do negócio e à preparação continuada de uma força de trabalho menos exposta aos turnover dos tempos de hoje. Por isso mesmo os investimentos em educação corporativa são intensos nessa época, onde também a tecnologia se alterava em ritmo alarmante. A Embratel ingressava no mundo digital, dispondo de uma planta toda baseada em tecnologia analógica.

Metodologicamente, uma novidade: o uso da TV volta a impulsionar métodos de ensino a distância. A metodologia de ensino a distância anterior, baseada no ensino bibliográfico e algumas produções de vídeos instrucionais, fora abandonada pelos altos custos de produção e da logística de distribuição do material e da manutenção de equipes especializadas.

O programa ao vivo vem atenuar a "tecnicidade" da primeira fase. Não que a abandone, mas a ocorrência do notável "ao vivo" e a abertura a certo grau de interatividade com o palestrante, trouxeram ânimo novo ao Departamento de Treinamento. Falava-se, na época, na democratização do acesso à informação, capaz de sustentar ainda a integridade de uma organização com dimensão nacional.

Mais um sinal: a oportunidade, o recurso disponível, o resultado que se espera apoiam a adaptação urgente dos modelos de educação corporativa e impelem suas múltiplas faces e existências ao ritmo do plano de curto e médio prazos. E ainda, o modelo produtivo que a ancorava era o estatal!

Grandes Mudanças

Ingressamos na segunda metade da década de 90. Movimentos políticos, reposicionamentos econômicos vão se construindo e imprimindo no país os fundamentos da economia de mercado: alterando políticas, regulamentos e as próprias relações institucionais e convivência social. O consumidor, o fornecedor, o parceiro, o cliente, o acionista, a governança corporativa, entre outros, são os novos atores do cenário globalizado.

São os novos feitos dessa fase nova de nosso país.

Assim aconteceu com a Embratel: junto com as demais empresas do Sistema Telebrás é privatizada em 1998. Essa situação se refletiu claramente na empresa nos dois anos anteriores à sua efetivação. Dois anos nas organizações significam um longo tempo. Ou melhor, tempo suficiente para pensar em se adaptar. Mas para se adaptar é preciso ser flexível e ativo. Essa era a situação e a urgência.

É impressionante observar o sequenciamento das prioridades que a organização conseguiu imprimir nessa importante mudança de propriedade. Para tanto, as ações desenvolvidas pelas instâncias responsáveis pelo treinamento e desenvolvimento foram fundamentais. Todo o esforço foi direcionado para a compreensão e consolidação dos referenciais do novo modelo de gestão, desde conteúdos sobre economia das organizações, planejamento do negócio e empreendedorismo, até a tecnologia de gerenciamento mais adequada à nova modelagem e à escolha e implementação dos correlatos sistemas importados para dar suporte às novas tendências e regulamentações de mercado.

Foram "inventados" os currículos técnicos, em telecomunicações e mais adiante os conteúdos da emergente necessidade de desenvolvimento de nossos grandes sistemas "legados" para sustentar todos os processos de gestão financeira, faturamento e cobrança, de formulação de estratégia, de administração e controle de pessoal e até o de treinamento – implementado em 1981. Agora tínhamos que compreender e reinventar processos de gestão num mundo novo: o mundo da concorrência.

Mais uma vez, note: a adaptação e a flexibilidade são os elementos indispensáveis para responder às mudanças e interferências do ambiente econômico. Essa exigência de sobrevivência imprime à educação corporativa o mesmo ritmo ou, até, exige uma instância de educação corporativa tão capaz de sustentar as transformações das estratégias de negócio dependentes e esboçadas a partir do ambiente econômico-social em que opera e se mantém.

Sem medo de arriscar, diria que a evidência que se apresenta a favor da educação corporativa, desde os Estados Unidos e a Europa e, mais recentemente, até os países da América do Sul, se deve ao entendimento da educação corporativa como instrumento de apoio privilegiado à formulação de estratégias de negócio. A esse respeito, não me parece sem razão a concepção de modelos de gestão baseados em competências, que relacionam as competências de sucesso ou diferenciadoras de uma empresa às competências que seus trabalhadores precisam apresentar e desenvolver.

E, voltando à Embratel, como fio condutor dessa análise, vamos observar que a pedagogia também avança e se modifica. Retrata o ambiente e apoia a urgência, a necessidade de novos conceitos, novos conteúdos e novas práticas. A mais importante modificação está na razão direta da necessidade de apoiar o estímulo ao desenvolvimento de novas referências do espaço ocupacional dos empregados e envolvê-los na construção das novas ferramentas de gerenciamento dos processos. Note-se: é o momento mais da "transformação das atitudes no trabalho" do que um momento de "transformar a planta industrial disponível".

3. Casos de Sucesso do e-Learning no Brasil

A pedagogia, aqui entendida, como o modo de conduzir o processo de ensinar e aprender, é altamente focalizada nessa época. É o momento em que a tecnologia das redes invade a empresa. E assim, já em 1996 e até 1999, se acelera um movimento para trazer o e-Learning para a empresa, como nova ferramenta de ensino a distância. Constroi-se, em parceria com empresa incubada pela PUC-RJ, a plataforma para gestão do ambiente de aprendizagem on-line e vai se investindo junto às universidades no desenvolvimento de conteúdos para serem disponibilizados naquela plataforma.

Ainda em 1996, foi criado o Centro Avançado de Educação Permanente (CAEP), que contava com salas de aula equipadas em diversas localidades do Brasil, além da biblioteca, que empresta livros, vídeos e CDs de cunho técnico e gerencial, considerada uma referência no acervo de Telecom. Contávamos também com o portal na Intranet da empresa, onde o CAEP virtual oferecia serviços de informação on-line, serviços de consulta e empréstimos de mídia e, ainda, promovia laboratórios de ensino em horários diferenciados para escolha por iniciativa do empregado.

Em 2000, foi implementado o Programa Telescópio, debates promovidos via rede interna corporativa de televisão (TV Executiva), proporcionando discussões sobre temas que afetassem o empregado, estimulando o desenvolvimento de novos referenciais para a vida organizacional.

Outro passo importante foi a realização de cursos de pós-graduação, utilizando recursos de e-Learning, a partir de convênios com renomadas instituições de ensino.

Em 2001, foi criado o Instituto Embratel, uma sociedade sem fins lucrativos, com o objetivo de realizar os programas sociais, culturais, científicos, educacionais e esportivos. E, para democratizar o acesso ao conhecimento, o Instituto inaugurou naquele ano a Biblioteca Digital Multimídia e o Portal do Conhecimento (que atualmente integram o projeto Ponto Comunidade e GESAC).

Com o Projeto Ponto Comunidade, o Instituto Embratel busca contribuir significativamente para o desenvolvimento cultural, educacional, social e digital de comunidades localizadas em todo o Brasil.

Esse projeto também apresenta um caráter socioeducativo, uma vez que seus recursos tecnológicos permitem às comunidades desenvolver projetos, individuais ou coletivos, buscando assim superar condições de carência, marginalidade e exclusão. Dessa forma, oferece a cada indivíduo a possibilidade de ter a sua "identidade digital" por meio do uso da Internet e do correio eletrônico.

O Instituto Embratel e o Ministério das Comunicações firmaram o Termo de Cooperação para levar, on-line e em CD-ROM, conteúdos socioeducacionais aos 12 mil Pontos de Presença do Programa GESAC (Governo Eletrônico – Serviço de Atendimento ao Cidadão). Por meio da inclusão digital, sua meta é estimular a inclusão social.

Em 2002, tivemos o nascimento da UCE, marcado pela confluência de três fundamentos:

- Crescimento, a razão de ser da educação corporativa é a expressão do princípio: melhor pessoa, melhor empresa, melhor sociedade. Aprimora e se inspira nas competências de sucesso da organização, dando sentido às ações de desenvolvimento dos empregados.
- Aprendizagem orienta toda filosofia e "o como fazer" o desenvolvimento dos empregados. A aprendizagem se inspira em teorias de aprendizagem e pedagogias, e no entendimento das determinações do mundo do trabalho.
- Tecnologia, em nosso caso o uso do Learning Management System – LMS SABA, que veio para convergir os diversos sistemas em um único ambiente de aprendizagem, um único portal, com todas as informações para direcionar as suas ações de desenvolvimento.

A UCE tem, ainda, os seus objetivos baseados naqueles que norteiam a existência de uma universidade corporativa, ou seja:

- Diminuir o gap nas competências da Embratel.
- Agregar valor às estratégias organizacionais.
- Disseminar valores e propósitos.
- Aumentar a qualificação humana e profissional.
- Promover o constante crescimento do capital intelectual como diferencial competitivo da organização.
- Orientar programas à melhoria de resultados da organização.

A criação da Universidade Corporativa Embratel, aliada ao uso do

3. Casos de Sucesso do e-Learning no Brasil 193

e-Learning, permitiu que um maior número de pessoas pudesse ter acesso às atividades de treinamento, a custos menores. As figuras a seguir mostram o aumento do número de profissionais capacitados, associado à redução de custos com o processo de treinamento.

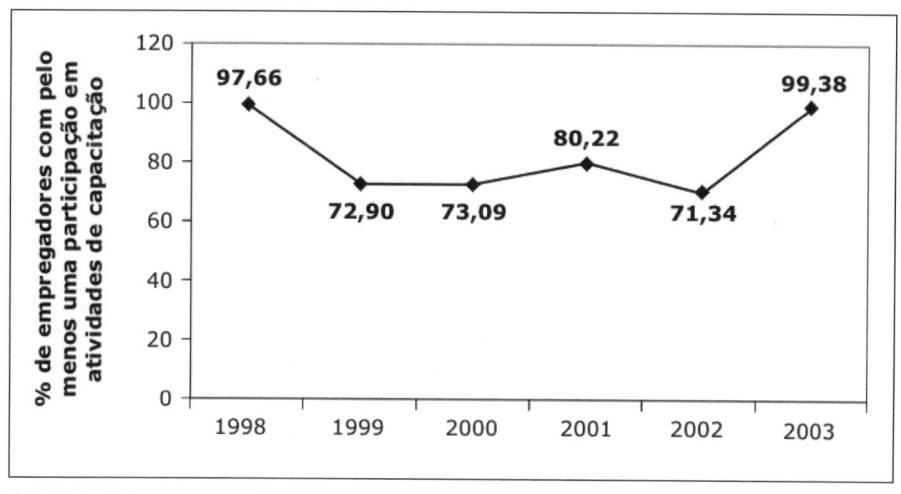

Fonte: Embratel (1998/2003).

Figura 3.2 — Empregados com participação em pelo menos uma atividade de capacitação

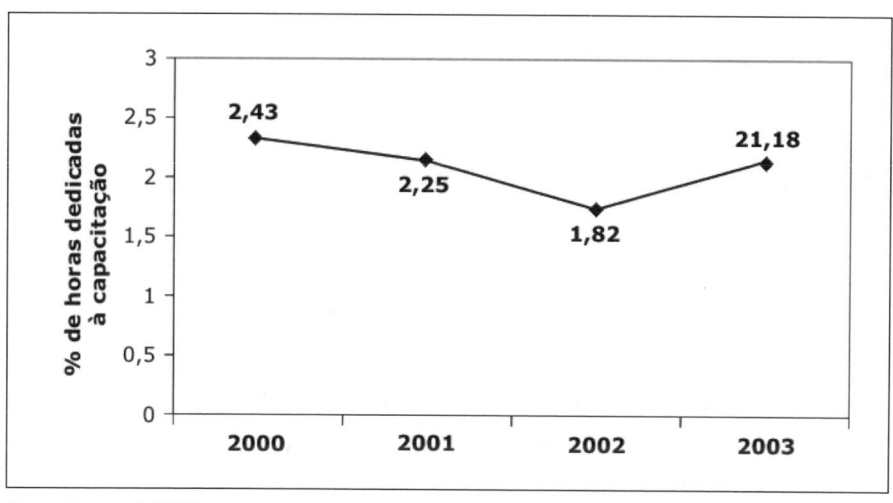

Fonte: Embratel (2003).

Figura 3.3 — Percentual de horas dedicadas à capacitação (1998/2003)

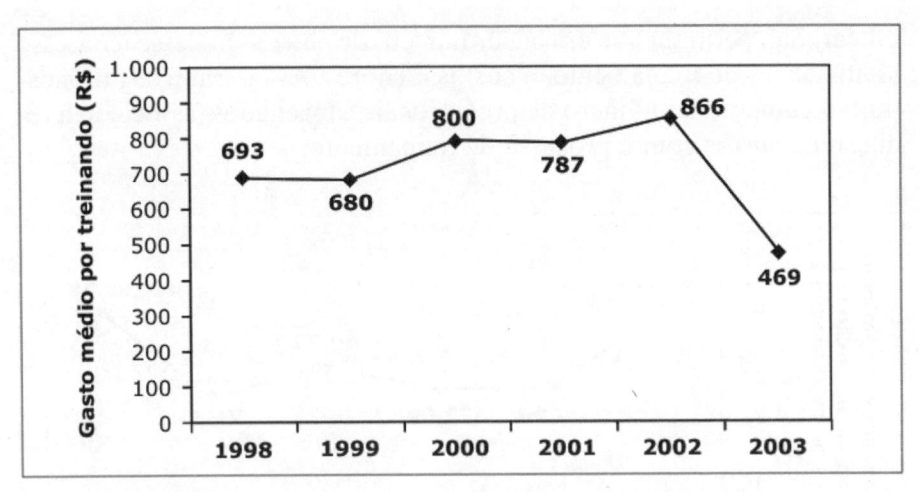

```
Gasto médio por treinando (R$)
1.000
 900                              866
 800        800
     693              787
 700
 600  680
 500
 400                                  469
 300
 200
 100
   0
     1998 1999 2000 2001 2002 2003
```

Fonte: Embratel (2003).

Figura 3.4 — Gasto médio por treinando (1998/2003)

Percebe-se pelos dados apresentados que o percentual de profissionais com pelo menos uma participação em atividades de treinamento saltou de 97,66% para 99,38% em 2003, depois de ter chegado a 71,34% em 2002. O custo médio por treinando foi reduzido em cerca de 32% no período compreendido entre 1998 e 2003.

Seria um período bastante criativo e desafiador, mas tenso, construir referenciais pedagógicos mínimos para operar um sistema de ensino que se avizinha migrar para o virtual. Não o foi. E nem será. Com toda dificuldade, mas com o respeito que se teve com os fundamentos (pouco dominados) de base filosófica, técnica da aprendizagem e da pedagogia, a Embratel procurou parceiros para validar algumas soluções que foram conquistadas dentro da empresa.

E assim, empurrados pela necessidade de ter uma produção e um produto adaptado às novas exigências do mercado, saiu do "espaço" concreto da sala de aula para se instalar no local da produção e na mesa do funcionário. Era preciso que o trabalhador se convencesse da importância da educação continuada, que acontece em qualquer tempo e em qualquer lugar. Era preciso que entendesse a importância do autodesenvolvimento e se lançasse nesse desafio.

Nessa constante evolução e com a UCE representando um novo posicionamento na Embratel, a universidade integra a valorização do conhecimento e da aprendizagem contínua.

3. Casos de Sucesso do e-Learning no Brasil

Em outubro de 2003, com a realização do primeiro evento Embratel de Portas Abertas, que reuniu profissionais da área de recursos humanos de diversas organizações, para troca de experiências e conhecimentos, ocorreu o lançamento do novo portal da Universidade Corporativa Embratel.

Iniciou-se assim uma nova etapa rumo ao desenvolvimento profissional de seus mais de 7.500 funcionários. A empresa inaugurou um novo site, que tem como ferramenta principal um software especializado no gerenciamento de aprendizagem.

Um novo marco foi a partir de 2007, com a utilização do Ciclo de Desempenho como nosso direcionador, que visou a um modelo unificado e soluções mais customizadas e estratégicas. Qual a importância do ciclo para as ações da Embratel e como isso mudou?

Dentro do modelo de gestão da Empresa, o ciclo é a base que serve como parâmetro para todas as decisões dos gestores e do RH sobre a gestão de pessoas. Portanto, é com referência no Ciclo de Desempenho que serão definidas as ações de desenvolvimento, as movimentações e as decisões relativas a remuneração.

A figura abaixo demonstra como essa dinâmica se organiza:

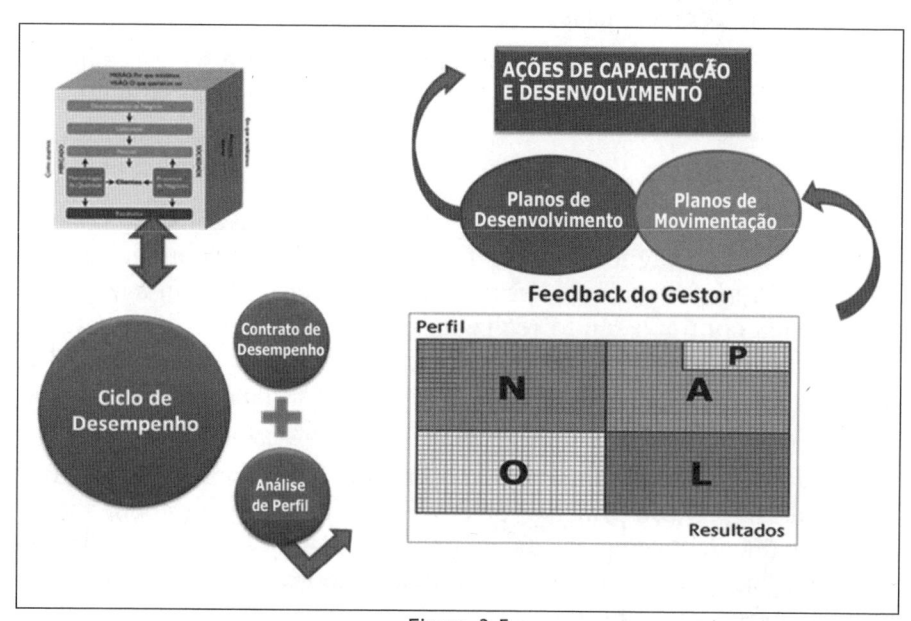

Figura 3.5

Como mostra a figura, o Ciclo de Desempenho tem origem no Modelo de Gestão, que é o meio pelo qual a Embratel organiza sua gestão para o alcance dos resultados. Assim, o Ciclo tem o objetivo de viabilizar o alcance dos resultados, através da gestão das pessoas, oferecendo um diagnóstico dos perfis dos funcionários (baseado em competências) e uma métrica em relação ao alcance da metas.

Em outras palavras, o Ciclo de Desempenho é formado por dois tipos de processos que andam em paralelo: Análise de Perfil e Contrato de Desempenho. Análise de Perfil tem como objetivo avaliar como os resultados estão sendo alcançados, já o Contrato de Desempenho avalia que resultados estão sendo alcançados.

Durante o Ciclo de Desempenho, esses dois processos se encontram, dando origem à Matriz de Perfil e Resultados que cruza as informações oriundas deles.

Através do ciclo, todos os funcionários estarão posicionados na matriz, com o seu perfil e desempenho avaliados. Baseados nessas informações, todos os programas de desenvolvimento e de educação serão desenvolvidos, buscando promover a movimentação dos funcionários para os quadrantes superiores, ou, em outras palavras, melhorar o perfil (reduzir gaps de competências) e promover o alcance das metas.

Dessa forma, as ações de desenvolvimento passam a ser baseadas em instrumentos que geram informações consistentes e demandas alinhadas ao modelo de competências.

Mas como acontecia antes?

Antes os programas se baseavam em Levantamento de Necessidades, o RH realizava o diagnóstico com todas as áreas para identificar os que "precisavam ser treinados". Essa metodologia tem suas vantagens e de certa forma continua sendo realizada para suprir demandas pontuais, porém através da atuação junto ao ciclo há uma visão mais estratégica, uma vez que é um instrumento que identifica o que é necessário em relação à gestão de pessoas para que os resultados sejam atingidos.

No ano de 2008, foi implantado o Programa de Ambientação através do e-Learning. O seu principal objetivo é facilitar o entendimento sobre o funcionamento da empresa, facilitando sua adaptação e permitindo, assim, a diminuição do tempo que o funcionário leva para dar retorno ao negócio após a sua contratação.

3. Casos de Sucesso do e-Learning no Brasil

O diferencial é ser apresentado por funcionários da Embratel que atuam como personagens fictícios. Esse método foi escolhido por, simultaneamente, oferecer reconhecimento aos funcionários que aparecem durante o curso e recriar um ambiente próximo ao real, permitindo aos novos funcionários entender de forma mais rápida a realidade e a forma de atuação na empresa.

Ao conhecer a empresa, sua missão, processos, estrutura organizacional, diferencial tecnológico, entre tantas outras informações, o novo funcionário estará preparado para integrar o ambiente organizacional e contribuir efetivamente nos resultados do negócio.

A empresa está dispersa geograficamente, pois tem unidades distribuídas por todo o Brasil. O e-Learning foi a metodologia encontrada para atender de forma padronizada e imediata todos os recém-chegados, garantindo assim uma solução única para todos.

O Projeto de Ambientação ganhou o Prêmio de Referência Nacional no e-Learning Brasil/2008.

Em 2009, o foco foi o lançamento das Trilhas do Conhecimento.

Programa de Desenvolvimento e Educação que tem como objetivo identificar e implementar soluções educacionais que permitam o autodesenvolvimento do funcionário e desenvolver as competências organizacionais, gerando um ciclo virtuoso pela alta performance e melhor capacitação.

A premissa do programa é que cada um constroi a sua trilha, a partir de interesses pessoais, estilos de aprendizagem preferidos e de necessidades organizacionais; as trilhas de aprendizagem procuram conciliar a necessidade de competências da organização com os anseios pessoais por desenvolvimento.

Foi utilizado um site como ferramenta para gerenciar, organizar e concretizar as trilhas, estruturado em competências: essenciais, funcionais e gerenciais.

Cada competência tem oito tipos de soluções educacionais (mídias): cursos presenciais, cursos on-line, livros, artigos, vídeos, links, comunidades virtuais e soluções alternativas. No catálogo são mais de 800 soluções educacionais cadastradas e disponibilizadas para todos os funcionários das empresas do grupo.

Pilares

O programa é constituído por três pilares:

- *Despertar o autodesenvolvimento* – fomentar a atitude do funcionário na busca pelo seu constante desenvolvimento profissional.
- *Desenvolver as competências organizacionais* – todas as soluções das trilhas são direcionadas para o desenvolvimento das competências que a empresa definiu para o alcance dos seus resultados.
- *Integrar a estratégia de educação ao Ciclo de Desempenho* – as trilhas oferecem alternativas flexíveis de desenvolvimento para o funcionário suprir as suas próprias necessidades identificadas no Plano de Desenvolvimento Profissional.

Em 2010, o Plano de Desenvolvimento Profissional vem para instrumentalizar de forma mais sistematizada as ações da Embratel. A partir do Ciclo de Desempenho foi montado o Programa de Desenvolvimento Profissional (PDP) individualizado para cada funcionário. Na verdade, o PDP pode ser entendido como uma das etapas do Ciclo, como aparece a seguir.

Ciclo de Desempenho

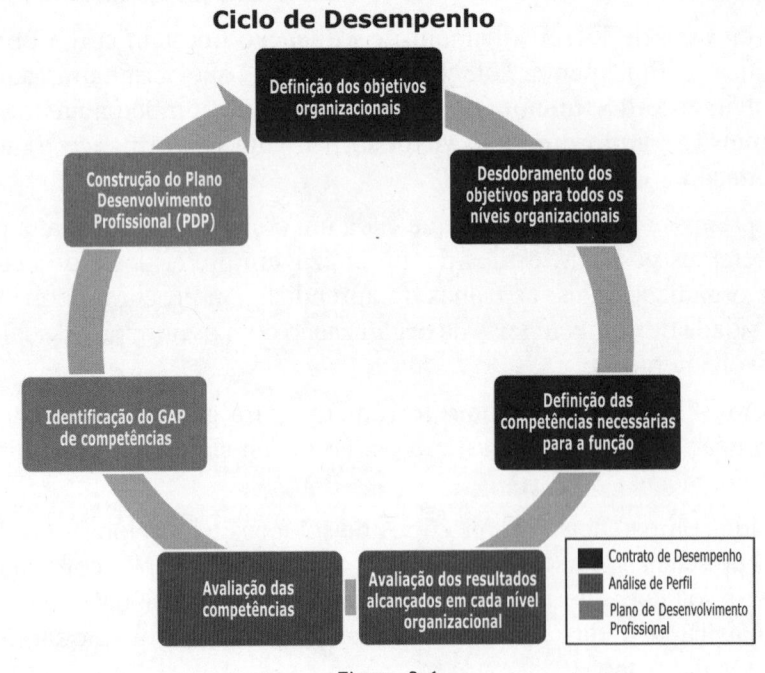

Figura 3.6

Após a Análise de Perfil é identificado o gap de competências, a partir do cruzamento das competências exigidas para a função com as que o funcionário possui. O PDP será feito pelo gestor junto com seus funcionários, com recursos educacionais oferecidos pela empresa, focando na redução desses gaps. O grande ganho do PDP é poder oferecer soluções focadas nas necessidades de cada função, mas sem perder o caráter estratégico, pois se baseia no Modelo de Competências.

Hoje, as ações da empresa têm um único balizador e ela está trabalhando em ferramentas que possam ajudar na agilidade para obtenção das informações. Dessa forma o tempo de resposta ao cliente diminui e pode-se entregar as soluções mais aderentes às expectativas do gestor, dos funcionários e com total foco no negócio.

Para finalizar, a missão da Embratel é desenvolver as competências necessárias às estratégias e diretrizes de negócios do grupo, gerando e validando soluções educacionais, que elevem continuamente a aprendizagem organizacional a novos patamares no mercado.

Depoimentos

"Na Embratel, a Educação Corporativa é fundamental, temos a preocupação de alinhar as soluções educacionais às estratégias de negócio, garantindo a melhor gestão de pessoas e do conhecimento. Além disso, proporcionamos o compartilhamento das melhores práticas, fazendo com que competências individuais possam ser maximizadas, contribuindo no resultado global.

O nosso desafio é garantir que o conhecimento, nosso capital intelectual, não seja perdido entre movimentações, promoções ou na fase de transição, garantindo que seja feita uma troca e que todos vejam o ganho nesse processo, para a empresa e para os funcionários.

No futuro, queremos que o autodesenvolvimento seja não só uma competência que hoje é exigida pela empresa, mas que faça realmente parte da vida dos funcionários, onde cada um planeje suas carreiras em curto e longo prazos. Para que isso seja uma rea-

lidade, temos investido bastante em programas como o Trilha do Conhecimento, que tem foco em ações de autodesenvolvimento para que o funcionário busque a melhor trilha para seu aprimoramento.

O que evoluímos? Hoje, estamos mais próximos aos clientes, temos uma equipe multidisciplinar que constroi as soluções em conjunto com as áreas. Essa construção é viabilizada pelo fundamental apoio e reconhecimento do Comitê de Educação para o Negócio e a Rede de Treinamento no direcionamento das ações de acordo com a estratégia da empresa e envolvimento no desenvolvimento das soluções. Assim, temos soluções mais alinhadas ao negócio e aderentes às necessidades do cliente.

O Comitê é formado por pessoas estratégicas na organização, que participam conosco do planejamento das ações prioritárias do próximo ano de acordo com as metas e lançamentos de novos serviços. Já a Rede de Treinamento é formada por funcionários que nos apoiam e validam as soluções educacionais, nos ajudam com a disseminação e têm papel fundamental para alavancar os resultados na área de educação."

Maria Cristina Zoega — Diretora de Recursos Humanos

"A importância da educação a distância:

O método de ensino e-Learning começou a ser usado na Universidade Aberta (UAB) em 2001, e em 2007 a instituição conseguiu disponibilizar cinco das 20 licenciaturas e mestrados, on-line. Atualmente, as instituições de ensino tendem a vencer a distância através das tecnologias interativas, que permitem que mais pessoas possam participar de experiências educativas.

O que o e-Learning e a aprendizagem eletrônica em geral trouxeram de novo foi a possibilidade de reduzir, consideravelmente, a distância, de criar comunidades virtuais que trabalham em tempo real, disponibilizar material e criar grupos de debate online vinte quatro horas por dia e sete dias por semana.

Este método de ensino tem obtido excelente resultado social, já que os alunos trabalham em grupo, trocam mensagens, textos, debatem questões e criam entre eles uma saudável competição para estar cada vez mais online, com algum material novo."

Luiz Bressan Filho – Diretor do Instituto Embratel

"A Universidade Corporativa da Embratel tem como foco desenvolver um trabalho de excelência, antecipando as soluções educacionais necessárias às conquistas e objetivos estratégicos da empresa. Isso significa, basicamente, preparar a empresa para o futuro, um futuro tão bem-sucedido quanto a história construída até aqui.

Para isso, alguns fatores são essenciais: conhecer o mercado, atuar em total sinergia com as áreas de negócio, garantir a disseminação de novos conhecimentos a todos os profissionais e garantir que as competências instaladas permaneçam agregando valor à empresa. Esse cenário só é viável quando conhecemos o perfil de cada profissional, incluindo suas competências, seus resultados e seu potencial. Assim, temos a visão de futuro e o retrato do presente: onde estamos e aonde queremos chegar. Afinal, precisamos estar preparados para o agora e, mais ainda, para o futuro.

Hoje temos uma sólida base que permite que esses fatores cumpram seus objetivos: o modelo de gestão por competência, o ciclo de desenvolvimento e inúmeras formas de entrega de conteúdo educacional, sejam elas presenciais ou a distância.

A Embratel se orgulha por seu pioneirismo no mercado de telecomunicações e a área de educação corporativa precisa seguir essa marca da empresa."

Andréa Lèbre – Gerente de Desenvolvimento e Educação

Referências Bibliográficas

ARQUIVO EMBRATEL: 1965/2003.

BONILAURI, Ana Rosa Chopard. *O futuro da indústria: educação corporativa – coleção de artigos*. Ministério do Desenvolvimento Indústria e Comércio Exterior, Instituto Euvaldo Lodi/Núcleo Central – Brasília: MDIC/STI: IEL/NC, 2005. Série Política Industrial, Tecnológica e de Comércio Exterior.

DANTAS, Roberto Luiz Carregozza. *As mudanças no processo de gestão do conhecimento: caso Embratel*. 2004. Dissertação (Mestrado) – Escola Brasileira de Administração Pública e de Empresas, Fundação Getúlio Vargas, Rio de Janeiro.

EBOLI, Marisa Pereira. *Educação corporativa no Brasil: mitos e verdades*. São Paulo: Gente, 2004.

Autoria e adaptação:
JUNIOR, Ivair Siqueira Franco. Supervisor de RH da Embratel
OLIVEIRA, Renata Torres Medeiros. Especialista Master de RH da Embratel
PINTO, Vinícius Fonseca Villarinho. Especialista de RH da Embratel

4

Além do e-Learning

Augusto Gaspar e Francisco Antonio Soeltl

No Congresso e-Learning Brasil de 2005, iniciou-se o reconhecimento do impacto do aprendizado na melhoria da Performance Humana. A partir de 2006, evoluiu-se para o relacionamento de ambas com a Performance de Negócios, e, consequentemente, suas contribuições com os Resultados (Razões de Negócio) esperados pelas organizações.

Durante o Congresso em 2008, a MicroPower lançou a versão em português do livro *Além do e-Learning*, de Marc Rosenberg, que veio pela primeira vez ao Brasil para compartilhar sua experiência e conhecimento das Empresas Inteligentes e a aplicação da AAD (Arquitetura do Aprendizado e Desempenho).

Para melhor entendermos este conceito, devemos lembrar que o aprendizado é um fenômeno complexo e não pode ser limitado a uma sala de aula, como disse Peter Senge, ou a apenas um instrumento de transmissão de conhecimento.

Além disso, para ser efetivo, um processo de aprendizagem deve oferecer:

- Instruções no momento em que são necessárias.
- Informações precisas, na quantidade e pelo meio adequados.
- Conhecimento que faça sentido e seja aplicável para o indivíduo.
- Apoio de pessoas mais experientes ou especialistas nos assuntos necessários.
- A oportunidade de compartilhar experiências relevantes ao negócio nos grupos de trabalho.

Verificamos que estes elementos não são comumente apresentados nos programas de treinamento, e considerando que, a partir dos cursos formais (presenciais, no formato e-Learning ou híbridos), aprendemos apenas 20% do que precisamos para executar nossas atribuições, Marc Rosenberg propõe um conceito abrangente, que considera que os outros 80% do que é necessário aprender podem ser adquiridos a partir das consultas aos Repositórios de Conhecimentos, do trabalho coletivo em Comunidades e Redes, do apoio dos especialistas, dos sistemas de Suporte ao Desempenho e da Tutoria, através de sessões Mentoring e Coaching.

Além de tudo disso, mesmo nas organizações que são referências mundiais de qualidade em seus processos de treinamento e desenvolvimento, o tempo médio de treinamento de seus colaboradores raramente supera 4% do tempo total de trabalho. Assim, ao utilizarmos os conceitos colocados por Rosenberg, podemos estender as oportunidades de aprendizado aos outros 96% do tempo.

A Arquitetura do Aprendizado e Desempenho

O modelo da AAD (Arquitetura do Aprendizado e Desempenho) como um dos quatro componentes da estrutura das Empresas Inteligentes está ilustrado na figura a seguir:

A Arquitetura do Aprendizado e Desempenho apresenta os seguintes componentes:

- *Treinamento em sala de aula* – Amplamente aplicado e com resultados conhecidos, o treinamento nesta modalidade traz vantagens em algumas atividades em equipe e na formação de vínculos entre os participantes, e é de grande valor quando tem como foco a experiência prática (laboratórios, por exemplo).

  Por outro lado, sua capacidade de atender a uma grande demanda é limitada por recursos físicos e pela agenda dos instrutores, seu custo é diretamente proporcional ao volume de eventos realizados e sua atualização geralmente depende de um processo demorado, que pode não acompanhar as exigências do negócio.

- *Treinamento online* – Com a possibilidade de proporcionar atividades de aprendizado com grande velocidade e a um público geograficamente disperso, o treinamento online permite manter uma mensagem única por toda a organização, com um custo que se dilui a cada utilização.

4. Além do e-Learning

Verdadeiro Aprendizado Híbrido

Arquitetura do Aprendizado e Desempenho

Treinamento (Soluções Instrucionais) | Aprendizado no Trabalho (Soluções de Conhecimento e Suporte)

e-Learning

Repositório de Informações

Treinamento em Sala de Aula | Treinamento On-Line | Suporte ao Desempenho | Tutoria (Mentoring e Coaching)

Simulações

Comunicadores e Redes | Especialistas e Expertise | Action Learning

Gestão de Conhecimento

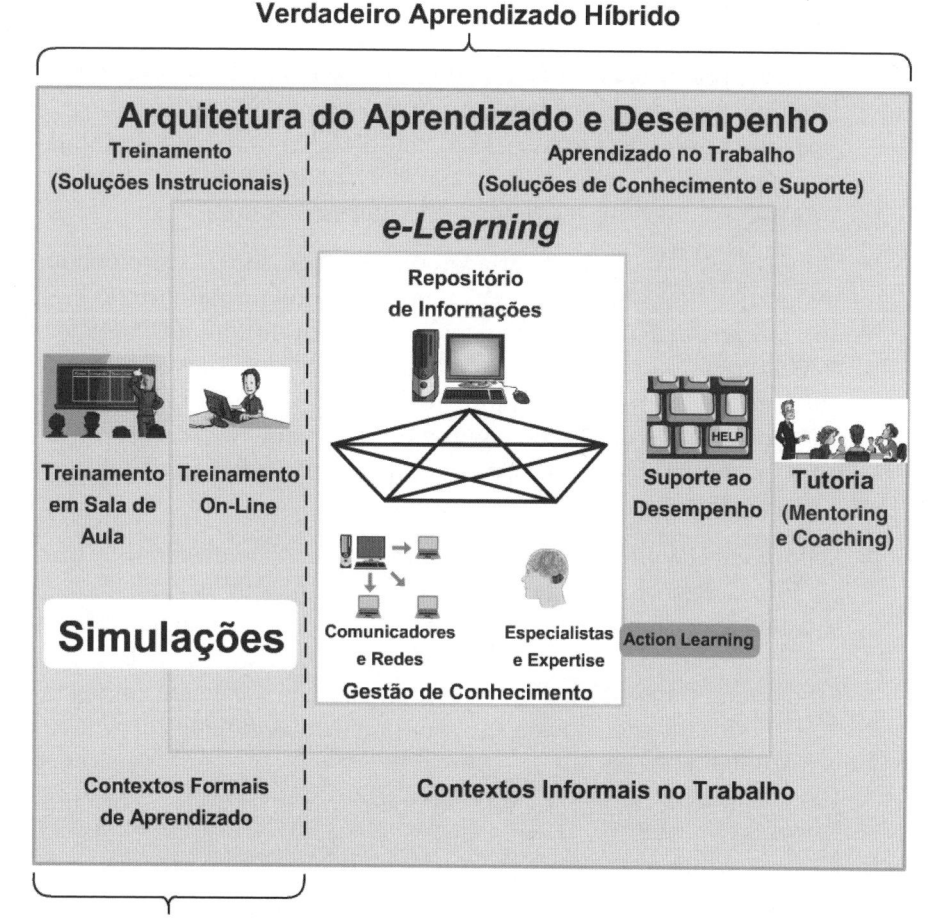

Contextos Formais de Aprendizado | Contextos Informais no Trabalho

Aprendizado Híbrido Tradicional (Treinamento Híbrido)

Figura 4.1 – Arquitetura do Aprendizado e Desempenho

Embora praticamente qualquer conteúdo possa ser elaborado para ser ministrado na modalidade online, é importante ressaltar que a efetividade desses treinamentos depende de um correto desenho instrucional, que define o formato como a mensagem será transmitida e os desafios que serão criados para fomentar a aprendizagem.

- *Treinamento híbrido* – Com o objetivo de aliar o melhor de cada modalidade, a utilização de programas híbridos tem consistentemente proporcionado grandes benefícios para as organizações, por meio de um conjunto de atividades em sala de aula e online equilibrados e definidos por um bom processo de desenho instrucional. O conceito de treinamento híbrido é bem amplo, e, segundo Marc Rosenberg, o verdadeiro aprendizado híbrido é obtido com a utilização do treinamento em sala de aula, treinamento on-line e dos componentes da AAD que veremos mais adiante neste mesmo capítulo.

- *Simulações* – Por meio da criação de cenários, são proporcionados aos participantes ambientes desafiadores, similares ao mundo real, que proporcionam um aprendizado rico com um mínimo de risco. A tecnologia de simulação para aprendizado pode envolver desde um jogo de empresas em tabuleiro até um simulador de voo – o importante é dar ao participante a oportunidade de realizar as tarefas em um ambiente controlado e que forneça um feedback para o seu aprimoramento.

- *Repositórios de informações* – São recursos que podem variar de uma biblioteca eletrônica organizada com documentos de trabalho até sofisticados sistemas de bancos de dados de conhecimento, criados pela codificação do conhecimento coletivo da organização. É de fundamental importância que esses documentos estejam organizados e indexados, de forma que possam ser facilmente localizados pelos colaboradores.

Assim, os colaboradores poderão encontrar referências e orientações sobre processos de trabalho no momento em que são necessários, um dos fatores fundamentais para o aprendizado em tempo integral. Os documentos inseridos nestes repositórios podem ser baseados em qualquer tipo de mídia, o que inclui textos, planilhas, desenhos de processo, animações, vídeos, gravações de voz, fotografias e outros. Os repositórios são, ainda, importantes instrumentos para a preservação do capital intelectual da organização quando há a perda de profissionais experientes por aposentadoria ou outros motivos.

Importante ressaltar que o armazenamento de informações não pode ser feito sem um planejamento e uma administração adequados, isto é, não basta armazenar coisas por armazenar, é importante identificar quais são as informações relevantes para os negócios e a melhor forma de disponibilizá-las.

4. Além do e-Learning

- *Comunidades e redes* — São recursos para compartilhamento de ideias como blogs e chats, bem como recursos de construção compartilhada de conhecimento, como wikis, que possibilitam a troca de informações de forma organizada e generalizada. Estes recursos podem, de acordo com o volume, ser divididos por temas e ter a moderação de especialistas, que poderão, ainda, resumir os pontos mais relevantes e incluí-los nos Repositórios de Conhecimento.

  As comunidades estão fundamentadas no fato de que as pessoas aprendem por meio de outras, na medida em que relacionamentos são construídos no ambiente de trabalho, de estudos ou de interação social. Além disso, por meio de comunidades, o conhecimento pode ser facilmente compartilhado com um nível de estruturação e formalização mais baixo do que em outras ferramentas, justificando seu uso em situações onde não há uma cultura de compartilhamento de conhecimento estabelecida. Assim como no caso dos repositórios de informações, o compartilhamento por meio das comunidades pode economizar tempo e dinheiro, o que significa aumento de produtividade, por disseminar melhores práticas e lições aprendidas com uma facilidade muito grande.

  Vale lembrar que as comunidades são mais efetivas quando surgem espontaneamente e são livres de controle e censura por parte da empresa. Assim, é importante observar o grau de maturidade que as comunidades vão atingindo ao longo do tempo e adaptar a gestão, modulando a administração de forma a extrair o máximo potencial de cada uma das iniciativas.

- *Apoio dos especialistas* — Os especialistas de determinado assunto têm suas competências potencializadas para a organização a partir do momento em que são conhecidos de todos e possam ser acessados com facilidade, tornando-se um ponto de referência para os demais colaboradores da empresa. Estendendo o papel do especialista para que atue com as ferramentas de colaboração, como já citado, teremos ainda mais benefícios para o aprendizado da organização.

  Alguns pontos importantes para o êxito de uma iniciativa de disponibilização de especialistas residem na identificação dos verdadeiros especialistas, e, uma vez identificados, em gerar a motivação para que estes se disponham a colaborar. O uso de ferramentas tecnológicas como diretórios, blogs de postagem rápida, mensageiros instantâneos e equipamentos móveis de comunicação ajudam a disponibilizar os especialistas para serem acessados por quem precisa.

Com relação aos incentivos para que os especialistas se disponham a colaborar, as empresas têm sido bastante criativas e utilizam estratégias que vão desde o reconhecimento e a premiação até a obrigatoriedade pela inserção dessa atividade como uma meta individual que será avaliada no futuro.

- *Action Learning* – Trata-se de um processo que integra, em tempo e espaço, aprendizagem e ação. Um problema é tratado por um grupo, a partir de metodologia específica que incentiva reflexão, trocas e solução. Pode ser aplicado em um caso, isoladamente, ou em projetos organizacionais mais amplos. É, portanto, simultaneamente, uma ferramenta de desenvolvimento individual e de liderança (enriquecimento profissional), eficácia grupal (soluções de problemas que requerem envolvimento de um grupo, funcional ou não) e mudança organizacional (desenvolvimento de uma cultura tipo learning organization).

  É gerenciado por um coach certificado. Empresas como GE e Microsoft apresentam um histórico positivo de aplicações, constatando sua importância como propulsor de desempenho. Seu criador foi Meg Revans e o livro *O Poder da Aprendizagem pela Ação – Como solucionar problemas e desenvolver líderes em tempo integral*, de Michael J. Marquardt (Editora Senac Rio, 2005), reúne as principais ideias e processos. Seus praticantes, uma ativa comunidade internacional de aprendizagem, alinham suas experiências através do WIAL – World Institute of Action Learning – www.wial.org.

  Ao final deste capítulo, Luiz Augusto Costa Leite apresenta uma completa descrição sobre Action Learning.

- *Sistemas de Suporte ao Desempenho* – O conceito de suporte ao desempenho é fornecer a informação no momento em que o colaborador necessita, de forma rápida e precisa, por meio de ajuda online e pequenos trechos de cursos (objetos de aprendizagem) disponibilizados para tal.

  O objetivo é melhorar a performance das pessoas no trabalho, elevando o nível de desempenho de um não-especialista a um nível bem próximo ao de um especialista. Existem diversos tipos de suporte ao desempenho – o mais clássico são os manuais, que podem ser consultados quando há uma dúvida, mas acabam gerando interrupções no trabalho. A evolução da tecnologia já nos permite hoje integrar informações relevantes ao próprio processo de trabalho. Portanto, o suporte ao desempenho ideal integra-se ao processo de trabalho de forma transparente, e o aprendizado ocorre enquanto se desempenha a atividade, deixando de existir um momento para o treinamento em separado.

Devemos notar que o suporte ao desempenho não deve ser encarado como um substituto ao treinamento formal, mas sim como uma importante ferramenta de aumento de produtividade.

- *Tutoria (Mentoring e Coaching)* – O apoio de um tutor é algo bastante comum durante um treinamento formal, seja ele online, presencial ou híbrido. O que Rosemberg propõe aqui é a adoção da tutoria durante todo o tempo de trabalho, por meio de mentoring, que é o apoio de alguém mais experiente, que pode ser o superior imediato ou um colega, e do coaching, que objetiva despertar a motivação para o desempenho e o desenvolvimento, que pode ser realizado pelo superior imediato, no papel de líder coach, ou por um profissional especializado.

Este é um ponto que depende fortemente das pessoas e da sua disciplina em orientar e acompanhar os outros em seu trabalho, principalmente no caso do mentoring.

O valor do coaching tem sido cada vez mais reconhecido pelas organizações, e mesmo quando executado por um profissional externo, seu contexto deve ser o desempenho no trabalho, com o objetivo de alavancar as potencialidades dos colaboradores. Estas técnicas, quando combinadas com os outros componentes da arquitetura vistos aqui, geram um grande impacto no aprendizado integral.

Empresas Inteligentes

As Empresas Inteligentes utilizam de forma equilibrada as quatro dimensões, conforme a figura que segue, nela incluindo a Arquitetura do Aprendizado e Desempenho apresentada.

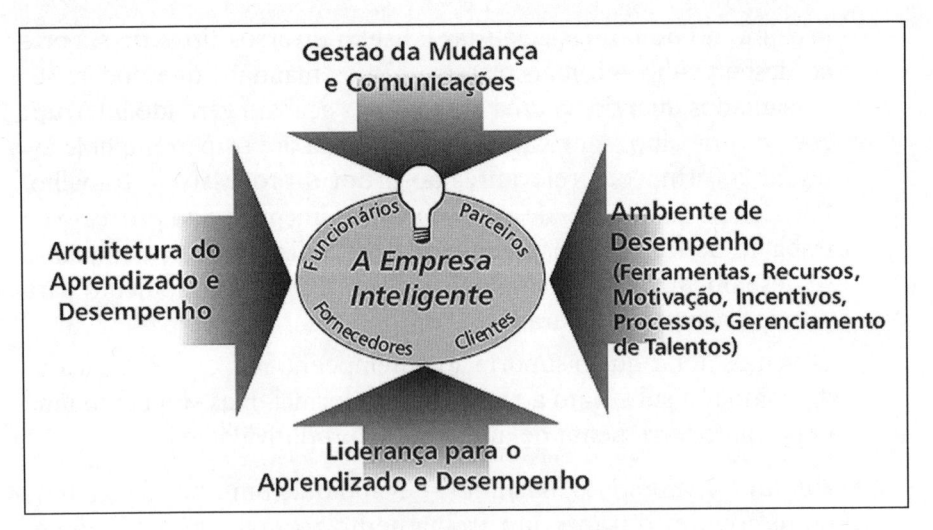

Figura 4.2 – Empresa Inteligente

- *Gestão de Mudanças e Comunicação* – A Gestão de Mudanças é uma disciplina da administração que visa garantir que uma organização e seus funcionários estejam comprometidos e capacitados para entender e executar estratégias de negócios orientadas ou habilitadas pela inovação. Sua meta é fazer com que uma empresa avance na direção de seus objetivos ao melhorar a presteza, e a motivação da força de trabalho em aceitar e tirar proveito da mudança.

Dentre o conjunto de estratégias que compõem a Gestão de Mudanças, podemos destacar a comunicação, que tem o importante papel de alinhar as expectativas de todos da organização com os reais objetivos das mudanças. Um plano de comunicação bem elaborado e abrangente, contemplando todos os públicos e as linguagens adequadas para melhor atingir cada um, é um dos fatores críticos de sucesso para a Gestão de Mudanças. Entre outros fatores críticos de sucesso, podemos citar: obter o apoio da liderança desde o início do processo; incorporar à equipe de Gestão de Mudanças pessoas influentes na organização, independentemente de seu nível hierárquico; reforçar a todo momento os benefícios já atingidos e que serão atingidos em breve; procurar quick-wins e casos internos de sucesso; manter os stakeholders e participantes atualizados em todas as fases do processo; treinar as pessoas no que vai mudar; eliminar receios de tecnologias e processos novos; permitir que as pessoas aprendam e se adaptem.

- *Liderança para o Aprendizado e Desempenho* – Um programa abrangente e contínuo de aprendizagem pode ser entendido como um processo de transformação organizacional, e, como tal, tem como fator determinante para o sucesso a existência de uma liderança forte e apoiadora. É importante contar com o apoio de líderes que se envolvam em todas as etapas do projeto, que deem o exemplo mostrando a importância das iniciativas para a organização e que mostrem o caminho por meio de uma visão clara e consistente, uma proposição de valor que mostre os benefícios para o negócio e para os indivíduos, e uma estratégia de implementação, manutenção e melhorias factível e convincente. Cabe também à liderança facilitar o acesso aos recursos necessários para os programas e estabelecer um modelo de governança funcional para a organização e para os objetivos dos programas de aprendizado.

- *Ambiente de trabalho voltado ao desempenho* – A utilização de recursos direcionados ao desempenho no ambiente de trabalho, como ferramentas e tecnologias, possibilita às pessoas conectarem-se e colaborarem com outras pessoas e equipes, aumentando a sua produtividade e a capacidade de adquirir conhecimento. O cuidado com outros fatores também é importante para um bom desempenho, como a melhoria contínua de processos (Kaizen) e a preocupação com um ambiente físico adequado no escritório, fábricas e demais instalações.

Além disso, existem fatores que impactam diretamente no desempenho dos colaboradores, como cultura, clima organizacional, reconhecimento, premiações e equilíbrio entre vida profissional e pessoal. É importante que esses fatores de trabalho que guardam relação com o desempenho sejam diagnosticados e trabalhados. No Capítulo 10 de seu livro, Marc Rosemberg cita 14 obstáculos ao desempenho e sugere intervenções para cada um deles. Importante notar que somente em quatro dos obstáculos apontados por Rosemberg as ações de treinamento estão entre as intervenções sugeridas, o que nos ajuda a reafirmar o valor de uma abordagem mais ampla e completa para obtermos o aprendizado efetivamente vinculado à melhoria do desempenho.

Francisco Antonio Soeltl

Nos anos que se seguiram após a publicação do livro, algumas organizações aplicaram com sucesso a Arquitetura do Aprendizado e Desempenho proposta por Rosemberg, entre elas a SABESP, empresa de águas e saneamento do Estado de São Paulo. Entre fevereiro e abril de 2010, a MicroPower promoveu o primeiro curso híbrido sobre o tema, com a participação de profissionais de gestão de pessoas e negócios de empresas de todo o país, esperando contribuir com a disseminação destas boas práticas entre as empresas brasileiras.

Action Learning

Por Luiz Augusto Costa Leite

É do conhecimento geral que as organizações encontram cada vez mais novos desafios em todos os campos de sua atividade, da estratégia à ação, do investidor ao consumidor, da estrutura ao processo, da cultura à pessoa. Algumas palavras-chave já estão incorporadas à linguagem corporativa do dia a dia. Complexidade, incerteza, conectividade, agilidade, flexibilidade, ciclo de vida, sustentabilidade não eram expressões tão comuns no passado recente. Hoje, vistas como um todo, determinam uma nova postura: quais os tipos de solução de problemas são requeridos, tanto pelas lideranças superiores quanto pelo conjunto dos envolvidos pela dinâmica corporativa.

Dentro desse contexto, aprender e fazer são habilidades casadas. O tempo e as demandas de resultado não permitem que o ato de aprender esteja distante de acontecer. Esse é um problema recorrente, pois nem sempre as ferramentas da aprendizagem geram ação em curto prazo.

Uma outra característica das organizações modernas é a que torna o trabalho uma atividade cada vez mais grupal, onde está claro que as tarefas de um se encaixam nas de outros, ficando difícil definir fronteiras. Nenhuma inovação tecnológica é obtida ou gera o trabalho isolado, individual. As pessoas precisam, então, atuar cooperativamente se quiserem aumentar seu desempenho.

4. Além do e-Learning

E a liderança para fazer acontecer? Mais cedo ou mais tarde, as práticas de liderança compartilhada (shared) e coletiva determinarão os fluxos de influência para a tomada de decisões. É verdade que há uma forte resistência do modelo comando e controle e sabemos que a mudança de paradigma é inevitável para organizações que se proclamem sustentáveis. Os verbetes das competências de liderança (cognitivas, de execução, de relacionamento e de autogestão) estão sendo reescritos intensamente.

A importância para as empresas do quadro descrito (aprendizagem-ação, problema, grupo e liderança) pode ser ilustrada através de uma entrevista concedida ao jornal *Valor Econômico* (02/10/2009) por Paul Schoemaker, diretor do Centro Tecnológico de Inovação da Wharton School:

Valor: Quais são as maiores armadilhas que as pessoas enfrentam quando tomam uma decisão?

Schoemaker: Nem sempre vemos opções novas e criativas e não conseguimos perceber quando as informações disponíveis estão incompletas ou enviesadas. Perguntas como "que outras opções devemos considerar?" ou "o que está faltando, mas deveríamos saber?" melhoram a maioria das decisões.

Esse é o espaço que a Action Learning se propõe a apoiar no aumento de performance das organizações. Mais que uma simples ferramenta, encerra em sua metodologia teorias comprovadas de autores como Reg Revans, Kurt Lewin e Argyris & Schon.

Por definição, Action Learning é um processo que envolve pequenos grupos de pessoas trabalhando para solucionar problemas reais, realizando ações concretas e aprendendo ao mesmo tempo.

Tem a propriedade de capacitar as organizações a resolver problemas complexos e urgentes, desenvolver líderes competentes, fortalecer rapidamente equipes de alta performance, transformar a cultura corporativa e criar organizações de aprendizagem.

Sua formatação pressupõe a existência de seis componentes:

1. Projeto, desafio, tarefa ou problema.
2. Grupo de quatro a oito pessoas com diferentes pontos de vista.
3. Perguntas reflexivas e atenção ao que está sendo dito.
4. Elaboração de estratégias e implementação das ações combinadas.

5. Compromisso com a aprendizagem.
6. Action Learning Coach.

Como se pode antever, o aprendizado e o desenvolvimento da equipe são tão importantes quanto a solução do problema. Esta é uma característica diferenciadora do processo. Além disso, seus membros não precisam ser especialistas ou originais do grupo, embora todos envolvidos com o problema. Adicione-se a isso um elemento que é um pilar da ferramenta: perguntas reflexivas. O diálogo acontece a partir de perguntas levantadas que acrescentem pensamento crítico às questões em debate, lembrando Paul Schoemaker na entrevista transcrita. O diálogo antecede a discussão. Como disse Peter Drucker, o líder do passado sabia como dizer e o líder do futuro saberá como perguntar.

Há pesquisas suficientes demonstrando que aprendizagem/desenvolvimento ocorrem em faixas superiores a 70% on the job; só que para que isso aconteça com eficácia é preciso ter um plano, um modelo, reduzindo as chances do acaso. Action Learning prevê uma estrutura para isso.

O termo "problema" presta-se a diferentes enfoques. No âmbito de nossas considerações, problema é o componente básico do processo, pode ser um caso específico (distância entre o real e o desejado), um projeto, uma oportunidade, um desafio que seja complexo e crítico, cuja resolução seja de alta importância para um profissional, um grupo ou uma organização, sendo que sua resolução é de responsabilidade do grupo envolvido. Pode ser restrito a um grupo funcional ou multifuncional e deve gerar oportunidades de aprendizagem.

Também aqui existe uma diferença entre os séculos XX e XXI: antes, eram mais comuns os problemas técnicos, onde o conhecimento necessário para resolvê-los já existia; agora, encontramos mais problemas adaptativos, para os quais nenhuma resposta satisfatória foi desenvolvida e nenhum conhecimento técnico é totalmente adequado. Há uma mudança no conteúdo dos problemas.

Passemos agora ao grupo, segundo componente. Quem é esse grupo? São pessoas que representam uma variedade de condições ou competências, de acordo com a natureza ou a extensão do problema. Compromisso, conhecimento, poder para implementar, familiaridade, diversidade, seleção, comparecimento, são algumas das questões consideradas.

4. Além do e-Learning

Um correto check-list para identificar quem pode colaborar incluiria questões como:

1. Voluntários ou designados?
2. Tamanho adequado?
3. Membros também de fora da organização?
4. Tempo integral ou parcial?
5. Equilíbrio entre especialistas e não-especialistas?
6. Os membros estão familiarizados com os princípios do Action Learning?

Quanto ao tamanho de quatro a oito pessoas, a experiência demonstra que menos de quatro reduz em muito a riqueza da contribuição e a diversidade. Mais de oito pode gerar dispersões, excessos de participação e dificuldades de administrar o tempo.

Em seu funcionamento, há um apresentador do problema, um Coach em Action Learning, os demais participantes, podendo aí também haver uma certa variedade de papéis a cumprir. É sempre conveniente ter um patrocinador, que pode ou não ser do grupo.

Chegamos, agora, ao cerne do processo: as perguntas.

Antes de chegar a uma solução, é essencial ao grupo que compreenda o real problema e chegue a um consenso sobre ele. São as perguntas que desenvolvem o entendimento comum e criam bases para a solução do problema.

Michael Marquardt, autor do livro *Leading with Questions*, descobre o véu, identificando três razões por que as pessoas não fazem perguntas:

1. Experiências psicologicamente negativas geram medo e desconforto.
2. Falta de habilidade em fazer ou responder perguntas.
3. Ambientes de trabalho que desencorajam perguntas, especialmente aquelas que desafiam regras e políticas.

Action Learning oferece um terreno fértil para melhorar a decisão através de perguntas. Em primeiro lugar perguntar, em vez de afirmar. Os membros do grupo são basicamente questionadores, com as seguintes habilidades:

1. Capacidade de fazer perguntas.
2. Coragem e autenticidade.
3. Timing.
4. Saber ouvir com atenção.
5. Compromisso em aprender.
6. Atitude positiva perante os outros.
7. Autoconhecimento e autoconfiança.

Durante o processo, utiliza-se uma variedade de práticas de perguntas abertas, como, por exemplo, as perguntas investigativas (que desafiam as premissas básicas) e as analíticas (que examinam causa e efeito e não sintomas). No grupo, todos são incentivados a fazer perguntas, sem restrições.

É claro que toda essa dinâmica de aprendizagem-ação não se constroi intuitivamente e por acaso.

Por trás de toda a prática existe um Coach, certificado através de criterioso processo. Não se trata de um facilitador que acompanha o processo. O Coach gerencia a aprendizagem com foco em perguntas e não afirmações. Adota o double loop learning em vez de o single loop learning, gera reflexão e não reação, valoriza a sabedoria, está mais ligado na aprendizagem do que no processo do grupo, favorece relações de confiança.

Entre suas habilidades estão fazer perguntas, intervir na hora certa, coordenar e planejar, compromisso com a solução do problema e com a aprendizagem, confiança no processo e nas pessoas.

Demonstramos, até aqui, texto e contexto do Action Learning. É uma das vertentes dos modelos originais de pesquisa-ação e se apresenta sob diversos formatos. Todos, no entanto, compartilham alguns princípios como ser mais dialéticos e menos didáticos, tornar os aprendizes participativos e colocar a aprendizagem em suas mãos, absorver o conhecimento tácito, refletir em ação (e não sobre a ação).

Não há dúvidas de que suas aplicações têm demonstrado sucesso. Pesquisa realizada pelo Corporate Executive Board, publicada em março de 2009, sobre o que mais facilita o desenvolvimento de lideranças demonstra que o Action Learning se situa em terceiro lugar, abaixo de Coaching pelo chefe e Job rotation, situando-se acima de feedback 360°, Coaching por profissional e treinamento interno.

> Em suma, vale relembrar dois objetivos maiores do Action Learning:
>
> 1. Prover solução criativa, inovadora e efetiva para o problema.
> 2. Promover aprendizagem individual, grupal e organizacional.
>
> As organizações precisam, urgentemente, eliminar a defasagem entre aprendizagem e ação, e o Action Learning é uma poderosa ferramenta para isso.

5

Desenvolvendo Talentos de 2010 a 2020

Francisco Antonio Soeltl e Augusto Gaspar

Nos próximos 10 anos, as organizações enfrentarão diferentes desafios para preencher com as gerações X e Y as mais de 50 milhões de vagas de liderança sênior geradas com a aposentadoria dos baby boomers em todo o mundo.

Nos países desenvolvidos da União Europeia e Estados Unidos, o principal desafio será a velocidade com que esses jovens deverão ser preparados, e, no Brasil, as dificuldades serão ainda maiores, em função do crescimento da economia, e, em especial, pelo nível baixo de qualificação profissional dos jovens que se formam anualmente nas instituições de ensino em todo o país.

As Gerações X, Y e Z

As gerações X e Y, por sua vez, precisarão estar preparadas para liderar a geração Z, que ingressará no mercado de trabalho, e preparadas para responder as seguintes perguntas:

- Como serão as atitudes em relação ao trabalho a partir de 2015, quando a geração Y exercerá um papel dominante nas organizações?
- Quais os impactos da cultura organizacional nas estratégias e aprendizados?
- Quais serão as estratégias para atrair, desenvolver e reter talentos?

No quadro a seguir apresentamos algumas das características e atitudes com relação ao trabalho das três gerações que se encontram em atividade e/ou ingressarão no mercado até 2020:

Atitudes para com o trabalho	Baby boomers 1946 a 1964	X 1965 a 1980	Y 1980 a 1995	Z 1995 a 2010
Extremamente dedicados, com o trabalho servindo de âncora para suas vidas	100%	50%	5%	?
Equilíbrio entre vida profissional e pessoal	5%	50%	100%	?
Trabalhar em qualquer lugar, e a qualquer hora	10%	50%	80%	?
Relacionamento de longo prazo com seus empregadores	100%	50%	80%	?
Ambições mais modestas, maior dedicação à família, menos viagens e menos pressão pessoal	10%	50%	90%	?
Absorvem várias tarefas simultaneamente	5%	40%	70%	100%
DNA digital: facilidade no uso das tecnologias, games e simulações	5%	50%	90%	100%

Figura 5.1 – Atitudes para com o trabalho

As organizações mais bem-sucedidas serão as que:

- Apresentarem culturas baseadas em valores e foco em performance.
- Adotarem um modelo holístico de desenvolvimento de lideranças, abrangendo a visão espiritual, entendimento intelectual, competências emocional e espiritual, e saúde física e mental.
- Contribuírem com o bem-estar da sociedade como um todo.
- Desafiarem de forma gradativa seus talentos em atividades e projetos que envolvam suas mentes e corações (conforme preconiza o Prof. Carlos Faccina, em Competências Naturais), que permitam que estes desenvolvam suas competências (conhecimentos, habilidades e atitudes) a partir de suas experiências, que apresentem opções de carreira que lhes sejam atrativas, e que lhes permitam balancear as atividades profissionais e pessoais.
- Estimularem o empreendedorismo e a meritocracia.
- Permitirem que o conhecimento flua livremente por toda a organização.
- Adotarem intensamente os processos informais de Coaching e Mentoring.

Desenvolver, Alocar e Conectar Talentos

Nesse contexto, a disputa por talentos deve se tornar mais intensa em todo o mundo, e, para minimizar o impacto desta situação, as organizações precisam concentrar suas atenções nos fatores motivacionais pelos quais seus liderados demonstram maior interesse:

- Desenvolvê-los de forma a ampliar suas competências técnicas, comportamentais, respeitando suas competências naturais.
- Alocá-los a projetos nos quais eles possam aplicar igualmente suas mentes e corações.
- Conectá-los às pessoas que possam ajudá-los a obter o sucesso.

Agindo desta forma, as organizações evitarão a "guerra por talentos" que ocorreu na década de 90, quando as ofertas de remuneração levaram-nas a gastar 50 vezes mais com recrutamento e retenção, do que com desenvolvimento profissional.

Em seu livro *25 Melhores Práticas em Aprendizagem e Desenvolvimento de Talentos*, Nick van Dam sugere o modelo Desenvolver-Alocar-Conectar, pois o vínculo entre essas três ações geram Competência, Compromisso e Alinhamento, que, por sua vez, melhoram o desempenho nos negócios.

O Impacto da Aprendizagem na Gestão de Desempenho

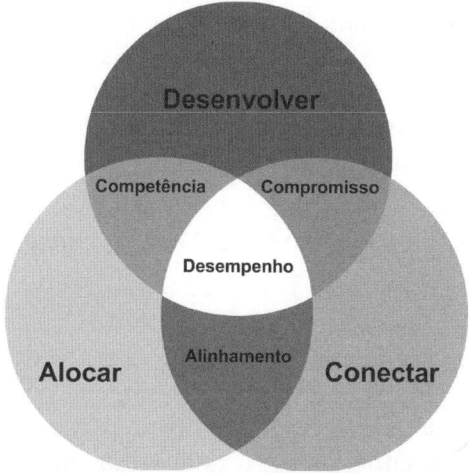

Figura 5.2 – Relação Desenvolver-Alocar-Conectar

Desenvolver

Ao desenhar os programas de desenvolvimento de talentos, as organizações precisam balancear o aprendizado formal ou instrucional, disponibilizando os cursos presenciais e online para suprir os gaps ou carências das competências – conhecimentos e habilidades, exigidas pelos cargos ou funções por estas ocupadas –, com a autoaprendizagem promovida pela gestão do conhecimento, suporte ao desempenho e tutoria – Mentoring e Coaching, da Arquitetura do Aprendizado e Desempenho, abordada no capítulo anterior.

Alocar

Os talentos alocados a atividades pelas quais são exigidos ao máximo e exploram suas paixões e habilidades mais profundas apresentam padrões de desempenho consistentemente acima da média. Em situações como esta, o equilíbrio entre razão e emoção, mente e coração, é essencial, e, além da análise das competências técnicas e comportamentais exigidas do ocupante, é preciso conhecer quais são as verdadeiras competências naturais dos ocupantes destes cargos ou funções, tema que é explorado com mais propriedade pelo Prof. Carlos Faccina ao final deste capítulo.

Conectar

Considerando que a cada dia o trabalho se torna mais complexo, as estruturas mais enxutas, e os profissionais mais pressionados a apresentar níveis de performance acima da média, "conhecer quem sabe" passa a ser mais relevante do que o "domínio do conhecimento" exigido no momento da execução da atividade.

Desta forma, desenvolver uma rede de contatos vai ajudá-las a superar os objetivos de negócio estabelecidos, e, consequentemente, sua autoconfiança.

Em resumo, as organizações precisam repensar suas estratégias voltadas à gestão do desempenho e desenvolvimento de talentos, pois os investimentos na melhoria contínua do desempenho de seus talentos trarão melhores resultados comparados com suas concorrentes diretas do que os investimentos em estratégias financeiras, técnicas e voltadas aos Clientes (que podem ser comoditizadas ao longo do tempo).

Competências Naturais e seu Papel para os Resultados Operacionais

Prof. Carlos Faccina

O mar vermelho da competição é cada vez mais tinto. Share, Ebita, Crescimento Real endógeno, ROIC (retorno do capital investido), WACC (custo de capital), EP (Lucro Econômico), que indicam o valor criado pela empresa, são exigidos em porcentuais cada vez maiores, objetivando manter a competitividade, por vezes a sobrevivência, e, numa hipótese mais otimista, o crescimento sustentável.

Para isso, a "Ciência da Administração" desenvolveu um grande ferramental gerencial destinado a criar "zonas de conforto estratégicas" e que, sem dúvida, se bem utilizadas, demonstraram uma série de virtudes ao longo das últimas décadas. Tornaram as empresas menos custosas, a rigidez hierárquica foi quebrada, proporcionaram uma visão integrada e contribuíram para melhores resultados.

Entre essas ferramentas destaco a qualidade total, a reengenharia, o Balanced Scorecard, o Learn Thinking (Toyota), competências gerenciais, organizações flats etc.

Um extenuante caminho tem sido percorrido pelas empresas desde a década de 50, utilizando-se dessas ferramentas ora isoladamente, ora em conjunto. A essência de todas é que sua aplicabilidade total remete ao sucesso. Normalmente partem de premissas inquestionáveis, ou seja, descortinam a verdade.

Curiosamente, muito do que preconizavam ocorreu, mas a mesma proporção de falhas ocorreu. O exemplo mais sintomático foi a quase falência de empresas premiadas pela qualidade total, o aumento dos recalls e, mais especificamente, o gigantesco recall da Toyota, que, inclusive, ameaça a estabilidade da empresa.

Apesar do mea culpa de empresas que exageraram na reengenharia, os estragos já tinham ocorrido, principalmente no que se refere ao rompimento do compromisso entre colaborador e empresas e a perda inexorável de talentos que a ferramenta determinou.

Curiosamente, um dos cálculos mais simples – quanto custa a perda de talentos, treinamento, admissão, demissão, readmissão, readaptação – acabou não sendo feito por muitas organizações, com seus consequentes resultados negativos que impactaram diretamente o resultado operacional. Se essa é a realidade, o que mais podemos fazer?

A pergunta que não foi feita: como a natureza humana deveria ter sido considerada e deve ser considerada nos processos de reestruturação organizacional?

Definitivamente, a natureza humana não foi considerada, visto a primazia e o domínio do meio. Isso quer dizer: as reestruturações partem do princípio de que se o clima for ajustado os efeitos positivos dele decorrem positivamente.

Assim como a natureza humana foi desconsiderada, o homem como ele é, e não como uma teoria o define (princípio básico da neurociência), diversidade cultural, peculiaridades do mercado, atuação intuitiva e com sentido de urgência foram sacrificados em prol das premissas verdadeiras das ferramentas em questão.

Que fazer diante da pressão cada vez maior por vantagens competitivas, que tendem a ser cada vez mais efêmeras?

Resgatar a natureza humana. O que isso significa na prática? Revisitar o humanismo integrando mente e corpo, razão e emoção, retomar o educare dos latinos – extrair o que o homem tem de inato –, reconhecer que o homem não nasce tábula rasa (somos todos portadores de uma carga genética específica e única), que não somos capazes de moldar infinitamente as pessoas, que a mente humana não é singularmente maleável.

Diante desses conceitos somos todos portadores de talentos inatos, diferenciados, e cada qual no seu nível de competência e responsabilidade capaz de gerar valor nas organizações. Reconhecido o inato, o meio facilita, melhora, integra, desenvolve, instiga, projeta. Portanto, Inato e Meio constituem-se em um único pilar.

Retirar desses conceitos as Competências Naturais nada mais é do que reconhecer na organização os talentos que estão a elas voltados; descobri-las no interior da organização é como garimpar ouro ou diamante e encontrar gradações de pureza e quilates apreciáveis.

E, na prática, como isso é feito e quais são os benefícios para as organizações e pessoas?

Primeiro, é necessário observar que as ferramentas gerenciais em questão não são, por sua natureza, suficientes para a organização compreender a complexidade do mercado. Partem de premissas e essas tendem a se esgotar, à medida que as mudanças de comportamento dos clientes, consumidores e fornecedores são uma constante. Estáticas, carecem de movimento – estão mais para uma foto do que para um filme.

A única fonte inesgotável para a compreensão da realidade é o talento humano, que não tem como fonte de energia uma premissa ou uma especulação, mas a mente. A mente não depende de outra forma inteligente para pensar, intuir, planejar, acionar etc. A atitude mental dela consequente é indispensável para a solução de novos problemas.

Ao inovar, renovar, tem por base analogias que se constroem mentalmente, independentemente de padrões referenciais ou premissas preestabelecidas.

Como mapear as Competências Naturais instaladas na organização?

Parte-se dos Universais Humanos (expressões exteriores do comportamento humano observadas pela ciência da Antropologia em todas as sociedades, independentemente do seu grau de "civilização").

A autoidentificação por parte dos colaboradores com os universais permite uma análise sólida dos talentos e sua alocação correta em funções e atividades mais condizentes para resultados operacionais e pessoais mais condizentes.

Disso resulta melhor otimização dos recursos humanos, com consequência direta para a carreira, a gestão de desempenho, a redução de custos de treinamento, a felicidade e o bom humor.

Esse é um exercício relativamente simples e que pode ser operacionalizado no interior das organizações, sem traumas, medos e a clássica insegurança que teima em ser perene nos processos de mudança.

> Estamos, portanto, diante de uma nova e absoluta "verdade"? Não é a resposta: estamos diante de mais um desafio organizacional, a diferença é que, de fato, revisita o homem, na sua real dimensão. Nesse processo não cabe que as ideias sejam mais importantes do que o homem, cabe, sim, "um novo olhar" para os recursos humanos, onde o homem é mais importante do que premissas, modelos e ideias.

6

Desenhos de Aprendizagem para a Força de Trabalho do Século XXI

Dr. Nick van Dam
Deloitte e Nyenrode Business University

As empresas de todas as partes do mundo continuarão sob pressão a fim de que possam permanecer competitivas e estimular inovações. Para que possam cumprir esses objetivos, elas precisam operar de forma diferente, mais rápida, com melhores desempenhos e a custos menores! A globalização, o aumento da competição, a complexidade, a incerteza e os avanços acelerados na tecnologia implicarão a necessidade de um trabalho mais tácito. Trata-se de um trabalho com interações difíceis que exigem um alto nível de discernimento! As exigências de competências das pessoas têm mudado significativamente nas últimas décadas pela transformação desde um manual de rotinas e a cognição rotineira até ideias de especialistas e comunicações complexas. A mudança de requisitos no trabalho, as novas tecnologias e a redução do prazo de validade do conhecimento impulsionarão a necessidade de um maior aperfeiçoamento da força de trabalho.

Trabalhos de Hoje Exigem Novas Competências

(gráfico: Mudança Porcentual de -10 a 15, anos 1969, 1980, 1990, 2000)

— comunicações complexas   — ideias de especialistas
····· manual de rotinas   ····· cognição rotineira

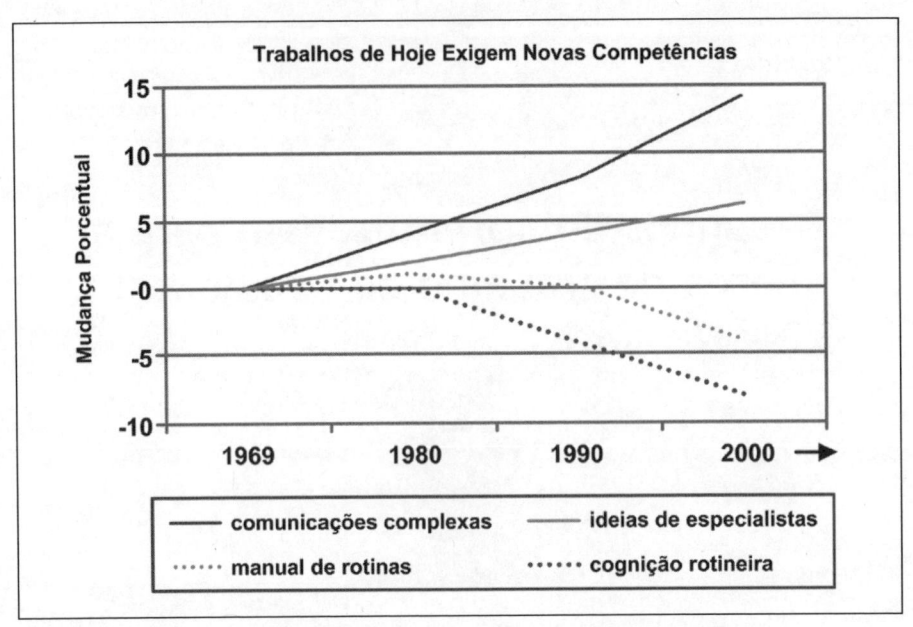

Figura 6.1 — Os trabalhos de hoje exigem competências diferentes

Até 2020, a maior parte dos profissionais extremamente instruídos que são parte da geração baby boom, nascidos entre 1946 e 1964, terá que se aposentar. Será um desafio para muitas organizações capturar a riqueza da experiência e da expertise dessa geração antes que eles saiam de cena. Uma força de trabalho cada vez mais reduzida em diversos países (ocidentais) mundo afora reforçará a escassez de pessoas talentosas em vários setores e profissões.

A geração Internet (nascidos após 1980) desempenhará um papel muito importante nas organizações em 2020. Isso terá um enorme impacto em suas culturas, no uso de tecnologias e no modo como as pessoas colaboram e aprendem no trabalho.

Introdução: Desafios para a Aprendizagem

- Aperfeiçoamento eficaz e eficiente da força de trabalho.
- Apoio a diferentes gerações na força de trabalho.
- Alavancagem de tecnologias de aprendizagem emergentes.

- Captura da expertise de aposentados.
- Oferta envolvente e aprendizado efetivo.
- Suporte da demanda por: mais, mais rápido, melhor e mais barato.
- Suporte da Aprendizagem no "próprio trabalho" (on-the-job).
- Desenvolvimento da próxima geração de líderes.
- Suporte da Aprendizagem Informal.
- Melhora do Desenho de Aprendizagem.
- Comprovação do impacto nos negócios.

O Papel Estratégico da Aprendizagem e do Desenvolvimento

Diversos estudos de pesquisa evidenciam que as pessoas esperam ter trabalhos interessantes e desafiadores com oportunidades para crescimento e desenvolvimento. Elas gostam de trabalhar em empresas baseadas em valores, sustentáveis, que contribuam para o bem-estar da sociedade como um todo. Elas, ainda, querem respeito por seus talentos individuais e ter uma comunicação aberta com sua gerência.

As pesquisas entre formandos mostram que a nova força de trabalho quer ser parte da organização em que possam colaborar com trabalhadores de vários departamentos, unidades, regiões e, inclusive, nações, e construir suas carreiras pela extensão de suas redes profissionais. Mais e mais pessoas valorizam um investimento profundo em suas vidas pessoais, bem como o desfrute de um ambiente de trabalho que promova desafios.

Também está sendo amplamente reconhecido que o modo mais importante de engajar funcionários é dar-lhes oportunidades para que aprendam e desenvolvam novas competências, fornecendo meios de melhorar suas habilidades e aptidões (Towers Perrin, 2006).

Funcionários extremamente comprometidos têm maiores probabilidades de permanecer na organização em que estão sendo desafiados e lhes são fornecidas as competências para que cresçam e desenvolvam em suas trajetórias de carreira selecionadas. Os acionistas examinarão cada vez mais o papel dos ativos intangíveis quando forem avaliar organizações baseadas no conhecimento.

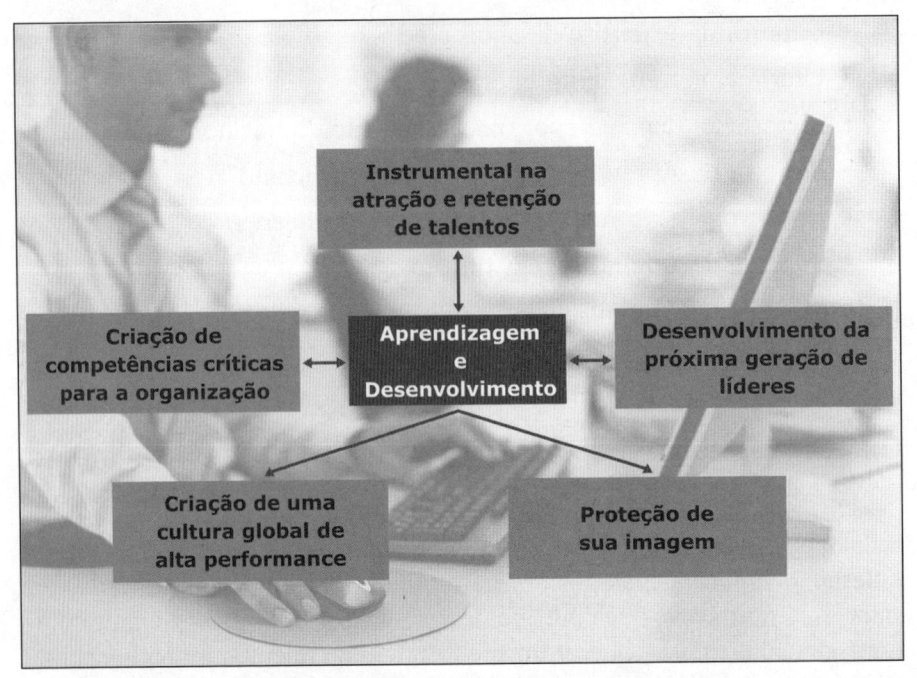

Figura 6.2 — O papel estratégico da aprendizagem e do desenvolvimento nas organizações

Instrumental na Atração e Retenção de Talentos

Durante a última década, o conceito de emprego para toda a vida (vitalício) mudou para um modelo em que os funcionários somente podem ser retidos enquanto eles podem agregar valor a uma empresa. O próprio funcionário se tornou o responsável pela sua carreira e pelo crescimento e desenvolvimento pessoais. Portanto, não é surpreendente que a ausência de oportunidades de desenvolvimento de aprendizagem seja citada como uma das principais razões pelas quais as pessoas saem de uma organização.

Criação de Competências Críticas para a Organização

Uma menor vida útil do conhecimento, a aplicação de novas leis, a introdução de novas tecnologias, modelos alternativos de negócios, globalização e a necessidade de reduzir a lacuna no conhecimento e na expertise criada pela aposentadoria dos baby boomers, para citar alguns fatores, acarretam a necessidade de aumentar as competências da força de trabalho e de desenvolver novas habilidades para a organização. As empresas terão que imprimir mais esforços de reaperfeiçoamento e de um maior aperfeiçoamento de seus funcionários para que possam permanecer competitivas.

Desenvolvimento da Próxima Geração de Líderes

Jamais houve um período na história do mundo corporativo em que tantos líderes seniores saíram de suas empresas. Os líderes atuais devem lidar com um espectro cada vez maior de desafios complexos, incluindo, entre outros: um meio empresarial incerto e de rápidas mudanças, pressões de interessados internos e externos, uma competição emergente entre novas nações, o ritmo rápido das inovações tecnológicas, bem como a importância de se reter talentos.

Conforme mencionado, muitos líderes da geração baby boom estão se preparando para a aposentadoria, o que forçará as empresas a examinar seriamente seus planos de sucessão. É de conhecimento comum, além do que fundamentado pelas pesquisas, que os líderes aprendem mais quando estão no próprio trabalho. As melhores práticas na maioria das organizações indicam que a melhor abordagem para a formação de líderes é a de mirar e perseguir aprendizado que forneça uma oportunidade de se aplicar competências-chave de liderança em equipes, projetos e com os clientes.

Proteção da Imagem

A imagem de uma empresa é um dos ativos mais importantes que ela pode ter. A imagem de uma organização pode informar muitas coisas sobre seu sucesso no mercado, seu vigor financeiro, sua posição no setor e os produtos e serviços que ela oferece. Uma área extensamente subestimada da imagem da marca é a da marca da empresa relacionada ao crescimento e desenvolvimento. Investimentos em aprendizagem e desenvolvimento podem ajudar a melhorar a marca do empregador e posicionar as organizações como o empregador escolhido. Isso é importante para aqueles que visam a um emprego e a uma chance, e para os formados recentes. Como o pool de talentos está se reduzindo, requer-se uma comunicação explícita da força da Proposição de Valor do Empregador, que é percebida graças à sua imagem.

Criação de uma Cultura Global

No passado, a existência de uma organização internacional exigia que ela tivesse certo porte. Hoje, diversas organizações de tamanhos muito diferentes têm escritórios internacionais e uma força de trabalho multicultural. A globalização exige que os indivíduos trabalhem efetivamente com seus pares em todas as regiões do mundo. A natureza e a qualidade dessas interações ajudam as pessoas a entender novas tecnologias, redes sociais, salas de aula virtuais e programas de desenvolvimento que suportam o desenvolvimento de uma cultura global.

Ensino, Treinamento e Aprendizagem

Existe uma série de definições sobre aprendizagem, treinamento e ensino. O treinamento se refere a uma mudança nas competências e o ensino como uma mudança no conhecimento (Elkington, 2002). A aprendizagem é um processo em que se adquirem novas competências e conhecimento com o objetivo de se melhorar o desempenho (Rosenberg, 2001).

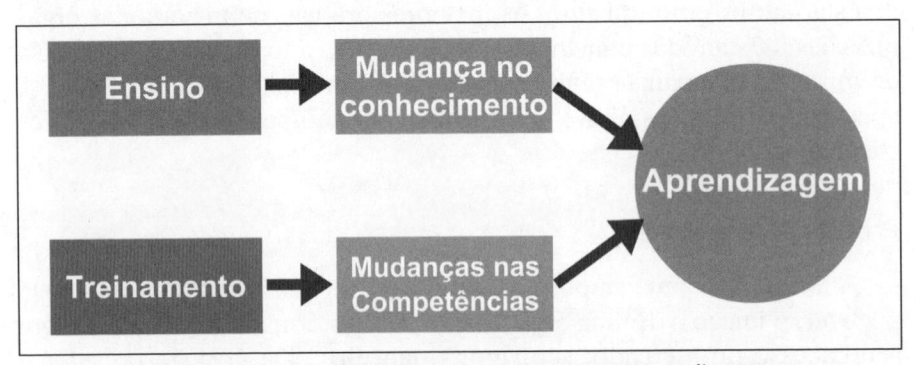

Figura 6.3 – A relação entre ensino, treinamento e aprendizagem

É importante que os profissionais de Treinamento e Desenvolvimento (T&D) entendam as diferenças entre treinamento e ensino, pois as metas de aprendizado para cada uma dessas modalidades são peculiares e muito diferentes. Uma mudança requerida nas competências ante uma transferência de conhecimento leva a um desenho muito diferente em um programa de aprendizado. Isso se torna ainda mais significativo quando o uso de tecnologia é adicionado como uma competência no mix do design. Esse ponto será discutido mais profundamente neste capítulo.

6. Desenhos de Aprendizagem para a Força de Trabalho do Século XXI

Outra distinção importante que gostaria de definir é a distinção entre a Aprendizagem Formal e a Informal. A aprendizagem formal é uma aprendizagem estruturada, orientada por currículos, com base em funções ou níveis fixados por uma organização.

Em outras palavras, ela mesma determina que tipo de aprendizado precisa ser adotado pelas pessoas durante um certo tempo. Os profissionais de T&D são responsáveis por um desenho de alta qualidade.

Exemplos de aprendizagem formal são: programas de aprendizado em sala de aula (física ou virtual) e programas de e-Learning num ritmo ditado pelo próprio participante incluído em um currículo.

O número médio de horas de aprendizado formal que as pessoas podem ter difere de acordo com a indústria, a empresa, a pessoa ou sua função. Por exemplo, os novos contratados geralmente recebem mais aprendizagem do que as pessoas antigas na organização. No ano de 2008, o número médio de horas de aprendizado formal por pessoa era igual a 42 (ASTD, 2009).

A aprendizagem informal pode ser definida como um ensino semi ou não-estruturado, impulsionado pelo aprendizado diário e pelas necessidades de desenvolvimento das pessoas, e que, além disso, ocorre no próprio trabalho. Ela tem suas raízes teóricas no construtivismo.

Exemplos de aprendizagem informal são: um novo projeto/tarefa, comunicações via conferência ou telefone, reuniões, webinars, aplicações eletrônicas de suporte ao desempenho, podcasts, comunidades online, redes sociais, mensagens instantâneas, artigos/livros, mentoring, observação de outras pessoas, Action Learning etc.

Uma série de modalidades de aprendizagem informal (por exemplo, podcasts, sistemas eletrônicos de suporte ao desempenho, webinars, comunidades) é desenhada de acordo com os princípios do design instrucional e da pedagogia. A aprendizagem informal não é prescritiva, mas se trata de um exemplo de aprendizagem auto-orientada.

A Figura 6.4 a seguir exibe um panorama das modalidades de aprendizagem baseadas em tecnologia que fornecem um aprendizado sob demanda para as pessoas. A sigla WBT vista na figura significa Web-based Training, ou Treinamento baseado na Web.

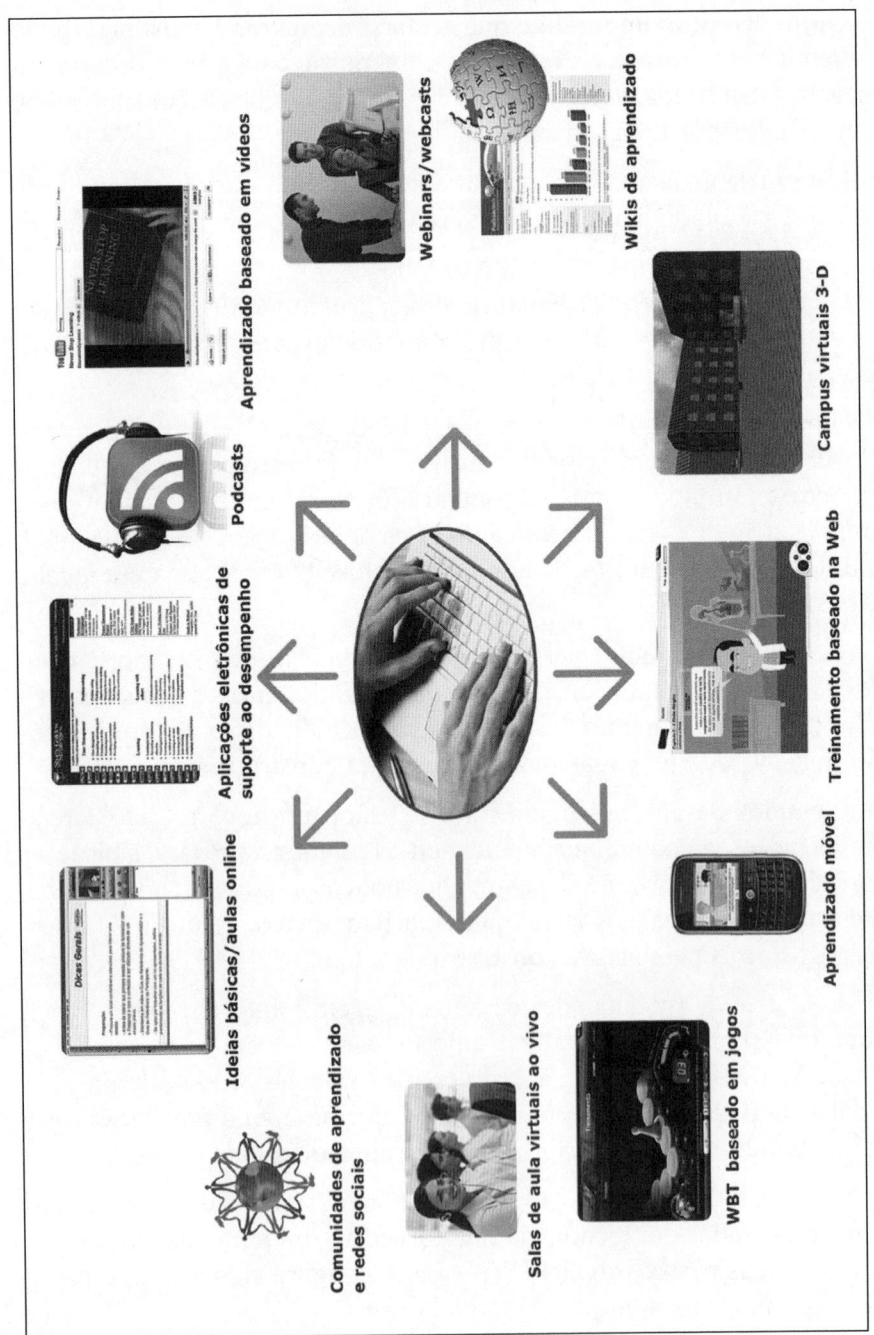

Figura 6.4 – Modalidades de aprendizagem baseadas em tecnologia

6. Desenhos de Aprendizagem para a Força de Trabalho do Século XXI

As pessoas que trabalham num regime de período integral gastam em média 1.840 horas (46 semanas × 40 horas) anualmente no trabalho. A alocação de uma média de 2,2% de horas de trabalho num aprendizado formal não é suficiente para que se desenvolvam competências competitivas e sustentáveis nos funcionários em um grande número de empresas. Portanto, é importante que se alavanquem para eles as oportunidades para que aprendam no próprio local de trabalho. O aprendizado informal responde por mais de 70% de todo o aprendizado que se dá nas organizações (US Bureau of Labor Statistics, 1998). Todas as modalidades de aprendizado baseadas em tecnologia podem ser acessíveis a qualquer hora, e possibilitam um aprendizado informal no trabalho.

A ascensão da Web 2.0 e da mídia social tem fornecido às empresas novas modalidades de aprendizado baseadas em tecnologia, incluindo: redes sociais, (micro) blogs, wikis, mundos virtuais 3-D e comunidades online. O conteúdo não é mais desenvolvido somente por funções corporativas de T&D. O usuário (funcionário) tem-se tornado um desenvolvedor de conteúdo e compartilhará isso dentro de sua rede. Conteúdos gerados por usuários são uma parte da experiência com a Web 2.0. As modalidades de aprendizado baseadas em tecnologia mencionadas suportam o conceito da aprendizagem social.

A aprendizagem social refere-se a uma teoria que indica que as pessoas aprendem mais efetivamente quando elas interagem com outras sobre um dado tema (Bandura, 1977).

Um estudo conduzido pela Harvard School of Education (Light, 2001) reforçou essa teoria e mostrou que alunos que estudavam em grupos eram mais engajados em seus estudos, mais bem preparados para as aulas, e aprendiam significativamente mais do que os estudantes que o faziam sozinhos. As pessoas efetivamente aprendem com as outras pessoas tanto no aprendizado formal como no informal.

O termo "aprendizagem social" é também utilizado no contexto da Web 2.0 e da mídia social.

Uma filosofia do aprendizado que descreve como ele ocorre é a do modelo 70/20/10, desenvolvido na década de 80 por McCall, Eichinger e Lombardo. De acordo com esses pesquisadores, as pessoas aprendem:

- 70% com a vida real e nas experiências do trabalho, nas tarefas e na solução de problemas.

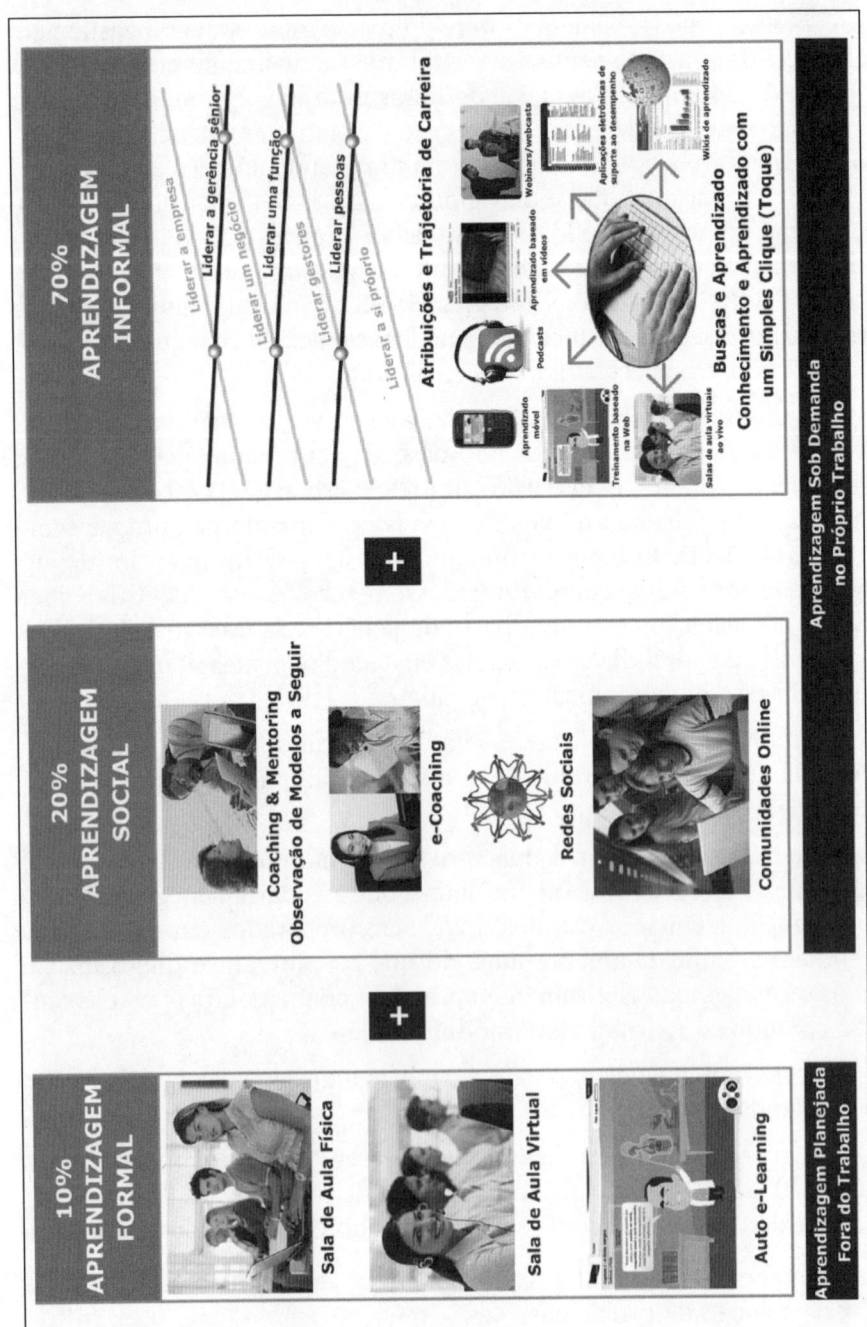

Figura 6.5 – Como ocorre a aprendizagem

- 20% com o feedback (retorno de informações) e de observar e trabalhar com modelos a seguir.
- 10% com o treinamento formal.

O aprendizado baseado em tecnologia desempenha um papel significativo no modelo 70/20/10 apresentado na Figura 6.5. O aprendizado formal inclui o aprendizado estruturado planejável, que pode ser transmitido graças a uma combinação entre a sala de aula física, a sala de aula virtual e o autoe-Learning. A aprendizagem social inclui o aprendizado no coaching e no mentoring, a observação de modelos a seguir, o e-Coaching, as redes sociais e as comunidades online.

O aprendizado informal é o que se aprende em novos projetos e tarefas, no trabalho e/ou melhorias de carreira e por se ter acesso a conhecimento, e oferece aprendizagem diretamente às pessoas incluindo: buscas, autoe-Learning, sistemas eletrônicos de suporte ao desempenho e recursos de ajuda no trabalho, wikis e blogs de aprendizado.

O aprendizado informal e social se dá no próprio local de trabalho, e, nesse caso, ele geralmente não é planejado nem estruturado.

A Evolução da Aprendizagem

Durante séculos, o ensino e a instrução têm sido oferecidos em locais físicos específicos, como escolas, centros de instrução (treinamento), faculdades e universidades. A característica-chave tem sido que a pessoa que está dando a aula está na mesma sala/localidade e no mesmo período de tempo que os participantes/alunos (Hall, 1997). A Universidade de Bolonha, fundada em 1088, é uma das primeiras universidades europeias (Universidade de Bologna, 2002). A abordagem tradicional ao aprendizado foi dominada ao longo dos séculos e tem sido replicada no ensino primário e dos negócios.

Aulas (palestras) fora do campus foram oferecidas pela primeira vez em torno de 1840. Essa inovação foi seguida pela adoção de tecnologias disponíveis para atingir audiências mais amplas e para disseminar conhecimento e treinar competências de modo mais efetivo. Os primeiros cursos via rádio foram oferecidos em 1925. Os filmes foram a próxima modalidade no campo avançado de tecnologia no ensino, seguidos pelas transmissões televisivas ao vivo na década de 40.

O primeiro uso de mainframes no ensino se deu na Stanford University, em que os educadores trabalhavam em parceria com a IBM para oferecer uma instrução com a ajuda da informática nas escolas de ensino fundamental no final da década de 50. Um avanço enorme foi a introdução do computador pessoal (PC) no final da década de 70 e, posteriormente, a possibilidade de adicionar recursos de multimídia no final da década de 90. Isso levou ao desenvolvimento de um boom significativo nos programas de aprendizado baseados em tecnologia, curiosamente primeiro reconhecidos e utilizados pela Apple nas escolas de ensino fundamental (Hall, 1977; Rosenburg, 2001; Horton, 2001).

As teleconferências, introduzidas nos anos 80, ofereceram aos alunos e professores oportunidades de discutir tópicos mesmo a longas distâncias. As redes de televisão por satélite (também introduzidas nos anos 80) possibilitaram a interação entre alunos e professores a distância. O advento da Internet em meados da década de 90 tem-se tornado o maior habilitador para o aprendizado baseado em tecnologia.

O termo e-Learning, ou aprendizado eletrônico, foi cunhado através de uma pesquisa efetuada por Elliott Masie em 1997. A Figura 6.6 mostra a introdução e a adoção de novas abordagens ao aprendizado desde o ano de 1997. Esse modelo não é proposto como uma série contínua. Espera-se que as organizações adotem diferentes métodos de aprendizado com o tempo e que um novo método não necessariamente substitua um método anterior. Por exemplo, o aprendizado em sala de aula física (presencial) sempre desempenhará seu papel no portfólio da T&D, mas ele é combinado com outros métodos de aprendizado.

O modelo inicia com o aprendizado presencial (dado em sala de aula) que, conforme mencionado anteriormente, tem estado presente por um tempo relativamente longo. Novos desenhos de programas e os usos de tecnologia em salas de aula têm tornado o processo de aprendizagem nesses ambientes muito mais interativos, envolventes e efetivos. Diferentes modelos de desenho e de apresentação instrucional utilizados em salas de aula incluem: aprendizado baseado em aulas, aprendizado facilitado e simulações de sala de aula.

O aprendizado facilitado deriva do modelo de aprendizagem por ação e pode ser definido como uma estratégia pela qual as pessoas aprendem com e entre elas à medida que tentam identificar e, em seguida, implementar soluções para seus problemas ou questões de desenvolvimento (Revan, 1982).

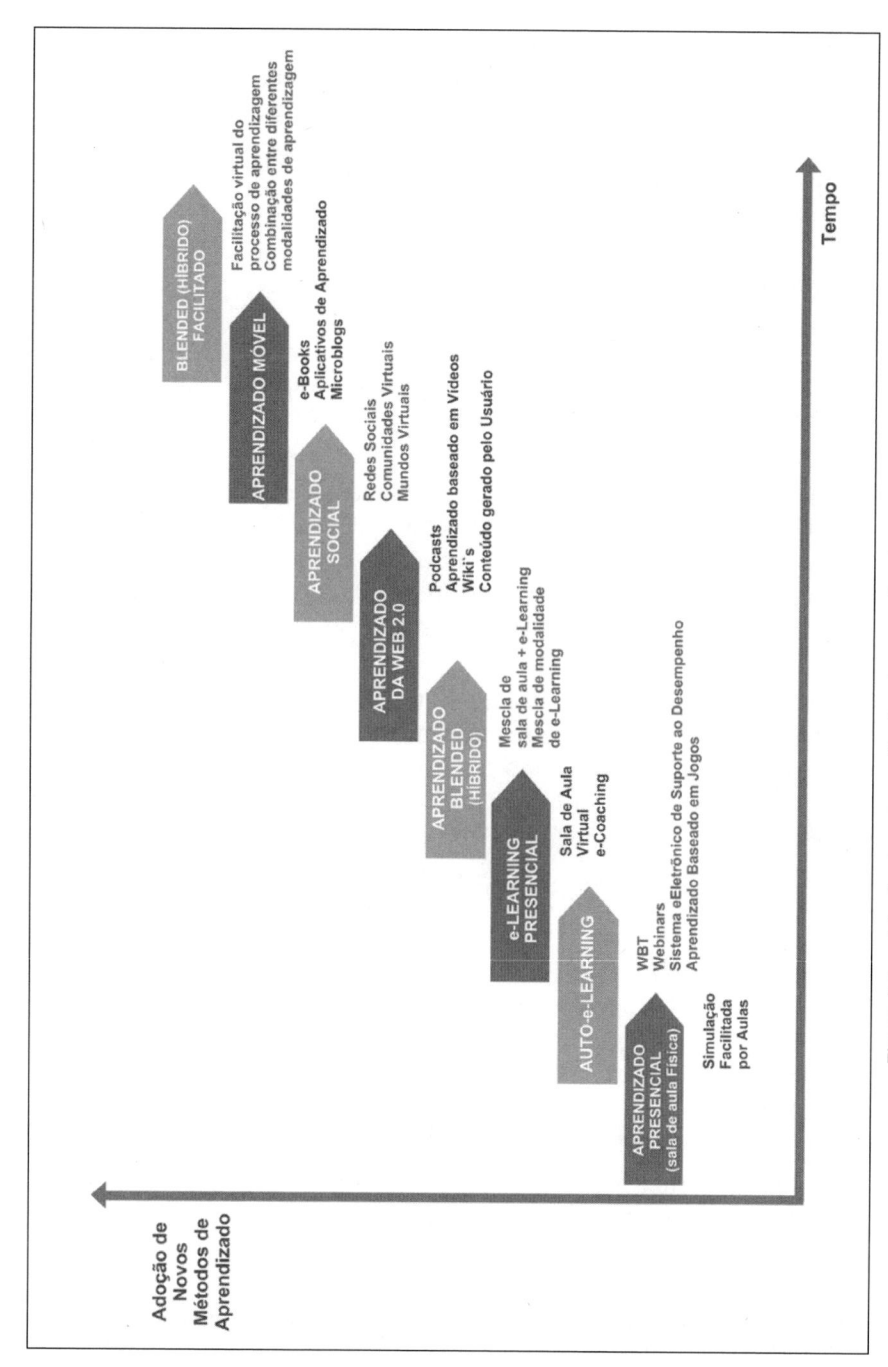

6. Desenhos de Aprendizagem para a Força de Trabalho do Século XXI

Figura 6.6 – Adoção de novos métodos de aprendizado no decorrer do tempo

A simulação em uma sala de aula é um design de aprendizado que cria uma situação nesse ambiente simulando uma experiência da vida real. Estimula a realidade e fornece um contexto para os alunos reterem as informações e desenvolverem habilidades. Ela é similar ao modelo de emprego de aprendizes ou treinamento on-the-job. É importante enfatizar que as simulações não são estudos de caso.

Um estudo de caso estimula os participantes a adotar uma visão externa a um problema ao resumirem habilmente informações relevantes em um pacote conciso. Uma simulação exige que os participantes se tornem intrinsecamente envolvidos na situação ao completarem uma tarefa ou deliberadamente utilizarem dados e informações quando eles surgirem num meio do mundo real. Desenvolver esse contexto da vida real é uma chave para o desenvolvimento e a retenção de habilidades (Andrade, 2003).

O autoe-Learning, ou aprendizado assíncrono, foi introduzido por volta de 1997, e uma série de diferentes soluções de e-Learning conduzidas pelo próprio aluno emergiu desde então. O e-Learning síncrono ou presencial tem mostrado ser uma extensão muito eficiente das soluções do autoe-Learning, pois ele suporta as interações em tempo real e a aprendizagem entre as pessoas.

O aprendizado Blended (híbrido) se tornou um jargão técnico no ensino corporativo. Primeiro, ele foi utilizado para combinar o e-Learning (síncrono e assíncrono) com a instrução em sala de aula tradicional. Hoje em dia, as organizações também mesclam diferentes modalidades de tecnologias de aprendizagem sem terem propriamente uma sala de aula.

Web 2.0 é uma expressão que tem sido utilizada desde 2003 e descreve um conjunto de tecnologias e aplicações da Internet da próxima geração que incluem blogs, wikis, feeds RSS*, bookmarking social, aplicações colaborativas, mash-ups, podcasts e conteúdo dinâmico de sites (Firmage, 2003). Ela, de modo geral, é referida como uma web social em que as pessoas se conectam entre si. Isso é obtido pelo uso de sites de mídias sociais (por exemplo, twitter), sites de noticiário social (por exemplo, Digg), redes sociais (por exemplo, Facebook) e wiki sites (por exemplo, Wikipedia).

A grande diferença em relação à Web 1.0 é a maior colaboração entre usuários da Internet e de recursos móveis, provedores de conteúdo e empresas.

---

* RSS (Really Simple Syndication) é um formato de alimentação automática de informações (notícias, entradas de blogs etc.) via Web.

6. Desenhos de Aprendizagem para a Força de Trabalho do Século XXI

Web 1.0	Web 2.0
Eu	Eu + você
Ler	Ler + escrever
Conectar ideias	Conectar ideias + conectar pessoas
Buscas	Buscas + recomendações de amigos/outros
Descobrir	Compartilhar
Regra de especialistas (técnicos)	Regras de todos

Fonte: Extraído de C. Sessums, 2009.

Figura 6.7 — Diferenças da Web 2.0 em relação à Web 1.0

Uma série de aplicações da Web 2.0 que formata a aprendizagem são podcasts, vídeos instrucionais, wikis de aprendizado, (micro) blogs e modos de compartilhar conhecimento graças ao conteúdo gerado por usuários. Conforme mencionado anteriormente, a aprendizagem social se refere, no contexto da Web 2.0, às aplicações de aprendizado como redes sociais, mundos virtuais e comunidades online, que são utilizadas pelas pessoas para que elas se comuniquem com outras e para o compartilhamento de conhecimento. A Web 2.0 pode proporcionar experiências de aprendizado envolventes, interativas e ricas.

A adoção de aparelhos de computação móvel como laptops, netbooks, tablets, iPads, telefones celulares, PDAs, smartphones, e-readers etc. dará oportunidades para que se forneça aprendizado onde ele é necessário no momento em que isso é necessário! Um número crescente de novas aplicações de aprendizado tem ficado disponível para todos os tipos de dispositivos móveis, incluindo os aplicativos de aprendizado social.

As modalidades de aprendizado existentes nas barras da Figura 6.6 podem ser mescladas em um design especializado para suportar a apresentação de programas de ensino que tenham um período de tempo de vários meses. As universidades online têm bastante experiência em desenhar programas online em que os diversos eventos de aprendizagem são suportados e facilitados no modo online. Para suportar isso, são utilizadas diversas tecnologias de aprendizagem. Esse método de design de programas de aprendizado que cunhei como "Aprendizado Híbrido Facilitado" também tem sido adotado com sucesso por várias organizações.

Desenho do Próximo Método de Aprendizado

Nesta seção introduzirei uma estrutura dedicada ao desenho de programas de aprendizagem para uma força de trabalho do século XXI e discutirei brevemente melhores práticas e teorias aplicadas a esse conceito.

Com a emergência de novos métodos e tecnologias de aprendizado, pode-se fazer a pergunta: o que faz um programa ser uma experiência efetiva de aprendizado?

Os resultados de meta-análises de mais de 355 estudos concluíram que a qualidade do desenho do aprendizado é o fator mais importante na retenção de conhecimento preferentemente ao método como ele é dado: aprendizado em sala de aula física ou baseado em tecnologia (Russel, 2001). Resultados de pesquisas de meta-análises de 51 estudos do Ministério de Educação dos EUA (2009) constataram que: "os estudantes que participaram parcial ou totalmente de aulas no modo online tiveram, em média, desempenhos melhores do que os que fizeram o mesmo curso por meio da instrução presencial tradicional".

O aprendizado em sala de aula tradicional e o baseado em tecnologia serão sempre utilizados (e mesclados) para suportar o aprendizado e desenvolvimento para as pessoas. Cada um deles tem um lugar único no portfólio de opções de apresentação de aprendizado.

Na Figura 6.8 apresento um modelo de desenho de aprendizado que suporte profissionais e fornecedores de programas de aprendizado para que tomem decisões sobre o desenho e a utilização de diferentes modalidades de aprendizado.

Esse modelo tem quatro partes: Análises de Aprendizado; Categorias de Metas de Aprendizado; Métodos de Apresentação de Aprendizado e Aplicação do Design Instrucional. O resultado desse modelo se materializa em soluções mescladas de desenvolvimento de competências pessoais que suportem o negócio.

Análises de Aprendizado

Essa primeira etapa busca avaliar os *requisitos de negócio* e determinar que tipos de competências pessoais a organização necessita a curto e longo prazos. Isso colaborará para que um profissional de aprendizado entenda que modalidades de programas de aprendizagem são necessá-

6. Desenhos de Aprendizagem para a Força de Trabalho do Século XXI

Aplicação do Design Instrucional
- Teorias do Aprendizado Adulto
- Pedagogia
- Métodos de Instrução
- Mídia

→ Soluções Híbridas de Desenvolvimento de Competências Pessoais e que Suportam o Negócio

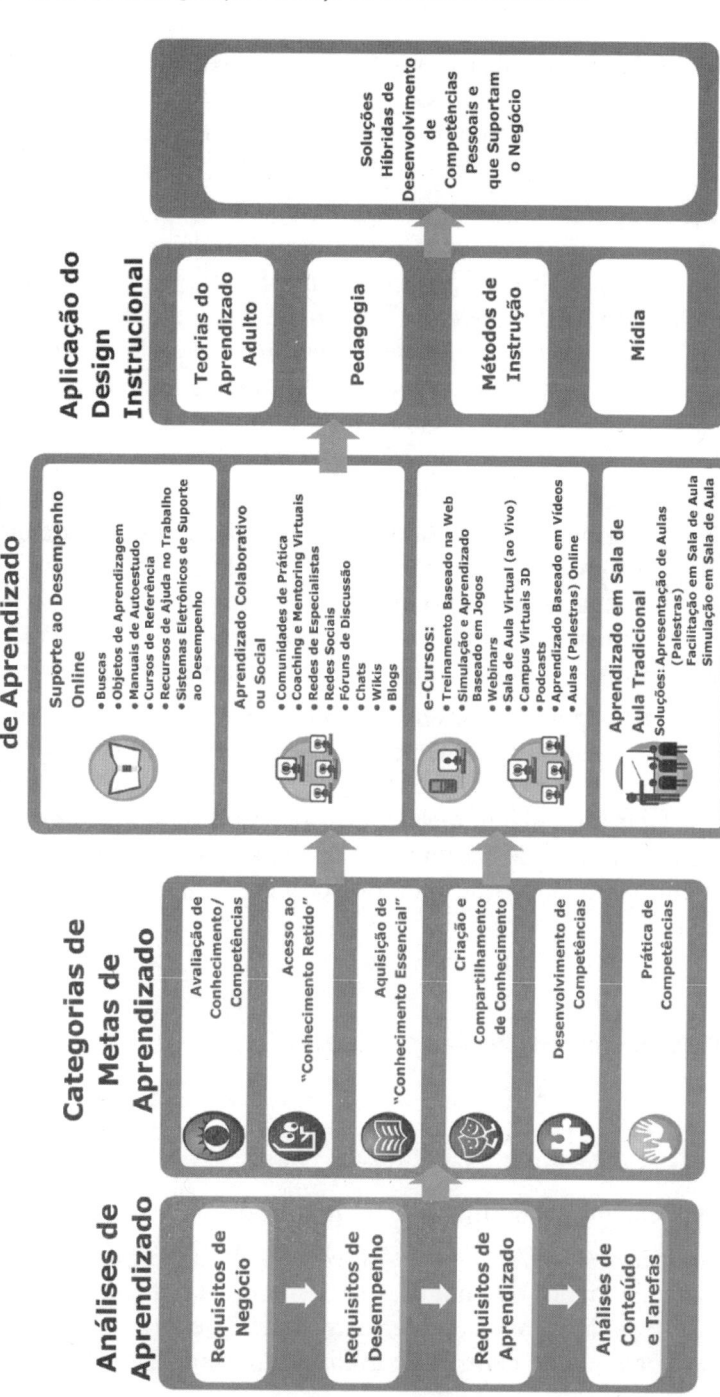

Métodos de Apresentação de Aprendizado

Suporte ao Desempenho Online
- Buscas
- Objetos de Aprendizagem
- Manuais de Autoestudo
- Cursos de Referência
- Recursos de Ajuda no Trabalho
- Sistemas Eletrônicos de Suporte ao Desempenho

Aprendizado Colaborativo ou Social
- Comunidades de Prática
- Coaching e Mentoring Virtuais
- Redes Sociais
- Fóruns de Discussão
- Chats
- Wikis
- Blogs

e-Cursos:
- Treinamento Baseado na Web
- Simulação e Aprendizado Baseado em Jogos
- Webinars
- Sala de Aula Virtual (ao Vivo)
- Campus Virtuais 3D
- Podcasts
- Aprendizado Baseado em Vídeos
- Aulas (Palestras) Online

Aprendizado em Sala de Aula Tradicional
Soluções: Apresentação de Aulas (Palestras)
Facilitação em Sala de Aula
Simulação em Sala de Aula

Categorias de Metas de Aprendizado
- Avaliação de Conhecimento/Competências
- Acesso ao "Conhecimento Retido"
- Aquisição de "Conhecimento Essencial"
- Criação e Compartilhamento de Conhecimento
- Desenvolvimento de Competências
- Prática de Competências

Análises de Aprendizado
- Requisitos de Negócio → Requisitos de Desempenho → Requisitos de Aprendizado → Análises de Conteúdo e Tarefas

Figura 6.8 — Modelo de desenho de aprendizado profissional

rias ou como as necessidades do negócio podem ser tratadas. Trata-se de um estágio muito importante, porque ele ajuda a fixar prioridades; alocar investimentos, e consolida o alinhamento e suporte da liderança no negócio.

Durante a segunda etapa, a de *requisitos de desempenho*, identificam-se um departamento, ou unidade de negócio, um grupo de trabalho ou um indivíduo específico para a organização. É importante que se determine uma "lacuna de desempenho" potencial. Esse é o delta entre o desempenho "efetivo" e o desempenho "esperado". Além disso, precisarão ser identificados os benefícios do negócio para que se melhore seu desempenho. É preciso a implementação de um estudo importante de negócio antes de os profissionais de T&D poderem ingressar na terceira fase, a de *requisitos de aprendizado*.

Nesse estágio, há a necessidade de uma avaliação para se determinar que tipo de intervenção de aprendizagem é o mais efetivo para se reduzir a lacuna de desempenho, como, por exemplo: aprendizado a partir de programas estruturados, aprendizado com outros e/ou com base na experiência e por prover acesso a conhecimento e aprendizado eletrônicos.

A etapa envolvendo *análises de conteúdo e tarefas* iniciará se tiver havido uma necessidade identificada de se desenvolver um programa de aprendizagem como o programa em sala de aula tradicional, o treinamento baseado na Web ou o sistema eletrônico de suporte ao desempenho. O conteúdo é o componente do conhecimento e as tarefas são decompostas com base em habilidades que uma pessoa necessita dominar. Esses dados e informações fornecem inputs para a segunda parte do modelo de desenho de aprendizado profissional.

Categorias de Metas de Aprendizado

Nesse estágio, o profissional de T&D precisa determinar as diversas metas de aprendizado que suportarão as habilidades pessoais requeridas e que fecharão a lacuna de desempenho identificada.

As cinco categorias de metas de aprendizado são:
- *Avaliação de Conhecimento/Competências* – avaliar o conhecimento ou as habilidades de uma pessoa. Isso pode ser feito, por exemplo, pela utilização de ferramentas diagnósticas (eletrônicas), pesquisas e/ou por meio de centros de avaliação presencial.

- *Acesso ao "Conhecimento Retido"* – avaliar a que conhecimento uma pessoa precisa também ter acesso. Não faz parte desse objetivo de aprendizado que as pessoas tenham de se lembrar do conhecimento.
- *Aquisição de "Conhecimento Essencial"* – transferir conhecimento crítico para que as pessoas o retenham, pois elas necessitam aplicá-lo regularmente.
- *Criação e Compartilhamento de Conhecimento* – engajar as pessoas na criação de conhecimento e seu compartilhamento com outros.
- *Desenvolvimento de Competências* – aprender uma nova competência ou uma nova habilidade para fazer algo bem.
- *Prática de Competências* – praticar uma competência que tenha sido aprendida.

Métodos de Apresentação de Aprendizado

Nesta seção, precisam ser selecionadas uma ou mais modalidades de aprendizagem para fins de desenho e desenvolvimento. Os critérios mais importantes para a seleção são:

- *Eficácia no aprendizado* – que modalidades de aprendizagem oferecem o melhor meio de se transferir conhecimento e desenvolver habilidades com base nos requisitos de negócio, por exemplo tempo para a competência? As metas de aprendizado identificadas têm um impacto significativo na modalidade de aprendizado escolhida.
- *Eficiência no aprendizado* – que modalidade de aprendizado gera o maior valor para os investimentos feitos? Dependendo do número de pessoas que necessitam ser treinadas, as soluções de aprendizado baseadas em tecnologia normalmente geram um aprendizado a custos menores, comparativamente aos programas de aprendizagem numa sala de aula tradicional.

As modalidades de aprendizado podem ser agrupadas em quatro categorias:

Suporte ao Desempenho Online

Os sistemas de aprendizado baseados em tecnologia que oferecem suporte ao desempenho ajudam a aumentar a produtividade e a eficiência. Os sistemas eletrônicos de suporte ao desempenho são projetados no suporte de um objetivo de aprendizado para que se obtenha acesso ao "conhecimento retido".

Aprendizado Colaborativo ou Social

Essa é uma situação em que duas ou mais pessoas aprendem algo juntas. Isso pode ocorrer pela habilitação de tecnologias colaborativas ou sociais ou por se ter interações presenciais.

e-Courses

Programas de aprendizado estruturados síncronos ou assíncronos baseados em tecnologias que suportem metas específicas de aprendizado.

Aprendizado em Sala de Aula Tradicional

A sala de aula é um ambiente muito importante para o meio de aprendizado e desenvolvimento com o maior valor para reforçar a cultura da empresa, oferecer acesso à liderança, formar equipes, intercambiar conhecimento entre pessoas de diversos departamentos, diferentes setores ou países, redes e para a prática de habilidades. Um outro benefício do aprendizado em sala de aula tradicional é que as pessoas têm dedicado tempo para focar no aprendizado em uma unidade com interrupções limitadas no trabalho.

Aplicação do Design Instrucional

Após a seleção das modalidades de aprendizado, seus resultados precisam ser determinados para que se possa planejar e desenvolver um programa Blended (híbrido) de aprendizagem.

Os resultados do aprendizado são declarações do que um aluno deve saber, entender e/ou ser capaz de demonstrar após a conclusão de uma intervenção de aprendizado.

Para o desenho e o desenvolvimento de programas híbridos de aprendizagem, um profissional de T&D precisa incluir: teorias do aprendizado adulto, pedagogia, métodos de instrução e mídia.

As teorias do aprendizado adulto, que se baseiam extensivamente na filosofia humana, foram introduzidas por Malcolm Knowles (Medsker e Holdsworth, 2001). Ele cunhou o termo "andragogia" para descrever o

6. Desenhos de Aprendizagem para a Força de Trabalho do Século XXI

estudo de como os adultos aprendem. Há quatro hipóteses básicas que distinguem os alunos adultos de crianças: autoconceito; experiência; disposição para aprender, e, finalmente, orientação à aprendizagem.

Os princípios-chave da teoria de Knowles sobre o aprendizado adulto incluem:

- Colocar uma grande importância em um clima acolhedor e não ameaçador durante o evento do ensino.
- Criar um clima em que os alunos se sintam respeitados, confortáveis e bem-vindos, e reforçar que os mesmos são o centro das atenções.
- Utilizar o termo facilitador e não instrutor em programas de sala de aula (virtuais).

Central à prática da andragogia está o fomento da capacidade adulta para manter sua autodireção (Knowles, 1975 e Brookfield, 1985).

A *pedagogia* é a arte ou ciência de ensinar, mas o termo também pode se referir a estratégias ou ao estilo de ensino. O *design instrucional* é o desenvolvimento sistemático de especificações instrucionais que utilizam o aprendizado e a teoria instrucional para assegurar a qualidade da instrução.

As vantagens do design instrucional são (Piskurich, 2006):

- Criar programas de aprendizado que ajudem as pessoas a aprender as coisas que elas necessitam saber.
- Assegurar um treinamento efetivo em relação ao custo.
- Ajudar o treinamento para que ele se torne mais efetivo quanto ao tempo.
- Selecionar o modo mais efetivo de apresentar o conteúdo.
- Criar uma avaliação válida e útil do treinamento.
- Criar uma qualidade consistente do treinamento.
- Criar treinamento vinculado às metas e aos objetivos da organização.

Há um número muito grande de títulos que abordam as teorias da aprendizagem. Elas podem ser classificadas em: comportamentais, cognitivas, humanísticas, sociais e afetivas (emocionais). Todas as teorias defendem diferentes modelos instrucionais para o desenho do aprendizado.

Está fora do escopo deste artigo ter uma discussão em profundidade sobre as diversas teorias da aprendizagem, mas apresentarei brevemente alguns estudiosos que continuam a ter um forte impacto no modo como o aprendizado é planejado.

Robert Gagne é um behaviorista considerado o principal pesquisador e contribuidor da abordagem comportamental sistemática ao design instrucional (Kruse e Keil, 2000). Ele identificou condições mentais para o aprendizado baseadas no modelo de processamento de informações dos eventos mentais que ocorrem quando os adultos recebem vários estímulos. O pesquisador criou nove eventos de instrução, que correlacionam e abordam as condições de aprendizado. Os eventos são: obter atenção; informar aos alunos sobre as metas; estimular a recordação de aprendizados prévios; apresentar o conteúdo; fornecer uma orientação de ensino; evocar desempenho (prática); fornecer retorno; avaliar performance, bem como aumentar a retenção e a transferência ao trabalho. Há fortes evidências de que o modelo de Gagne é o melhor modo de garantir um programa efetivo de aprendizado.

A escola cognitiva do design instrucional lida com eventos e processos que ocorrem na mente do aluno. Bloom (1952) tornou-se famoso com sua taxonomia do aprendizado. Ele distingue entre seis tipos de aprendizagem: conhecimento, compreensão, aplicação, análises, sínteses e avaliação. Esse pesquisador constata que as pessoas primeiramente precisam adquirir habilidades num nível mais baixo (conhecimento, compreensão e aplicação) antes que elas possam aprender as habilidades num nível superior (análises, sínteses e avaliação).

O construtivismo é baseado na premissa de que todo o conhecimento é formado subjetivamente na mente do aluno. Os construtivistas radicais acreditam que o aprendizado deva ocorrer em um meio rico, porém limitado de aprendizado que estimule ou impulsione problemas e tarefas reais. Isso pode ser visto como o aprendizado informal "no próprio trabalho".

As pessoas têm diferentes preferências na maneira como aprendem. Isso, de modo geral, refere-se aos estilos de aprendizado. Existem muitas escolas do pensamento sobre estilos de aprendizado, mas não há um enfoque aceito universalmente para defini-los ou ajustar o design e os métodos instrucionais de modo a responder pelos mesmos. Tampouco nem todas as pessoas concordam sobre os seus significados (Broadbent,

2002). Os profissionais de T&D precisam lembrar das "preferências de aprendizado" das pessoas para que as utilizem simplesmente como um dos vários critérios para a seleção de modalidades de ensino e para o design instrucional.

O desenho do aprendizado também é influenciado pela mídia. Os elementos midiáticos são técnicas visuais e/ou áudio utilizados para exibir palavras e ilustrações no processo. Exemplos de mídia incluem: texto, narração, música, diagramas estáticos, fotografias e animações. A seleção de elementos midiáticos e a qualidade da mídia desempenham um papel muito significativo, tornando os cursos e o material de suporte muito mais expressivos.

Concluindo, a eficácia dos programas de aprendizado depende extensivamente do nível e da qualidade do design instrucional. Portanto, os programas de aprendizado híbridos devem incluir métodos instrucionais que tratem de metas específicas de ensino.

O novo meio de aprendizagem do século XXI é, por design, uma série contínua que suporta o aprendizado desde a ciência do iniciante, passando por todas as fases, até o domínio e a melhora da performance individual que terá um impacto nos negócios.

Personalização do Aprendizado em Massa

Na economia atual, muitos produtos e serviços devem ser personalizados de acordo com as necessidades específicas e peculiares do consumidor individual – e várias empresas estão praticando isso, considerando o cliente como uma "unidade peculiar". O trabalhador do conhecimento do século XXI exige o mesmo nível de personalização do aprendizado individual a fim de suportar a aquisição de conhecimento e o desenvolvimento de competências em um ambiente de trabalho difícil de contentar. As tecnologias emergentes de aprendizado e os métodos e técnicas mais importantes do design instrucional possibilitam às organizações executar com base nessa visão.

"Você pode comprar o carro de qualquer cor, contanto que ele seja preto" – foi um slogan utilizado por Henry Ford em 1913, quando ele anunciou o início da produção em massa do Modelo T da Ford. As empresas que se seguiram perceberam que tinham de fornecer diferenciações em seus

produtos e/ou serviços para atender às necessidades dos consumidores em diferentes segmentos de mercado com base em demandas e comportamentos de compra.

A chegada da Internet, a funcionalidade emergente dos softwares de ERP e os novos enfoques na gestão das cadeias de suprimentos possibilitaram a personalização de produtos e/ou serviços segundo as necessidades pessoais. Exemplos incluem, entre outros, carros, computadores, casas, férias, café etc.

Similar a um número bastante grande de produtos e serviços do século XX, muitos programas de aprendizagem e desenvolvimento foram projetados e oferecidos para um público específico como parte de um currículo-padrão, sendo disponíveis em programas fechados de sala de aula. Esse processo tradicional de aprendizagem tem uma porção de deficiências, tais como: cursos que não são programados para atender a uma necessidade de desenvolvimento naquele exato momento, grupos de salas de aula incluindo pessoas com experiências e níveis de expertise heterogêneos, e somente um número limitado de estilos de aprendizado pode ser suportado num modelo presencial.

Como resultado, uma porcentagem bastante significativa de tempo em sala de aula tradicional é irrelevante, não se aplica ao trabalho e, geralmente, não é eficaz em relação ao custo.

Hoje em dia, as empresas exigem uma aprendizagem efetiva e eficiente para seus funcionários globais. Isso leva a uma necessidade crescente para prover as pessoas com uma experiência de aprendizado customizada e personalizada.

Distingo cinco dimensões de customização e personalização para o aprendizado:

- *Necessidades de Aprendizado* – as necessidades pessoais de aprendizado são únicas e dependem de um número muito grande de características, incluindo: função/posto, carreira, experiência, carreira pessoal e aspirações de desenvolvimento, formação educacional e profissional, anos na organização, tarefas recentes, retorno sobre o desenvolvimento obtido de, entre outros, gestores e mentores.

- *Preferências de Aprendizado* – as pessoas aprendem de modo diferente. As preferências de aprendizado são baseadas nos estilos de

6. Desenhos de Aprendizagem para a Força de Trabalho do Século XXI

aprendizado individuais, nas diferenças culturais, diferenças de idiomas e entre gerações; por exemplo, para a geração mais nova, o uso de soluções de aprendizado baseadas em tecnologia, como aprendizado móvel e aprendizado baseado em jogos, já é um hábito.

- *Localidade* – uma força de trabalho geograficamente dispersa, móvel e virtual força a necessidade de se prover aprendizado em qualquer localidade a todo momento.

- *Tempo* – atividades diárias e exigências de desempenho, agendas carregadas e competição entre prioridades exigem que as pessoas utilizem o tempo da maneira mais eficiente possível. O tempo disponível para os aprendizados formal e informal difere segundo a indústria, a organização, a função/o posto e de pessoa para pessoa.

- *Ritmo* – o ritmo entre a aquisição de conhecimento e o desenvolvimento de novas habilidades difere significativamente de pessoa a pessoa. Quanto mais a experiência de aprendizado puder ser personalizada para as necessidades particulares de um ensino pessoal, mais efetivo será o processo em si.

Funções de aprendizado corporativas podem implantar tecnologias e métodos que possibilitam aos alunos personalizar e customizar seus ensinos.

Exemplos de modos como o aprendizado pode ser personalizado são:

- *Meu Portal de Aprendizagem* – um Portal de Aprendizagem individual que inclui seções selecionadas voltadas ao usuário e provê acesso aos recursos de aprendizado.

- *Conteúdo sob Encomenda* – através de feeds RSS e pedidos de participação em redes e comunidades sociais, contatos com especialistas e newsfeeds, os alunos podem obter acesso aos conteúdos mais relevantes e reduzir a sobrecarga de informações (e-mails).

- *Currículos e Cursos* – podem ser gerados currículos e cursos personalizados completando-se as avaliações de aprendizado online que personalizarão currículos e/ou cursos baseados em necessidades individuais.

- *Seleção de Cursos* – utilizando-se a funcionalidade do sistema de gerenciamento de aprendizado, que permite às pessoas classificar, ordenar e recomendar cursos, possibilitará a elas oportunidades de encontrar cursos que atenderão às suas necessidades individuais.

- *Dispositivos e Acesso* – um número crescente de empresas fornece a seus funcionários opções de dispositivos informáticos móveis (laptops, netbooks, PDAs, smartphones, e-books e iPads) e reembolsa os custos de acesso à Internet de banda larga e sem fio a partir de suas casas.

- *Soluções de Aprendizagem Baseadas em Tecnologia* – uma ampla gama de soluções de aprendizagem baseadas em tecnologia tem emergido, em que as pessoas podem escolher uma variedade de métodos de apresentação, tais como: podcasts, aprendizado baseado em vídeos, sistemas eletrônicos de suporte ao desempenho, recursos de ajuda no trabalho, salas de aula virtuais, webinars, wikis, blogs, jogos e simulações, comunidades de prática, redes sociais etc.

A responsabilidade pela aprendizagem e desenvolvimento, e pela progressão na carreira, tem sido transferida da empresa até o funcionário. Os trabalhadores do conhecimento precisam adquirir conhecimento e desenvolver habilidades na velocidade da empresa, no suporte de suas performances individuais e na influência nos resultados dos negócios. As organizações devem se mover na direção de prover instrumentos de desenvolvimento, plataformas de ensino e acesso a aprendizado de alta qualidade.

Aprendizado Verde: Maximize seu Aprendizado, Reduzindo a Geração de Carbono!

Gostaria de finalizar este capítulo com o conceito de "Aprendizado Verde". A população mundial aumentou de 3 bilhões, em 1960, a uma estimativa de 7 bilhões, em 2010. As Nações Unidas preveem que a população global possa atingir 9 bilhões de pessoas em 2050 (cenário de crescimento médio). Esse fator colocará uma pressão muito grande no meio ambiente e nos desafiará a empreender ações que abordem as questões ambientais para as futuras gerações. Essa também é uma ótima oportunidade para que os departamentos de T&D avaliem soluções que propiciem um "enfoque verde" para o fornecimento de aprendizado a seus funcionários.

6. Desenhos de Aprendizagem para a Força de Trabalho do Século XXI

Tradicionalmente, os processos envolvendo as atividades da área de Treinamento e Desenvolvimento têm todas as características, exceto a de amigável ao meio ambiente. Estamos publicando catálogos de cursos e folhetos de marketing lustrosos e com bonitos leiautes, produzindo manuais de treinamento impressionantes e multicoloridos, convidando nossos funcionários para que utilizem por algumas vezes carros ou aviões de modo a participar de nossas sessões de treinamento, e alavancando centros de conferência e de treinamento em que há alto consumo de energia equipados com as mais recentes tecnologias.

No final de cada programa, nos certificamos para que os participantes não saiam sem manuais, sacolas com materiais de apoio e outros objetos descartáveis.

O que a área de Aprendizagem e Desenvolvimento pode fazer diferentemente de modo a contribuir para um meio ambiente mais sustentável?

Ao refletir sobre o modelo de negócio para a aprendizagem e desenvolvimento, vemos que há inúmeros meios que nos possibilitam criar um ambiente de "Aprendizado Verde":

Divulgação e transmissão de oportunidades de aprendizado via eletrônica

Catálogos de treinamento, cartazes e outros materiais impressos de marketing lustrosos e multicoloridos podem ser facilmente substituídos por versões on-line e/ou e-Readers. Os benefícios não se limitam à economia com a impressão, mas também os gerados pela eliminação dos custos de postagem e transporte. À medida que mais funções de aprendizado tiverem experimentado essas mudanças, será ainda muito mais fácil e bastante útil da perspectiva do custo/benefício fazer atualizações aos materiais de apoio on-line.

Registro e confirmação de comparecimentos on-line

Graças a sistemas de gestão de aprendizagem e a portais de autosserviço automatizados, não há mais necessidade de se utilizar um processo de registro e de confirmação de comparecimento em papel. No entanto, diversas pessoas têm o hábito de imprimir a confirmação, ou mesmo pedem para que se faça isso! Por que não mantê-la em um formato eletrônico seguindo em frente?

Criação de novos processos para a distribuição de materiais, manuais e folhetos

Muitas pessoas desenvolveram com o tempo o costume de levar todos os manuais de treinamento para casa e de guardá-los porque talvez quisessem pesquisar algo no futuro. A frequência com que as pessoas normalmente recorrem a qualquer manual antigo de treinamento tem sido muito esporádica. Uma etapa importante que poderia ser adotada é a de fornecermos todos os materiais relativos a palestras ou treinamentos em um e-Reader a todos os participantes, dessa forma poupando o corte de muitas árvores e a energia requerida para a produção dos manuais.

Mudança para mais aprendizado baseado em tecnologia

Não há qualquer dúvida de que os benefícios de se ter o aprendizado em um computador, smartphone, e-Reader ou tablet, comparado aos deslocamentos no trânsito, ou às viagens até os centros de conferência e de treinamento, poupam energia e reduzem as emissões de CO_2. Com uma estimativa de 65% de todo o aprendizado formal ainda transmitido em salas de aula mundo afora, e a demanda crescente por mais aprendizagem, há maravilhosas oportunidades de se fazerem maiores mudanças na direção da aprendizagem baseada em tecnologia. Essa tendência não apenas favorece o meio ambiente – ela pode também oferecer um ensino mais efetivo e eficiente, além de maiores oportunidades de desenvolvimento de habilidades para os aprendizes.

Redução de viagens com o uso inovador de tecnologia

Podem ser feitas escolhas inteligentes nas viagens a eventos de aprendizado em salas de aula (por exemplo, pegar um trem versus ir de carro, viajar de carro junto com colegas, combinar viagens para treinamentos com outras reuniões de trabalho).

Suporte a centros de conferência e de treinamento bem como computadores mais amigáveis ao meio ambiente

Muito pode ser feito quanto ao projeto e à conversão de edifícios para menor consumo de energia. As oportunidades incluem escolhas "verdes" no aquecimento, mudanças nos suprimentos da área de café para copinhos biodegradáveis ou cerâmicos, opções de iluminação – como utilizar sistemas e timers de iluminação ativados pelo movimento das pessoas de modo a regular o consumo de energia, reciclagem e isolamento. As empresas podem também decidir comprar computadores fabricados com um mínimo impacto no meio ambiente e que tenham baixo consumo de energia.

Condução de avaliações on-line

Finalmente, avaliações de potencial de liderança, ferramentas de diagnóstico e avaliações de cursos dirigidas a líderes podem ser processadas online, o que permite que as pessoas as concluam no tempo desejado.

O que impede as corporações de implementarem uma abordagem significativamente "mais amigável ao meio ambiente" para a aprendizagem?

Da mesma forma que com qualquer mudança transformacional, a liderança de uma organização deve considerar isso seriamente e modelar o modo pela tomada tanto de ação pessoal como coletiva.

Primeiro, devem ser criados e promovidos um comprometimento e uma visão organizacionais, transparentes, de modo a suportar o "Aprendizado Verde" como parte da estratégia geral de Responsabilidade Social Corporativa.

Segundo, a gestão de mudanças deve ser abordada antecipadamente. Deve ser formulada uma ampla estratégia de comunicação a fim de obter o suporte das comunidades de aprendizagem para a mudança até um meio de "Aprendizado Verde". Essa perspectiva deve ser inserida em práticas por processos de mudança que suportem um compromisso forte e contínuo.

Terceiro, quaisquer mudanças devem ser dirigidas aos interesses dos participantes. Por exemplo, estes estão habituados a, e podem preferir, ler em manuais de papel. Um meio de abordar isso é alavancando novas tecnologias, como, por exemplo, o Kindle™ da Amazon, que utiliza um monitor de alta resolução denominado papel eletrônico, oferecendo uma tela crespa em preto e branco que se assemelha à aparência e capacidade de leitura do papel impresso. Outros exemplos incluem o uso de tablets, como o iPad da Apple, que permitem aos participantes tomar notas e ler todos os materiais no formato eletrônico.

Finalmente, a citação de um antigo princípio voltado a negócios: *"O que não pode ser medido não pode ser melhorado"*. Assim, proponho que as áreas de aprendizagem desenvolvam objetivos específicos para tornar o ensino mais amigável ao meio e para medirmos o progresso feito comparando-o contra aqueles padrões.

Concluindo, a preservação da qualidade ambiental em nosso planeta é um assunto importante para todos. Obviamente, deve ocorrer uma maciça transformação nas ações empreendidas por indústrias, governos, instituições de pesquisa, nações e, especialmente, pelos indivíduos.

Portanto, como líderes de métodos de aprendizagem e desenvolvimento individuais, podemos tornar essa atitude a nossa responsabilidade pessoal para adotarmos o "Aprendizado Verde" como parte de nossa estratégia de ensino e garantir que nossas organizações façam sua contribuição.

7

Cultura de Performance

Augusto Gaspar e Francisco Antonio Soeltl

Não há dirigente empresarial que não tenha entre seus mais importantes objetivos o alcance de altos níveis de produtividade, eficiência operacional e qualidade em seus negócios. Para tanto, sabemos que estes índices somente poderão ser atingidos quando todas as pessoas que colaboram para a empresa, seja nas áreas de negócio ou nas áreas de suporte e administrativas, estiverem perfeitamente engajadas, orientadas e capacitadas para executar suas atividades. Podemos dizer que uma empresa tem uma Cultura de Performance quando todos os colaboradores atingem essa situação especial de engajamento e compreensão de suas responsabilidades. Trata-se de um novo modelo de gestão empresarial, e fator decisivo para o sucesso das organizações de hoje e do futuro.

Pontos Fundamentais de uma Cultura de Performance

Alguns pontos são fundamentais para se alcançar uma Cultura de Performance, e, entre eles, encontramos:

1. Liderança.
2. Alinhamento aos Valores e à Cultura Organizacional.
3. Objetivos bem definidos.
4. Métricas e Indicadores bem definidos.
5. Execução.
6. Planejamento e Capacitação da Força de Trabalho.
7. Meritocracia.

1. *Liderança* é a mola propulsora para as transformações organizacionais. Impossível uma empresa almejar atingir a Cultura de Performance sem uma atuação forte de suas lideranças. Atuação esta necessária nos processos de organização e melhoria rumo à Cultura de Performance, e também em sua manutenção. A importância de uma boa liderança é tanta que podemos afirmar que a implantação de qualquer iniciativa baseada no que veremos mais à frente neste capítulo cairá por terra se a liderança não desempenhar bem o seu papel, que é essencialmente inspirar, despertar motivação, organizar e alinhar esforços em direção aos objetivos de negócio.

Desenvolver líderes é um fator crítico para as organizações sobreviverem e terem sucesso no alcance da Cultura de Performance. Os bons líderes têm uma ideia clara do que pretendem fazer – pessoal e profissionalmente – e a motivação e a força para insistir frente aos obstáculos. Para exercer adequadamente as atividades de uma posição de liderança é necessário um conjunto de habilidades e atributos pessoais que possibilitem a obtenção dos resultados desejados por meio das pessoas, as chamadas Competências de Liderança, que, segundo Warren Bennis, são:

- Visão orientadora.
- Paixão.
- Integridade.
- Confiança.
- Curiosidade.
- Ousadia.

Assim como Bennis, outros autores têm suas próprias versões do conjunto de competências necessárias aos líderes, mas todas com aspectos muito similares. Destacamos a ideia defendida por Jack Welch, que diz que a principal missão de um líder deve ser o desenvolvimento de outros líderes. Nada mais apropriado para uma Cultura de Performance.

2. *Alinhamento aos Valores e à Cultura Organizacional* significa ter cada um dos colaboradores incorporando em todas as suas ações os procedimentos, princípios e valores da organização. A empresa estabelece as atitudes e os princípios que valoriza, permeando o coração e a mente de seus colaboradores sobre os aspectos prioritários de seu trabalho, e a maneira correta de executá-lo. Cria-se, assim, a expressão da Cultura Organiza-

cional, que é o "jeito de se trabalhar" que apoia a execução de sua estratégia, fornecendo os critérios para a tomada de decisões importantes.

Importante ressaltar que a Liderança, ao estimular o alinhamento com os Valores e o orgulho pelo nome e marca da organização, desenvolve nos colaboradores os sentidos de "pertencer" e de "propriedade", fundamentais para o engajamento e o empreendedorismo que aumentam as perspectivas da organização de alcançar novos mercados e novas oportunidades de negócios, além de contribuir para a motivação e a retenção dos colaboradores. Cabe também à Liderança dar o exemplo e agir corretamente, para que os colaboradores percebam claramente quais são as atitudes valorizadas e requeridas pela organização, e passem a agir da mesma forma.

3. *Objetivos bem definidos* advêm do desdobramento de objetivos organizacionais, que, por sua vez, se originam nas Estratégias, produzindo, assim, alinhamento e vínculos estreitos entre a cultura da organização (Valores) e a Estratégia de Negócios, viabilizando a execução com eficácia dos processos que produzem valor para a organização.

Tão importante quanto definir os objetivos da organização, das equipes e dos indivíduos, é atribuí-los aos responsáveis por sua execução com um processo de comunicação clara e eficiente, que garanta a compreensão por todos, de forma que cada um saiba exatamente o que se espera de seu trabalho. Além disso, deve ser possível não só à alta administração, mas também a cada um dos colaboradores, acompanhar a execução de seus próprios objetivos e daqueles relacionados ao seu trabalho. Assim, eventuais desvios em relação ao planejado serão mais rapidamente identificados e seu impacto no desempenho global será minimizado.

4. *Métricas e Indicadores bem definidos*, que reflitam elementos essenciais ao negócio, e possibilitem avaliar resultados e desempenho por todas as perspectivas necessárias para subsidiar as tomadas de decisão. O que se mede, a forma como se mede e a forma como se avalia impactam diretamente na construção de uma Cultura de Performance, uma vez que pelos indicadores medidos é que são definidos os planos de ação, quer visem melhorias ou correções.

Sem métricas bem definidas não há possibilidade de se realizar uma gestão adequada e, além disso, não há como identificar os benefícios das ações tomadas, inclusive para que sejam justificados novos investimentos. Todo novo projeto nasce de razões de negócio que ele visa suportar, e, se não for possível comprovar seus resultados por meio de indicadores relevantes e de ampla compreensão, o futuro do projeto estará comprometido.

5. *Execução*, alinhada às estratégias, que aumente o nível de desempenho global da organização, gerando excelência operacional por meio de um rigoroso e disciplinado processo de acompanhamento dos Indicadores e Resultados. As peças-chave para a boa execução são os processos de gestão de objetivos organizacionais e de gestão de talentos, que envolvem liderança forte e exemplar, comunicação aberta, compartilhamento do conhecimento, desdobramento eficaz das metas, métricas eficientes, aprendizagem organizacional, reconhecimento (mérito), elevados padrões éticos e uma cultura aberta para a mudança e a inovação.

Um importante passo rumo à alta performance é identificar em seus processos de negócio como as ações são tomadas e geridas, isto é, como ocorre a execução, e, a partir daí, verificar como as estratégias estão chegando lá. Em seguida, uma análise no modelo de entrega dos serviços (internos e externos) poderá trazer à luz pontos de melhoria em processos, sistemas e na capacitação das pessoas. Essas constatações iniciais poderão resultar em planos de ação e melhorias, além de abrir as portas para que abordagens mais sofisticadas sejam implantadas com o tempo.

6. *Planejamento e Capacitação da Força de Trabalho*, para que a estrutura organizacional sirva à estratégia. Nunca foi tão importante ter as pessoas certas nos lugares certos. A clássica missão de RH ganha corpo quando a empresa pretende alcançar uma Cultura de Performance, isto é, torna-se essencial assegurar que a estrutura esteja na medida para a execução dos processos de negócio, e estritamente em linha com a estratégia. Criadas a estrutura e suas posições, precisamos encontrar os colaboradores que estejam mais bem preparados para ocupá-las, e capacitá-los para as demandas atuais da posição e futuras (objetivando progressão de carreira e evolução do modelo de negócios da empresa).

A capacitação dos colaboradores para suas funções, visando à aquisição de competências comportamentais e técnicas, é mais eficiente quando suportada por um modelo de aprendizagem integral, como a Arquitetura do Aprendizado e Desempenho, proposta por Marc Rosemberg em seu livro *Além do e-Learning*, editado no Brasil pela Qualitymark em 2008.

7. Cultura de Performance

Sabemos que o aprendizado não ocorre somente durante o treinamento formal (seja presencial, online ou Blended), mas também durante todo o tempo de trabalho do colaborador.

Assim, Rosemberg propõe em seu modelo outros elementos para garantir um verdadeiro aprendizado, como, por exemplo:

- Acesso a bases de conhecimento e a especialistas (pessoas da empresa com mais prática e conhecimento no assunto) pode alavancar o aprendizado, trazendo experiências práticas de outros, evitando que erros – naturais em um processo de aprendizagem – se repitam. Aprendemos com nossos erros, mas, em uma organização, os erros não precisam se repetir.

- Sistemas de suporte ao desempenho, chamados EPSS (Employee Performance Support Systems), provêm uma "tutoria eletrônica" extremamente útil para a resolução de problemas e dúvidas pontuais nas atividades de um processo, tornando-se cada vez mais sofisticados e amigáveis.

- A prática de coaching e mentoring pós-treinamento apoia as pessoas na construção das habilidades e dos conhecimentos requeridos para executar as novas atividades, incutindo a motivação para aprender e buscar seu desenvolvimento. O Mentor, com sua orientação técnica e experiência, e o Coach, com seus instrumentos para melhoria de desempenho e descoberta da potencialidade individual, podem fazer muita diferença no aprendizado e na velocidade com que os novos conhecimentos e habilidades são aplicados em toda a sua extensão.

Portanto, para que o aprendizado reflita efetiva e positivamente no desempenho, é importante ter uma visão integral, entendendo que ele não se limita a um ou outro evento, e, sim, que ocorre durante todo o tempo.

7. *Meritocracia*, por meio de um processo de gestão do desempenho (que inclui o acompanhamento constante e a avaliação de desempenho), estabelecendo um vínculo entre a estratégia organizacional, as operações do dia a dia e a contribuição de cada colaborador para o alcance do sucesso dos negócios, que deve refletir nos processos de carreira, remuneração e premiações. Assim, a organização deixa claro que o bom

desempenho é recompensado, fator extremamente importante para fundamentar a Cultura de Performance. Neste processo também podem ser estabelecidos itens para o plano de desenvolvimento individual, ações de melhoria e novos objetivos individuais, proporcionando a "renovação de contrato" entre os colaboradores e a liderança.

O Papel e os Desafios de RH

Em uma Cultura de Performance, o principal desafio de RH é apoiar os líderes em seu papel de agentes transformadores e fomentadores dos princípios e valores organizacionais. A busca pela excelência em todas as atividades passa pelo alinhamento dos processos de trabalho com as estratégias organizacionais e a devida capacitação dos colaboradores, transformando o potencial dos talentos em valor, incentivando-os a cumprir suas missões e a entregar o que foi combinado com qualidade, seja um produto ou serviço, seja para um cliente interno ou externo.

Cabe, então, ao RH a missão de apoiar a organização a realizar a sua estratégia por meio das pessoas, processos e sistemas.

Uma nova tendência é a estruturação de uma equipe especializada em performance humana e organizacional. Essa equipe, composta pelos chamados Analistas e Consultores de Performance, atua no desenvolvimento dos sete pontos vistos anteriormente, fomenta e suporta a Gestão de Alta Performance, que eleva o nível de alinhamento e desempenho da organização, criando a excelência das operações e reduzindo o tempo com retrabalho, tarefas não programadas e pouco relevantes.

Assim, os líderes e os demais colaboradores ganham tempo para fazer o que realmente precisa ser feito, dentro das prioridades estabelecidas nos objetivos estratégicos.

Suporte Tecnológico

Ao se estabelecer a Cultura de Performance, amplia-se a necessidade de acompanhar o andamento dos objetivos em todos os níveis da organização, de integrar o cumprimento das metas individuais aos planos de desenvolvimento da cada colaborador, desenvolvendo suas competências, de forma a atender às demandas de negócios atuais e futuras.

7. Cultura de Performance

Amplia-se também a necessidade de avaliar o cumprimento do que foi estabelecido e a aquisição de competências (conhecimentos, habilidades e atitudes), possibilitando planejar a carreira em movimentos de progressão e sucessão, e fornecendo as bases para a implementação da meritocracia. Além disso, faz-se necessário identificar rapidamente as pessoas que podem ocupar novas posições ou aquelas que se tornam vagas de forma planejada ou emergencial.

Contar com um bom sistema de informações integradas pode ser a chave para a implementação com sucesso destes importantes elementos da Cultura de Performance.

A figura abaixo ilustra os cinco vetores de um Sistema Integrado de Aprendizado e Performance (Objetivos, Desempenho, Competências, Aprendizado e Sucessão & Carreira).

Um Sistema Integrado de Aprendizado e Performance pode trazer para a gestão estratégica de uma organização inúmeros benefícios. Entre os mais relevantes estão as informações para tomada de decisões baseadas na performance humana e da organização, e o suporte à consolidação da Cultura de Performance.

O MicroPower Performa foi desenhado para atender a esse conceito e integra os cinco vetores, proporcionando uma base consistente de informações para suportar a implementação de uma Cultura de Performance.

Figura 7.1 – MicroPower Performa

Jornada da Missão/Visão para as Métricas de Performance que Realmente Farão a Diferença

Nos dois primeiros capítulos de seu livro *Key Performance Indicators – Developing, Implementing and Using Winning KPIs*, Daved Parmenter transmite três lições aprendidas por profissionais de organizações que se dispõe a implantar as métricas que provocarão a efetiva melhoria da performance organizacional e humana.

1. Ao definir os indicadores, separar bem o que é chave, pois as métricas de performance nas organizações são um mix de quatro tipos de indicadores:

Indicadores-chave de Resultado – ICRs (KRIs – Key Result Indicator) – refletem "como estamos" em relação ao previsto em uma determinada métrica ou fator crítico de sucesso, resultado de muitas ações, e frequentemente confundidos com os Indicadores-chave de Performance – ICPs (KPIs – Key Performance Indicators).

Tipicamente os ICRs cobrem um período mais longo do que os ICPs, são revisados em ciclos mensais ou trimestrais e não diários e semanais.

Exemplos de Indicadores-chave de Resultado:
– Nível de satisfação dos clientes.
– Lucro líquido antes das taxas.
– Lucratividade por cliente ou produto.
– Nível de satisfação dos colaboradores.

Entre os ICRs e os ICPs, encontramos 80% das métricas normalmente utilizadas nas organizações para medir a performance:

Indicadores de Resultados – IRs (RIs – Result Indicators) – indicam "o que aconteceu" e contemplam praticamente todas as métricas de performance financeira, sumarizam um conjunto de atividades, e são o resultado/produto do esforço de muitas equipes.

Exemplos de Indicadores de Resultado:
– Lucro líquido para as mais importantes linhas de produtos.
– Vendas realizadas até esta semana, ou este mês.
– Camas utilizadas em um hospital numa semana.

7. Cultura de Performance

Indicadores de Performance – IPs (PIs – Performance Indicators) – indicam "o que fazer" e são importantes, mas não são chave para o Negócio. São não-financeiros, complementam os KPIs e ajudam as equipes a se alinhar com as estratégias da organização.

Exemplos de Indicadores de Performance:
– Percentagem do aumento de vendas com os 10 maiores clientes.
– Número de sugestões de colaboradores implantadas nos últimos 30 dias.
– Reclamações dos principais clientes.
– Número de chamadas para as próximas duas semanas.
– Atrasos de entrega para os principais clientes.

Indicadores-chave de Performance – ICPs (KPIs – Key Performance Indicators) – indicam "o que fazer para aumentar dramaticamente" a performance. São representados por um conjunto de medidas que focam nos aspectos da performance organizacional, que são mais críticos para o sucesso atual e futuro, e medidos em ciclos mais curtos, diariamente e semanalmente.

Estes KPIs são raramente novos nas organizações. Ou não foram reconhecidos ou estão empoeirados em algum canto esquecido pela atual equipe de gestores.

Ao analisar os resultados dos workshops para definição de ICPs com mais de 3.000 participantes de organizações privadas e públicas, Parmenter concluiu que existem sete tipos de Indicadores-chave de Performance:

1. Não são métricas financeiras, ou seja, não são apresentadas em reais, dólares, euros.
2. São acompanhadas com frequência, 24×7, diariamente, semanalmente.
3. São relevantes para o Presidente (CEO – Chief Executive Officer) e Diretores, que procuram acompanhar suas evoluções permanentemente.
4. Indicam claramente quais ações são requeridas para corrigir os desvios.
5. Têm sempre um responsável primário, um ou dois níveis abaixo da estrutura, que pode tomar ações para corrigir esses desvios.

6. Têm um significante impacto, ou seja, afetam uma ou mais perspectivas do BSC – Balanced Scorecard.
7. Encorajam as ações apropriadas para garantir um impacto positivo na performance.

Exemplos de Indicadores-chave de Performance:
– Número de visitas aos clientes responsáveis por gerar os mais significativos lucros para o negócio.
– Calendário com as datas das duas próximas visitas a esses clientes.
– Controle dos voos em atraso que provocam ações imediatas em toda a cadeia de fornecimento no aeroporto de destino.

Para ilustrar as diferenças entre os quatro indicadores descritos, vamos utilizar a imagem de uma cebola cortada.

O que temos na "casca", ou seja, na superfície, e que é visto facilmente por todos, são os Indicadores-chave de Resultado. À medida que nos aprofundamos na análise, encontramos os Indicadores de Resultado e de Performance, porém somente no núcleo é que encontramos os Indicadores-chave de Performance.

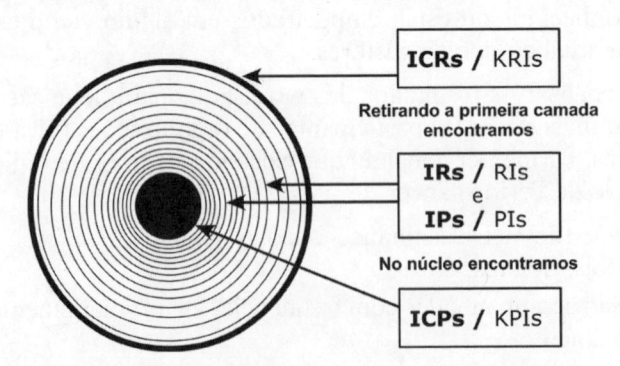

Figura 7.2 – Quatro tipos de medidas de performance

2. É fundamental construir o caminho que alinhe Missão, Visão, Estratégia, dimensões do Balanced Scorecard, Fatores-chave de Sucesso, com os Indicadores que realmente farão a diferença:

A Figura 7.3 ilustra o alinhamento entre Missão, Estratégias, Fatores Críticos de Sucesso, as perspectivas do BSC – Balanced Scorecard e as medidas de performance.

7. Cultura de Performance

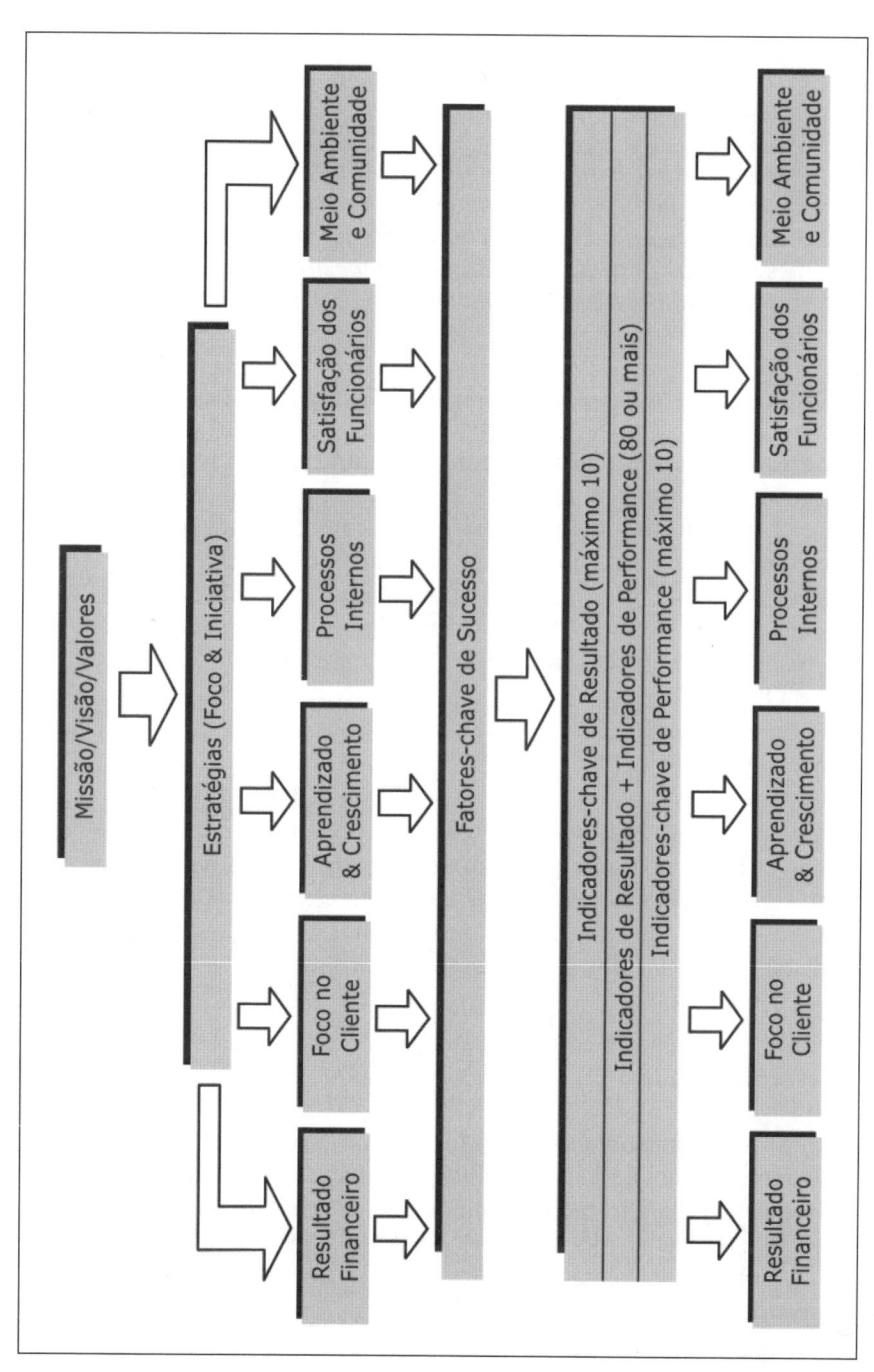

Figura 7.3 — Alinhamento Missão, Estratégias, dimensões do Balanced Scorecard, Fatores-chave de Sucesso e medidas de performance

3. Assistir à gravação do WebCast que está disponível no www.bettermanagement.com.

Nota: Em seu livro, Parmenter destacou "Satisfação dos Funcionários" de "Processos Internos" pela sua importância e acrescentou "meio ambiente e comunidade" às quatro mais usuais perspectivas do BSC: "Resultado Financeiro", "Foco no Cliente", "Aprendizado & Crescimento" e "Processos Internos".

As Novas Funções para Suportar a Cultura de Performance

Se sua organização já implantou ou está pensando implementar a Cultura de Performance, além dos indicadores apresentados anteriormente, é fundamental definir a estrutura organizacional para tratar o tema. Objetivando contribuir com seu trabalho, destacamos do livro *Chief Performance Officer – Mesuring What Matters, Managing What Can Be Mensured*, de Anthony L. Polintano, algumas informações relevantes a respeito do papel do Diretor de Performance (CPO – Chief Performance Officer):

1. O papel do Diretor de Performance:

O profissional indicado para exercer a função de Diretor de Performance deve reunir experiência como executivo de negócio, domínio das tecnologias e habilidade de intérprete, e a necessidade de sua designação nasce da fragmentação da responsabilidade pela consolidação de informações da performance no nível organizacional distribuída pelas diversas áreas ou departamentos.

Para ilustrar melhor, vejamos algumas iniciativas que acontecem de forma simultânea e com frequência em muitas organizações: o Diretor de Finanças utiliza controles rígidos ou novas técnicas para avaliar o custo básico das atividades, o Diretor de Tecnologia da Informação implanta um novo ERP – Entreprise Resource Planning – e um sistema de Data Warehouse, o Diretor de Vendas promove frequentes reorganizações e alinhamentos para expandir seus territórios e respectivo Market Share, enquanto o Diretor de Suprimentos implanta o controle de estoques Just-in-Time e consolida seus depósitos regionais.

7. Cultura de Performance

Neste contexto, o Diretor de Performance, por nomeação do Presidente (CEO – Chief Executive Officer), passa a ser o responsável primário por consolidar as métricas e os indicadores de todas as áreas de sua organização, exercendo quatro papéis fundamentais:

1. Coletar os dados das diversas fontes.
2. Consolidar estes dados numa única base de dados.
3. Condensar estes dados de forma a ter as métricas a serem acompanhadas.
4. Comunicar estas métricas para a alta administração e a gestores das áreas executoras.

Ao exercer estes papéis, sua performance será medida por três critérios que impactam diretamente nos quatro papéis acima:

1. Qualidade das informações fornecidas.
2. Agilidade (timeliness) na atualização.
3. Relevância da informação para o negócio.

	Coletar	Consolidar	Condensar	Comunicar
Qualidade		x		x
Agilidade	x			x
Relevância			x	x

Figura 7.4 – Relação entre os papéis e o critério de avaliação do Diretor de Performance

O Diretor de Performance agrega valor para a sua organização de quatro formas:

1. Mantendo os dados de performance consolidados em um só lugar.
2. Exercendo a responsabilidade primária por estes dados.
3. Promovendo a partir destes as condições necessárias para que ações sejam tomadas.
4. Facilitando e agilizando a decisão em todos os níveis da organização.

Em seu processo de trabalho irá combinar métricas, benchmarking e processos, análise das métricas financeiras e não-financeiras do gerenciamento da performance, levando em conta, além do foco interno, cujas informações estão disponíveis nos sistemas de gestão da organização, também o foco externo, de onde advêm dados utilizados pelos investidores para medir a performance de seu capital financeiro, como: receita, margem, participação no mercado etc.

Deverá tomar o cuidado necessário de mantê-los em um banco de dados independente (Data Warehouse), de forma a preservá-los, pois alguns dos sistemas dos quais obteve essas informações com certeza serão substituídos nos próximos dois ou três anos.

2. O papel do Consultor e Analista de Performance:

Objetivando facilitar a absorção da Cultura de Performance em toda a organização, em especial pelos diretores responsáveis pelas diversas áreas de negócio, sugerimos atribuir aos profissionais que são considerados de alto desempenho, e percorrem um caminho mais curto na estrutura de cargos, que absorvam além das suas atribuições normais o papel de consultor ou analista de Performance, dependendo de seu nível de maturidade, mantendo seu reporte hierárquico com suas áreas de atuação, e criando um vínculo de reporte funcional com o Diretor de Performance.

Desta forma, o processo de coleta, consolidação, condensação e comunicação passa a fazer parte das atividades das diversas diretorias, passando a integrar seus objetivos e contribuindo sobremaneira na preparação desses profissionais para seus novos desafios.

Para exercer essas duas novas funções são requeridas competências como uma boa capacidade de análise, visão sistêmica, visão estratégica, iniciativa, capacidade de comunicação, bom relacionamento em diversos níveis hierárquicos, capacidade para solução de problemas, relações causa-efeito e conhecimentos de maniplação de dados (planilhas). É importante ressaltar que estas funções, exercidas por pessoas das diversas áreas da empresa, são excelentes "trampolins" para a evolução dentro da organização de profissionais que trilham carreiras mais rapidamente, chamados de talentos emergentes ou high potential ou high performers, na medida em que esses passam a compreender como os processos de negócios e de apoio da organização se interligam e os diversos fatores que interferem positivamente ou negativamente em seu desempenho.

e-Learning for Kids Foundation

"Você deve dedicar um pouco de tempo a seus camaradas. Mesmo se for uma pequena coisa, faça algo para os outros – algo para o qual não obtenha nenhuma recompensa, exceto o privilégio de fazê-lo."
Albert Schweitzer

Todos os royalties auferidos com este livro serão doados à e-Learning For Kids (www.e-learningforkids.org), uma fundação global sem fins lucrativos que oferece gratuitamente aprendizagem online de alta qualidade a todas as crianças mundo afora.

A e-Learning for Kids Foundation é dedicada ao aprendizado divertido e grátis na Internet para crianças entre 5 e 12 anos. Fundada em 2004, nossa visão é a de que ela seja a fonte para o aprendizado infantil na Internet – disponível em qualquer parte e sem taxas. A Fundação oferece cursos free de primeira linha em matemática, ciências, interpretação de textos, saúde e computação, bem como uma comunidade para que pais e educadores compartilhem ideias e insights sobre o ensino dirigido a crianças.

Atualmente, mais de 35 empresas pertencentes à área de e-Learning, associações e ONGs, e mais de 70 indivíduos, são patrocinadores e apoiam a Fundação. Além disso, uma equipe composta apenas de voluntários, constituída de experts em ensino de e-Learning, e profissionais de negócios de todas as regiões do mundo trabalham incansavelmente para fazer uma diferença para as crianças com acesso à aprendizagem.

FRANCISCO ANTONIO SOELTL

Ajudem-nos a abrir mais portas para as crianças

A Fundação e-Learning for Kids está buscando ativamente a colaboração de empresas inovadoras, fornecedores e experts de e-Learning para acelerar nossa visão, compartilhar cursos e conteúdos, atingir exposição na mídia, e prover acesso a aprendizado e treinamento online mediante tecnologia e infraestrutura.

Visite nosso site e aprenda com nossas crianças

Divulgue o trabalho de nossa Fundação

- Pais, professores e escolas.
- Outras organizações que trabalhem com crianças.
- Insira um *link* do *banner* da Fundação em um *site* ou *blog*.

Associe-se à nossa equipe de voluntários

- Torne-se um representante em seu país.
- Traduza um curso (4-8 horas): espanhol, francês, mandarim.
- Participe de equipes de revisão da qualidade: crianças e adultos.

Ofereça seu suporte

Veja em nosso site como fazer uma contribuição dedutível do imposto de renda.

Torne-se um patrocinador

Para obter mais informações, queira, por favor, visitar o endereço www.e-learningforkids.org

ou envie um e-mail para info@e-learningforkids.org

Patrocinadores e Parceiros Orgulhosos da e-Learning For Kids Foundation

(dados atualizados de março de 2008)

Patrocinadores e Parceiros

- Allen Interactions
- Aptara
- Articulate
- Convergys
- Deloitte
- Elliott Masie's Learning CONSORTIUM
- Enspire Learning
- Executive Learning Exchange
- FCS
- GlobalEnglish
- GoodSearch
- Graphik Connexions
- Harvard Business School Publishing
- IBM
- icedr
- InterimIC
- Intrepid Learning Solutions
- Kupa
- KnowledgeAdvisors
- LatitudeU
- LearningGuide Solutions
- Learning.Net
- Liquid Animation
- MicroPower
- ProtonMedia
- Quest Software
- QuickMind/QuickLessons
- Quistor
- Rotary Club of Winnetka/Northfield
- Saba
- SkillSoft
- Stoas
- Symbiosis Centre for Distance Learning
- The eLearning Guide

Mídia e Parceiros Estrangeiros

- American Society of Training and Development
- CHECKpoint eLearning
- CLO Magazine
- Full Circle Communications
- ICWE GmbH
- Intellectueel Kapitaal
- Learning Review
- WebEducativa.net

Parcerias com ONGs

- Close the Gap (www.close-the-gap.org)
- LINGOS (www.lingos.org)
- Save The Children (www.savethechildren.org)
- SchoolNetAfrica (www.schoolnetafrica.net)
- CII-Shiksha India Trust (www.shikshaindia.org)
- To Be Worldwide (www.tobeworldwide.org)
- Viafrica (http://www.viafrica.org/)
- One Laptop per Child (http://laptop.org/)

Recursos Adicionais

A seguir algumas referências adicionais sobre os temas abordados neste livro.

Livros:

Além do e-Learning – Marc Rosemberg, Qualitymark, 2008.

25 Melhores Práticas em Aprendizagem e Desenvolvimento de Talentos – Nick van Dam, Qualitymark, 2009.

Chief Performance Officer – Anthony L. Politano, iUniverse, 2003.

Key Performance Indicators – David Parmenter, Wiley, 2010.

e-Learning – Marc Rosemberg, Campus, 2001.

The Chrysalis Economy – John Elkington, Capstone, 2001.

Social Learning Theory – Albert Bandura, Prentice Hall, 1977.

Models and Strategies for Training Design – Kristina M. Holdsworth e Karen L. Medsker, Pfeiffer, 2001.

Trainers Guide to Andragogy – Malcom Knowles, ASTD, 1975.

Rapid Instructional Design – George M. Piskurich, Pfeiffer, 2006.

Understanding and Facilitating Adult Learning – Stephen D. Brookfield, Jossey-Bass, 1986.

Sites Web:

Portal e-Learning Brasil – www.elearningbrasil.com.br

Desenvolvendo Talentos – www.desenvolvendotalentos.com.br

Fronteira do Conhecimento – www.fronteiradoconhecimento.com.br

Biblioteca Learning & Performance Brasil

Marc Rosenberg é autor do best seller "E-learning", que aborda os princípios básicos de uma estratégia abrangente de aprendizado com base na Internet. Com um foco subjacente no "porquê" e não apenas no "como", se propôs a explicar e definir este conceito que é fruto de uma combinação do ensino com auxílio da tecnologia e a educação a distância.

"Além do e-learning" acompanha os mesmos passos do primeiro livro e vai mais além, mostrando que e-learning não é só treinamento. O autor adiciona novos significados para o treinamento e faz explodir novas possibilidades para difusão do conhecimento e da informação para que possa surgir o que ele chama de "Empresa inteligente". Este livro oferece um esquema que integra treinamento, e-learning, gestão do conhecimento, suporte e avanço tecnológico no caminho da melhoria do aprendizado organizacional e consequente melhora do desempenho da empresa. A este modelo integrado de aprendizagem o autor denomina "Blended learning".

A obra traz ainda: estudos de casos para demonstrar como várias organizações puseram isso em prática, avaliando como esta estratégia influenciou o aprendizado e desempenho; e ensaios de líderes, como Jay Cross, responsável pelo termo e-learning.

Um livro de cabeceira para aqueles profissionais responsáveis por liderar a revolução em relação ao aprendizado no local de trabalho.

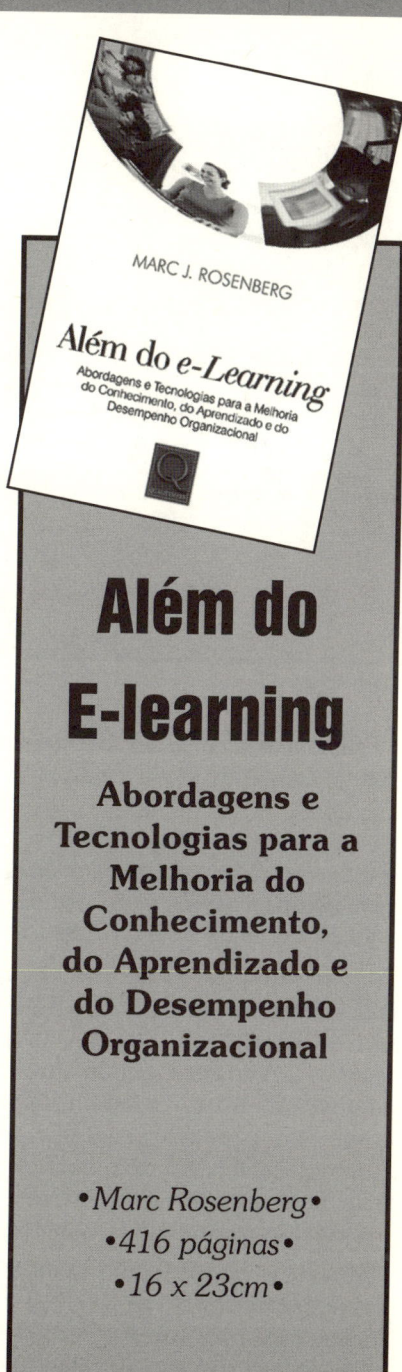

Além do E-learning

Abordagens e Tecnologias para a Melhoria do Conhecimento, do Aprendizado e do Desempenho Organizacional

• *Marc Rosenberg* •
• *416 páginas* •
• *16 x 23cm* •

25 Melhores Práticas em Aprendizagem e Desenvolvimento de Talentos

•Nick van Dam•
•168 páginas•
•16 x 23cm•

Estimativas mercadológicas predizem que nos próximos 20 anos haverá uma grande evasão de profissionais experientes em grandes corporações ao redor do mundo. Ao mesmo tempo, a competição global, a complexidade e o desenvolvimento acelerado das novas tecnologias estimulam a necessidade de um trabalho com intenções complexas, que exigem alto nível de discernimento. Poucos serão os profissionais aptos a assumirem as principais cadeiras corporativas.

Assim, do alto de sua grande experiência, Nick van Dam nos apresenta 25 melhores Práticas em Aprendizagem e Desenvolvimento de Talentos. Uma obra repleta de estratégias para desenvolver, com qualidade e rapidez, os líderes do século XXI. Ao longo de suas páginas o autor nos leva a refletir sobre diversos modelos de aprendizado e capacitação capazes de gerar uma aprendizagem de ponta. Para isso, enfatiza a importância de implementar ações de *coaching*, *mentoring* e iniciativas alinhadas, principalmente, à estratégia da organização. Só assim é possível acelerar o aperfeiçoamento desses novos líderes, alcançar altos níveis de engajamento, motivação e manter forte a ação corporativa.

Por meio de uma linguagem clara, objetiva e ensinamentos precisos por um dos maiores visionários do mundo na área de desenvolvimento de pessoas, 25 Melhores Práticas em Aprendizagem e Desenvolvimento de Talentos é um livro fundamental para todos os profissionais que se preocupam com o desenvolvimento, o engajamento e a retenção dos talentos nas organizações.